エドゥアルト・ガンスとドイツ精神史

——ヘーゲルとハイネのはざまで

川崎修敬著

風行社

目次

［凡例］

1　本書では以下の著作からの引用を、次のように略記する。

〔エドゥアルト・ガンス（Eduard Gans）の著作〕

・*Das Erbrecht in weltgeschichtlicher Entwicklung. Eine Abhandlung der Universalrechtsgeschichte*, 4 Bände, Berlin und Stuttgart, 1824-1835（Rep. Scientia Verlag, Aalen, 1963）. → Erbrechtと略記し、巻とリプリント版のページ数で引用。

・*System des Römischen Civilrechts im Grundrisse, nebst einer Abhandlung über Studium und System des römischen Rechts*, Ferdinand Dümmler, Berlin, 1827（Rep. Keip Verlag, Goldbach, 1999）. → Systemと略記し、リプリント版のページ数で引用。

・*Philosophische Schriften*, hrsg. Horst Schröder, Verlage Detlev Auvermann K. G., Glaschutten im Taunus, 1971.
　→ 一八二八／二九年法哲学講義録は、本書ではPSとだけ略記して引用する。所収されたそれ以外のエッセイは、そのタイトルを表記した後にPSの表記と該当ページ数を示す。

・*Naturrecht und Universalrechtsgeschichte*, hrsg. Manfred Riedel, Klett-Cotta, Stuttgart, 1981. → 一八三二／三三年法哲学講義録。NUとして引用。

・*Vermischte Schriften, juristischen, historischen, Staatswissenschaftlichen und ästhetischen Inhalts*, Erster Band, Zweiter Band, Duncker und Humblot, Berlin, 1834. → 第一巻をVS1、第二巻をVS 2として引用。

・*Rückblicke auf Personen und Zustände*, Berlin, 1836（Neudr., hrsg. Norbert Waszek, Fromman-Holzboog, Stuttgart, 1995）. → RBと略記し、引用ではリプリント版のページ数を示す。

・*Eduard Gans（1797-1839）: Hegelianer-Jude-Europäer. Text und Dokumente*, hrsg. Norbert Waszek, Peter Lang, Frankfurt am Main, 1991.　→ *Gans*として引用。

〔次の著作も略記する。〕

・Georg Wilhelm Friedrich Hegel, *Grundlinien der Philosophie des Rechts oder Naturrecht und Staatswissenschaft im Grundrisse*, Suhrkamp, Frankfurt am Main, 1986.　邦訳『法の哲学』藤野渉・赤沢正敏訳（中央公論社　世界の名著44、責任編集　岩崎武雄、一九七八年）所収。→ 本書では『法哲学』と略記し、節番号で示す。尚、これについては幾つか版があるが、本書ではズーアカンプのタッシェンブーフ版を基本として、それ以外の歴史的な版の場合はその引用註でタイトルと編者、年号を示す。

・Heinrich Heine, *Werke, Briefwechsel, Lebenszeugnisse. Säkularausgabe*, hrsg. von den Nationalen Forschungs- und Gedenkstätten der klassischen deutschen Literatur in Weimar und dem Centre National de la Recherche Scientifique in Paris, Akademie Verlag und Editions du CNRS, Berlin und Paris, 1970 f.　→ HSAと略記し、巻とページ数を示す。

・Heinrich Heine, *Sämtliche Schriften*, hrsg. Klaus Briegleb, 6 Bände, Deutscher Taschenbuch Verlag, München, 2005.　→ Bと略記し、巻とページ数を示す。

〔その他の文献で略記するものについては、註で適宜指示する。〕

2　文中の〔　〕は、すべて川﨑による挿入を意味する。

3　引用したドイツ語原文は旧字体でも、そのまま従ったが、単語のみの場合は可能な限り川﨑によって第一格に改めた。

4　既に翻訳のある文献を引用する際、基本的に邦訳者の文章に依拠したが、川﨑によって訳文を変更したところもかなり多い。よって訳文の責任は筆者にある。

序論

「流浪のなかで灯火となる彗星（Der Komet als Licht des Exils）」[1]。或る時、ハインリッヒ・ハイネは、彼のことをそう言ったという。その人エドゥアルト・ガンス（一七九七年―一八三九年）は確かにこの言葉に相応しいあり方、又、その後の運命を辿ったと看做すことが出来る。それは、さながら彗星の如く突然に、フォアメルツ（真に的確な日本語の訳語は難しいが、さしあたり本著では「三月前期」と表記）と呼ばれる一九世紀の革命に至る時期のドイツに現れて、ひとときの間だけ華々しく活動し、そうして突然についえてしまった。彼は卒中によって、いまだ若くして夭折したのである。又、やはりこの喩え通りに、彼が考え、行動した痕跡は、後世の人々には絶ち消えてしまったように見受けられる。つまり、彼の名前と業績は忘れ去られたのだ。しかしながら、その後歴史において彼の試みや希望は、より一般的な形をとってではあるが、一九世紀全般にもおよぶ思想的特色として受け継がれていく。歴史主義的な学問や立憲体制を要求する政治運動として彼の企図したものは、たとえ一時的には抵抗や停滞にみまわれても、時代の支配的潮流として着実に志向され続けていったのである。実際そうした一九世紀の時代を象徴する思惟と、その推移をよりよく理解する為に、注意深い視線をそこへと向けると、歴史の要となる幾つかの重要な箇所においてガンスの名は見出すことが出来る。しかも、そこで中心となる人物にとって些か重要な存在としてである。そこで、おおまかな通史的説明では性急にも見過ごされがちな、このガンスという人物を中心に据え、そこに特徴的な思想状況を探っていくことで、彼とその周辺に顕著に表現されている三月前期のドイツ思想の或る断面とその変遷をここでは明らかにすることに努めたい。無論、この考察によって当時の思想的状況のすべてを網羅したとするものではない。しかしながら、とりわけ一八四八年の革命に至るまでの、その世紀前半の政治思想が総じて、忘れ去られてしまったガンスに対する関心と同じように、既存の学問においては十分注意される対象としてあまり扱われず、寧ろ等閑に付されがちであっただけに、本書の三つの章を構成する研究企図はあながち無価値でないと思われるのである。だがそれにしても、何故ガンスは後世の我々にとって疎遠で馴染みないものになったのであろうか。そこにも又、一九世紀の思想が辿った歴史的変遷が関係していると推測される。それを今から検討することにしよう。

ところで現在の我々にとって、おそらくガンスの名前はヘーゲルの著作と一緒に記憶されていることが最も一般的ではないだろうか。ヘーゲルの死後まもなくして着手された全集刊行の際、その編纂者の一人としてヘーゲル以外では最初にあの『法哲学』に手を加え、ホトー達の講義ノートに基づき補遺（Zusätze）を新たに加える等の編集を行なった人物として、彼はいまだにその名をとどめている。或いは又、全集版『歴史哲学』を幾つかの講義ノートから最初に書物として纏めた作業によって記憶されている方もおられるかもしれない。こうした編集作業を行なう際にガンスが自分の方針としたのは、言うまでもないことだが自らの思想の開陳ではなく、ヘーゲルその人の哲学内容を可能な限り忠実に再現することに他ならない。即ち、歴史的に正確なヘーゲル哲学の姿が後世の人々に歪曲のない形で伝わるようにすることである。[3] ガンス自身が次のように公言している。「このような問題の性質上、編集においてあらゆる権利と義務が認められていたが、それにも拘わらず次のことだけは確言しておこう。つまりヘーゲルの思想を編集者自身の思惟が押し曲げるということは絶対になかったし、偉大な哲学者自身のまったく改竄されていない仕事が、ここにおいて読者に提供された」[4]。こうした現代の哲学史研究からすればあまりに当然ともいえる事柄が、一九世紀初めのヘーゲル全集編纂の取り組みの中から着手された。つまり、現代にも受け継がれている実証的な文献研究の端緒が見受けられるのである。それはヘーゲル自身の哲学を可能な限り忠実に且つ精密に理解し、歴史的に正確な実像でもって復元しようとする試みといえよう。このような研究態度は、とりわけ後の時代に所謂「哲学史」研究としてヨハン・エドゥアルト・エールトマン、クーノ・フィシャー、そしてゲオルク・ラッソン等によっておおきく発展していく。[5] そして、屢々こうした方向の研究においては、既に予め存在していたヘーゲル哲学をとりもなおさず所与の絶対的体系として受け容れ、先ずもってその理解にひたすら専念し、そうすることによって又、儚く移りゆく歴史のただ中で揺るぎなき学問的確証性が明らかになると考えられたのだし、受け継がれる意義を持ちえたのである。[6] かかる哲学をそれ自体の体系として理解しようとするこうした研究態度に伴うようにして、だがまったく反対にこの体系を弁証法的哲学の歴史発展の中の一つとして位置付け、必要な場合には改変していく作業も始められた。即ち、青年ヘーゲル学派ないしヘーゲル左派の動きである。[7] これが所謂「行為の哲学」を経て、最もラディカルなやり方では、よく知られるようにヘーゲル哲学自体の止揚或いは完全な克服として完遂されていくのである。ところで、以上のような一九世紀後半の歴史的変遷で顕著となった、左派と右派ないし中間派との分裂は、実は既にガンスが全集編纂にあたって示唆していたものである。それはヘーゲルの講義という形態の中に見出される。即ちヘーゲル哲学の内部、「そこにおいては、発展的になろうとする要求（Das Bedürfniß zu entwickeln）と同時に又、完全なものであり完了されたものへとなろうとする（vollständig zu sein und fertig zu werden）別の要求もあるので、この業績における前者の部分と後者の部分との間には、不一致（eine Incongruenz）を惹き起こさざるをえない」[8] のである。これこそまさしくヘーゲル哲学に内在する弁証法的発展の契機と、完結した体系性の契機との緊張に他ならないのではないだろうか。しかしながらガンスにとって、こうした問題とその解決は切迫したものとして感じられないまま、その短い生涯を終えることが出来た。いまだ時代がそこまで進展していなかったのである。ところで、このような編纂作業に起源を持ち、後に進められるヘーゲル中間派ないし右派の方向が後の時代に目覚ましく展開するにつれて、ガンスの名は脇へと追いやられるか、少なくともその研究史の最初に置かれる名前だけのものとして片付けられていく。反対に左派においても、ガンスは——第一章の結論を先取することになるが——彼の国家に対する考え方の故にその肯定的評価は限定されたものにとどまり、結局は消極的な判断が下されるのである(9)。せいぜい最大限に前向きなものでもヘーゲル左派による体制批判の哲学に対する予兆としてガンスの進歩的側面を前向きに受け止めるのが、それであろう(10)。

ところで、以上のような実証主義的な学問とそれに基づく文献研究とならんで、一九世紀に顕著な特徴であることは個別的歴史研究の飛躍的進歩と、その思想的表現としての歴史主義であろう。その萌芽は既に、先にも触れた歴史哲学の編集をめぐって、ガンスに対する批判とその修正の中にも十分看取し得る。つまり、彼のすぐ後に編集作業の任を引き継いだカール・ヘーゲルは、ガンス版『歴史哲学』が哲学的な概念規定よりも歴史的素材の豊富な最後の講義を重視する——これは歴史主義の特徴である——ことを批判して、その補正を試みるが、そこでの理由がこれ又、歴史主義的なのである。カール・ヘーゲルは次のように言っている。「しかしながら、彼（ヘーゲル）において寧ろそれぞれの講義は思考の新たな行為なのであるから、それぞれの講義は又、その時その時に彼の精神を活き活きと動かしている哲学的力の表現に他ならない(11)」。そして、こうした特徴がガンス自身において露わになるのはサヴィニー達の歴史法学派に対する批判であろう。成程、歴史法学派の歴史研究は悪しき文献主義、ないし例えば古代ローマの些末な歴史的出来事にあまりに拘泥しすぎる微細主義、故事愛好学（Mikrologie）であると非難し、これに対抗する自らの法学研究の立場を普遍法史（Universalrechtsgeschichte）として提唱している。「法の歴史研究は、それが内容についての単なる諸々の抽象性を望まない限りは、その時代において法概念が発展していく総体性の中で必然的に把握されねばならない。従って、まさしくそれはあまりにも必然的に普遍法史なのである。何故ならば、どんな民族、どんな時代も他を排斥するような重要性は認められないからである。各々の民族・民衆はその概念に跡付けられた発展段階にいる限りで考慮される。だから、そこでの法はやはり絶対的なものではないのである」[12]。彼が研究において拠り所としたのは、（歴史法学派のように）個々の民族精神を法の歴史的営みにおいて別個に明らかにすること以上に、世界史的規模の枠組み（つまりヘーゲルの歴史哲学体系）の中でそれを考察することによって、初めてその民族精神もよりよく遂行されるというものである。この為にヘーゲル的な精神の全体性が要請されるのである。しかしながら、かかる目的の遂行においても、世界の諸々の民族におけるそれぞれの歴史的あり方が重要であり、それらは比較考量されねばならない。この考え方に基づいて未完に終わった彼のライフワークである『世界史的発展における相続法』は生前第四巻まで刊行されていったのである。無論その際ガンスにとって世界史の大枠はヘーゲルによって既に完璧なものとして与えられているし、最初（第一巻と第二巻）はこれに従っていた。だが、ここで看過されてはならないのは、後年に至るにつれて（第三巻以降）法に関する歴史的実情の研究が深まるのに反比例するように、確実な真理を保障するのに不可欠とされたヘーゲルの哲学体系が背景に退いていくのである。必ずしも全体的な哲学体系に従わなくとも、民族の法と歴史の研究は、彼においても結局十分満足に行なうことが出来たのである。「既に第三巻から私がよりいっそう享受したのは、哲学的定式の厳格さを置いたままにしておくことであり、そして私はますます一般的に理解された特徴を自家薬籠中のものにしていった」[13]。しかも、これにとどまらず全集版『法・権利の哲学』の「序言」においてヘーゲルの哲学体系それ自体が哲学史の中で相対化されていく可能性すら彼は示唆していたのである[14]。

しかしながら、殊更サヴィニーとの不和に限るならば、そこで大きな役割を果たしていたのは、いま言及したような純粋に学問的な対立だけでなく、加えてガンスがユダヤ人であったことも主要な理由として考えねばならない。彼の育った時代は丁度ドイツ史において所謂「上からの改革期」にあたり、啓蒙主義的な考え方に基づいたユダヤ人解放政策が試みられていたが[15]、サヴィニー達保守的な陣営だけではなく当時自由主義的と看做されていた人々（例えばフリース）にも反ユダヤ感情は根強かった。そして又、このことが後の時代にガンスを歴史の片隅へと追いやることに寄与していく。況や、既に流布していた大衆感情がはっきり反セム主義として概念的に意識された後の第二帝政期においては尚更である。それに実際ドイツの法学界においてタブー視されていたサヴィニー批判を大胆に――しかも屢々好悪の感情も交えて――行なったことは、歴史法学派がおおきく発展していった一九世紀から二〇世紀にユダヤ人ガンスが黙殺され、闇に葬り去られる理由としては十分すぎる程であった[16]。

以上から、少なくとも一九世紀前半においては、歴史主義、ユダヤ主義、そしてヘーゲル主義という時代思想の重要な局面において、ガンスが看過されえない存在であったことが理解されよう。だが、それにとどまらず、彼の政治思想における進歩主義的側面を考察することは、三月前期ドイツの政治潮流でとりわけ重要となる特徴に光を当てることにもなるのである。よく知られるようにナポレオン失脚以後のドイツは、保守的傾向が増大していき、反動的な復古体制の確立が推し進められた時代である。しかしながら、それに反対して立憲政治を要求するドイツ自由主義において嚆矢となる動きも、若者達を中心に勢力を形成していったことは見逃されてはならない[17]。当時こうした政治志向を代表する重要な論客の一人に数えられていたのがガンスなのである。彼はその精力的な言論活動によって大きな支持をベルリンを始めとした地域で獲得していた。トライチュケは、そうした進歩主義的革新が要求される様子を、いずれもがユダヤ人ということで他の人物等と十把一絡げにしながら、ドイツの青年における五人の「オリエンタルな合唱指導者達（Die orientalischen Chorführer）」と記している[18]。

それは又、彼がイニシアティブを握る人物でもあった当時のヘーゲル学派の中で如何なる政治的方向が支配的であったかも示していよう。即ち、暴力革命によって国家体制の転覆を目論む急進主義とは明らかに一線を画すが、専制政治の強権に対しては立憲君主制の立場から断固として反対する政治的思惟として、当時のヘーゲル哲学とその学派の主要なものを表現しているのだ、と彼とその仲間達は目されていたのである。[19] ハレ年誌にガンス自らの信条告白の如きものが載せられている。そこで彼は次のように断言する。「自分は、時代の進歩に関与して議会制君主政治を標榜しており、中世的な退歩は嫌悪するものですが、しかし同時に又、無政府状態を好まない人々に属しているのです」。[20] このようなガンスのリベラルな政治思想とその特徴をヘーゲル哲学に即して検討するのが、第一章前半部の課題である。保守反動が着実に勢力を増しつつあった当時において、ヘーゲル当人の政治姿勢は兎も角としても、少なくとも政治の領域に限定すれば、その哲学体系が歓迎され積極的に受け容れられたのは、専らかかる意味での進歩的革新を標榜する政治陣営においてであった。そして、この政治潮流に寄与せしめる為、ヘーゲル学派の内部から思想的武器を提供したことが、ガンスの政治的及び歴史的役割に他ならない。[21] かかる作業を貫徹していく過程では、やはり師ヘーゲルとの乖離も生じよう。だが、その詳細の検討は第一章に譲るとして、ここで改めて確認しておかねばならないのは、二人の間にこのような政治と哲学の立場につい て食い違う可能性があったにもかかわらず、ガンスは終生変わらずヘーゲルの忠実な弟子にとどまり、その哲学の伝道者として活躍したことである。成程その哲学の解釈ならびに実践への応用において彼自身の偏りや独自性はあったにしても、当時から晦渋で知られていたヘーゲルの哲学を手際よく纏め、師の立場に依拠して、他の反対する政治陣営と戦う彼の才能は、とりわけその弁舌によって遺憾なく発揮されていたという。ハイネはこのことを次のように伝えている。「ガンスは書いたものよりも、喋った際の言葉の力によって、ドイツの自由思想の発展を促しました。堅固に縛り付けられていた沢山の思惟を解き放って、偽りの仮面を切り裂いたのです。彼は活動的な炎の化身として、その機知の火花を見事に発火させたか、そうでなくとも素晴らしい輝きくらいは最小限もたらされたのです[22]」。

本書においては、こうした歴史的状況や政治情勢の背後に横たわる精神的側面、即ち他の支配的思想に対抗しようとした或る一人のヘーゲル主義者のあり方が、又同時により全般的な時代思想の諸相をも表現しており、個々の政治的対立がその裡に蔵している様々な思想上の対抗関係や、それらの類縁性を明らかにすることが試みられる。ヘーゲル主義の立場から映し出されたドイツ三月前期の広汎な思想的状態や歴史的雰囲気を出来る限り浮き彫りにしていくことが企図されているのである。この為に先ず第一章の後半部では、一九世紀前半のフランス社会とそこでの様々な潮流に対して、ガンスと彼のヘーゲル主義は如何に反応し、どのような影響を双方に与えたかが検討される。そこでは、単にガンスのヘーゲル哲学に対する関係のみにとどまらず、このヘーゲル主義者がより広い思想的状況へと関わった際に生じた思想上の連関が明らかになるだろう。ところで、やはり彼のような人物が最も激しい対立を惹起させたのは、彼の専門である法史学においてであった。生前、なにかと注目された彼の活動の一つとして、サヴィニー達の「歴史法学派」に対抗して、自らをヘーゲル哲学に基づく「哲学的法学派」と命名し、歴史法学派に対する唯一の反対勢力を形成したことが挙げられよう。第二章では、こうした法学の領域が検討対象となる。しかし、狭義における法学研究ではない本著においては、法律学ないし法史学の専門的考察よりも、寧ろその対立の根底に横たわっている双方の思想的基盤の違い、それぞれに依拠するものがヘーゲルとサヴィニーであることによって、例えば占有という純粋に法律学的問題に対しても、如何に二つの学派が対立せざるをえないかに焦点を当てていきたい。この点が占有における法的権利の性格をめぐって、ガンスとプフタという弟子達の論争を通して考察されるのである。成程、占有論争でなく、ガンスの主著である『世界史的発展における相続法』を採り挙げるのも一つのやり方ではあろうが、先にも触れたように、この著作においてガンスは単なるヘーゲル主義者だけにとどまらず、個別的事象にそのまま向き合う法の歴史家という特色も併存させているのであり、それ故ヘーゲル哲学に依拠した「哲学的法学派」なるものが行なった歴史法学派に対する思想上の挑戦、及びそれぞれの思考における特色を明らかにする試みにとっては些か適当でないと思われる。それでは両者が究極的にどの点で折り合うことが出来なかったかが十分はっきりしないのである。寧ろヘーゲル哲学の法律学的応用ともいえる占有の問題が格好の素材となるだろう。ところで、以上のような歴史的研究としての法学やヘーゲル哲学の他に、もう一つガンスの特徴を端的に表現しているものがある。敢えて過去形で述べると、彼がユダヤ人であったことである。ドイツ・ユダヤ人の歴史研究から見れば、歴史の中におけるガンスの振る舞いは改宗ユダヤ人の運命をも示している。法学者を志しながらサヴィニーではなく（反ユダヤ的ではなかった）ヘーゲルに師事した彼の人生に、先ずユダヤ人としての苦渋が看取されるし、実際若かりし頃の彼は、他のユダヤ人青年達を率いて、政府のユダヤ人解放政策を在野の立場から推し進める政治活動に従事していたのである。そこにおいても彼にとって理論的及び精神的支柱となると同時に、実践活動へと向かわしめ、しかも彼自身に対する他のユダヤ人からの支持を確かにさせたものとは、ヘーゲルの思想であった。第三章ではこうしたガンスのユダヤ人問題におけるヘーゲル哲学の応用が検討される。その際、彼だけでなくハイネもその議論の対象として扱わねばならないだろう。何故なら、よく知られているようにハイネも又ヘーゲル主義者として認知されており、しかも当時の実践活動においてガンスと共闘していた人物の故にである。こうした二人の協働関係が決裂した直接の原因とは、プロテスタントへの改宗に関してである。しかし、この対立を惹起させたものをより突き詰めていくことで——第三章の内容を先取することにもなるが——愛憎入り交じった両者の奥底に見出されるものとは、ヘーゲル主義をめぐる詩人と哲学者、双方における人間像の違い、各々が志向するものの差異である。即ち、お互いの本性を表現する天職の異なった性格によって、同じユダヤ人であり且つヘーゲル主義者において、相異なる思想的特徴が付与されているのである。このように、以下の三つの章においてガンスを軸とする考察が行なわれるが、それによってドイツ三月前期における哲学（第一章）、法学（第二章）、文学ないし宗教（第三章）という多様な領域に対して、一人のヘーゲル主義者が働きかけ切り結んでいった思想的関係、又そこに広がる時代の一般的様相や心性が明らかとなるだろう。[23] これが本書の検討において目指される到達点である。

（1）一八二五年一〇月八日付ハイネのモーゼス・モーザー宛書簡の言葉より。因みに、彼にここで着想を与えたのは、ニコラウス・マルググラーフなる人物を喩えたジャン・パウルの言葉であるという。Vgl., Hans Günter Reissner, *Eduard Gans. Ein Leben im Vormärz*, Tübingen, 1965, S. 3, Anm. 13.

（2）カール・ミシュレ達と同様に、ガンスと考えや行動を同じくし、彼の弟分ともいえるハインリッヒ・グスタフ・ホトーは、後世の我々には全集の編纂においてヘーゲルの『芸術哲学』を担当し、その講義ノートをヘーゲルの著作として刊行した人物として知られている。彼の思想に対する詳細な考察や伝記的研究はあまり多くはないが、例えば次のものが挙げられよう。Vgl., Elisabeth Ziemer, *Heinrich Gustav Hotho: 1802-1873; ein Berliner Kunsthistoriker, Kunstkritiker und Philosoph*, Berlin, 1994. 他には、現在刊行されている『ヘーゲル全集、芸術哲学講義』のアンネマリー・ジーフェルトによる「序言」が彼について言及している。

（3）ヘーゲル死去後、ヘーゲル学派の代表としての追悼文も、こうした目的から為されたという。Vgl., Eduard Gans, Necrolog von G. W. F. Hegel, in: VS2, SS. 242-252. 又、第一章の「結」も参照。

（4）G. W. F. Hegel, Vorlesungen über die Philosophie der Geschichte. Mit einem Vorwort von Eduard Gans und Karl Hegel, in: *Georg Wilhelm Friedrich Hegel Sämtliche Werke*. Jubiläumsausgabe in zwanzig Bänden, hrsg. Hermann

Glockner, Stuttgart, 1928, SS. 12-13. 邦訳『歴史哲学』上巻、武市健人訳、岩波書店、一九五四年、一一―一二頁。

（5）Vgl., Johann Eduard Erdmann, *Grundriß der Geschichte der Philosophie*, Bd. II, Berlin, 1866; Kuno Fischer, *Hegels Leben, Werke und Lehre*, Bd. VIII, Heidelberg u.s.w., 1897; Georg Lasson, *Beiträge zur Hegelforschung*, Berlin, 1909. 他にかかる研究の代表としては、やはりディルタイやリヒャルト・クローナーの仕事が挙げられるべきだろう。

（6）こうした研究方向を指向することが、必ずしもヘーゲル哲学の盲目的な護持という保守的態度を導くものではなく、その真理を現在の規準に相応しい姿にする目的で、部分的改変をも行なわれうるのである。例えばローゼンクランツの哲学研究も、これに該当するであろう。Vgl., Karl Rosenkranz, *Kritische Erläuterungen des Hegelschen System*, Königsberg, 1840. かかる研究方向が推進した哲学史的なヘーゲルの扱いが、同時にヘーゲル哲学自体の歴史主義的相対化をも招くことになっていくのである。

（7）ガンスとこのヘーゲル左派との関係については、例えば次のものが挙げられよう。Vgl., Edda Magdanz, Gans' Stellung im Konstituierungsprozeß der junghegelianischen Bewegung, in: *Eduard Gans*（*1797-1839*）, *Politische Professor zwischen Restauration und Vormärz*, hrsg. Reinhard Blänker u. s. w., Leipzig, 2002, SS. 177-206. この研究ではガンスの解釈がヘーゲル左派（ルーゲ等）との類似性において捉えられているが、そこでも彼においてヘーゲルの体系が絶対的なものと把握されていることは見逃されていない。

（8）Hegel, a. a. O., S. 11. 前掲邦訳『歴史哲学』一〇頁。

（9）例えば、とりわけグツコウのガンス評がそれに当たるであろう。Vgl., Karl F. Gutzkow, Gans und die Doktrinäre, in: *Beiträge zur Geschichte der neuesten Literatur*, Bd.1, Stuttgart, 1836, SS. 66-79.「しかし国家を結果として考えることは、たとえ三権のお飾りや民衆からなる最高裁を持っていようとも、常に専制的である。結果としての国家はそれが存在する形式を絶対的としていく。これに関しては、我々は反対のことを希望する。つまり国家とは過渡的なものであり、或る種の水準においては自ずから解消されねばならないのである」（a. a. O., S. 77）。ところで、グツコウは通常「青年ドイツ派」に属する人物と看做されており、ヘーゲル左派としては認識されていないが、それだけにより一層このような評価が当時の左派的傾向全般に広がっていたこと――確かにここでは些かラディカルすぎる形ではあるが――を示していよう。

(10) こうしたガンスに対する左派（例えばルーゲやエンゲルス）からの評価については、第一章「序」も参照。

(11) Hegel, a. a. O. S. 18. 前掲邦訳『歴史哲学』一六頁。傍点は川﨑。繰り返しになるが、やはり強調しておけばガンスが編集で重視した最晩年のヘーゲル講義の特色とは、哲学概念の考察以上に歴史的出来事の叙述に力点が置かれていることである。確かにこれはカール・ヘーゲルも述べるように、哲学を一般の人々に分かりやすく説明する具体例が充実しているという利点もあろうが、そこには又、ガンスの歴史に対する嗜好性をもやはり看取されるのである。無論、それが相対主義の危険性を孕む歴史主義をそのまま惹起させるものではないが、重要なのは一九世紀で支配的となっていく傾向、ならびにその推移がここでも垣間見えることである。

(12) Erbrecht, Bd. 1, Vorrede, S. XXXI. 尚、傍点は原文ではゲシュペルト。

(13) Erbrecht, Bd. 4, Vorrede, S. X. この『世界史的発展における相続法』を家族法の諸領域との関連で捉えた研究として次のものがある。Vgl., Eike Nielsen, *Ehe, väterliche Gewalt und Testierfreiheit in „weltgeschichtlicher Entwicklung": Dogmatik und Reform des Erb- und Familienrechts bei Eduard Gans* (*1797 bis 1839*), München, 2006.

(14) この点については第一章の「結」を参照。

(15) 詳しくは第三章第一節を参照。

(16) こうした両者の対立がお互いの根本的な世界観にまで浸透していることを、占有をめぐる法学的イッシューを手懸かりに検討したのが第二章である。

(17) こうした立憲政体を要求する代表的な動きとして、ハノーヴァーの君主が約束していた憲法を拒絶したことに反対して抗議活動を行なったゲッティンゲン大学七博士の事件が有名である。これをベルリンで応援する支持キャンペーンの中心にガンスがいたことについては、次で述べられている。Vgl., Reissner, a. a. O., SS. 156-158. そこにおいてライスナーは、ガンスが活躍したベルリンでの催しに、当時大学生だったマルクスも参加していたに違いないと推測している。

(18) その五人とは、ガンス、ハイネ、ベルネ、ラーエル・ファルンハーゲン、そしてツァハリアス・レーベンタルなる人達である。Vgl., Heinrich von Treitschke, *Deutsche Geschichte im Neunzehnten Jahrhundert*, Königstein/Düsseldorf, 1981, Bd. 4, SS. 433-434. 因みに、このトライチュケの形容は、ハイネが『ロマン派(Die Romantische Schule)』の中で青年ドイツ派を形容した「〔青年ドイツ〕……の合唱指導者達(〔vom jungen Deutschland〕, …… dessen Chorführern)」との言葉を意識したものである。しかも、その際にトライチュケが新たに「オリエンタル(orientalisch)」との形容を付け加えたのは、勿論彼らが全員ユダヤ人ということを当てこすったからであり、そうしたフランス・ジャコバン的な社会不安を惹起しかねない(トライチュケから見て反キリスト教的な)世界市民主義的政治運動に対する非難の気持ちがあったという。但し、その際トライチュケが嫌悪したものとは、政治が暴力と無秩序に陥る危険性であって、必ずしも人種主義的なユダヤ人憎悪のイデオロギーや偏見に力点があった訳でないことは断っておかねばならない。Vgl., Reissner, a. a. O., SS. 132-133.

(19) こうした左派、右派どちらの急進主義にも属さない分別ある穏健な政治的立場が、少なくとも当時の段階においては、ヘーゲル主義者の主流であったことは、次のカール・ミシュレ——彼も生前のガンスと同じ政治的立場である——についてのモノグラフィーも同意見と見てよいだろう。Vgl., Matthias Moser, *Hegels Schüler C. L. Michelet: Recht und Geschichte jenseits der Schulteilung*, Berlin, 2003, SS. 13-14.

(20) *Hallische Jahrbücher für deutsche Wissenschaft und Kunst*, 11. Mai, No. 113, 1840, S. 903. これを報告する無記名記事を執筆したのはおそらくルーゲであろうと言われている。

(21) ただ断わっておくならば、ヘーゲル主義でこうした現実的中道路線が他より明白に優勢であったのは、まさしくガンスが生きていた一九世紀の三〇年代までであって、次の一八四〇年代以降は、周知のようによりラディカルな左派勢力が政治的にも歴史の表舞台へと突出してくる。しかし、その左派にしてもガンスに対しては(確かに限定してではあれ)先駆的意義が否定されることはなかったのである。

(22) B, Bd. 5, S. 182.「ルートヴィヒ・マルクス回想記」『ハイネ散文作品集』木庭宏他訳、第五巻、松籟社、一九九五年、一七九頁。

(23) 実際、現代におけるガンス研究も（その主なものは本書の中で逐一挙げていく）、次のように三つの領域に分けられる。①ハイネの改宗問題ならびにドイツ・ユダヤ人の歴史研究、②ヘーゲル政治哲学の解釈、③歴史法学派を扱った法学史研究。これらは、それぞれ専門領域に対応しており、そこでの学問分野の立場と観点によって、各々の作業が行なわれているのが現状である。本書では、とりわけヘーゲル哲学の受容者としてのガンスが着目されているが、その際の関心は狭義における哲学研究というよりも、寧ろ広い歴史的な思想のあり方に向けられている為、可能な限りこれら三つすべての学問領域に、本考察は関わっていかざるをえないのである。

第一章　ガンスのヘーゲル解釈とフランス——国家と社会に着目して——

序

エドゥアルト・ガンス(1)はベルリン大学時代のヘーゲルの愛弟子の一人に数えられている。彼は師が信頼を寄せた法学者として、ベルリン大学での自然法・法哲学講義を譲り受け、ベルリンで主宰された『学的批評年報』設立の際、その情報収集も兼ねて一八二五年にフランスへ赴き、師の手足として働くと同時に、その哲学をかの地でクーザンやホトー達と共に紹介することに務めた。又、序論でも触れたように、ヘーゲルの死去後は全集編集委員として『法哲学綱領』『歴史哲学講義』の編纂を担当している。又、多方面にわたってヘーゲル主義者として活動し、師を批判する論敵に対しては共同戦線を張って対抗した(2)。その当時の様子を『ハレ年誌』は次のように評している。「ニーブールに対するヘーゲルの辛辣な議論と歴史批判、その取り扱いは論戦を巻き起こした。しかもガンスは法の領域でこれと同様のことを彼の生涯にわたって続けたのである(3)」。ヘーゲル自身も常にガンスを傍に置くことに満足し、家族宛ての書簡でも次のように述べている。「私はとても平穏に暮らしております。自分の忠誠な友でありパートナーのガンス、彼以外の人間には殆ど会っていません(4)」。当時ただ一度だけ二人の衝突が公けになったことがある。それはヘーゲルの死直前にガンスが自分よりも人気のない師の講義に行くよう学生に勧めたことが、彼の怒りを招いたのであった。だが、早速謝罪に赴き二人は和解したという(5)。孰れにせよガンスはヘーゲルに対して終生忠誠を誓い、これを公言したし、当時の大多数もそのように彼を見ていた。

ところで、一九世紀前半のドイツにおいて時代の思想的潮流に敏感な者達は、ガンスに対して、これとは趣を異にする評価をしていた。例えば、エンゲルスはヘーゲル死後に学派が分裂し、各人がその思想を発展させ始めた時期を振り返って、次のように述べている。「シュトラウスが神学において、ガンスとルーゲが政治の領域で時代を画する人物として残り続けよう。その時漸くにして思想の輝く星座において観照という暗い霧が開け、世紀における運動に導きの灯火がもたらされたのである」(6)。ここで彼と並べられたルーゲは、ガンスの政治思想を評し、既に師の存命中に、その法哲学から「リベラルな帰結」(7)を引き出していたと述べ、彼が主導権を握る『ハレ年誌』では「彼は最も活力あるリベラルであり、最も新しい時代の中、完全に断固とした理想主義に最も近い老ヘーゲル主義者である」(8)と賞賛している。(9) 一方彼らとは反対の立場にあるプロイセンの宮廷保守派も、後述するように、ガンスによるヘーゲル法哲学講義はリベラルで反体制的な危険性があると非難していたのである。ガンス自身も先に触れた師の全集編纂会議で、君主の大権への抑制と解されるヘーゲルの講義録を追加として『ヘーゲル法哲学綱領』(10)の一部として加えることを主張し、P・マールハイネケやJ・シュルツェ等と対立することをも辞さなかった。(11) そして、フランスの七月革命に際しては、ヘーゲルが静観の態度を崩さなかったのとは対照的に、ガンスはその地へ赴き、いまだ革命の雰囲気醒めやらぬフランスでの体験や観察を書物の形で公けにしている。確かに、彼は例えばその歴史法学派に対する批判(12)にも明らかなようにヘーゲル主義の立場を覆さなかったが、それにも拘わらずヘーゲルにも危惧されるほどの独自性(13)、とりわけ政治思想に関して、自分の傾向性を持っていたように思われる。

この観点から本章では、先ずガンスの行なったヘーゲル法哲学講義から、その解釈上の特色を抽出し（第一節）、次にフランス社会の下で様々な異国の思想との触れ合いから、彼が何を学び、そのヘーゲル主義に摂取したかを、フランスに関するガンスの出版刊行物から読み取ること（第二節）で、彼の政治思想上の特徴を明らかにすることを試みよう。

第一節　ヘーゲル法哲学講義とガンスの立憲国家

ガンスは一八二七年以来、ヘーゲルのベルリン大学における法哲学講義を譲り受け、彼の代わりにヘーゲル法哲学の講義を行なっている。それがヘーゲルとの陪食の席において、当時のプロイセン皇太子⑭をして「ガンス氏は貴方の法哲学講義において、その内容を完全な自由主義、否、共和主義的にさえ脚色し、聴講している学生全員を共和主義に感染させています。このことは皆の知るところです。ヘーゲル教授、どうして貴方は御自身で法哲学講義をなされないのですか」と言わしめることとなる⑮。本節では同時代人のかような評価を受けたガンスのヘーゲル法哲学講義を、一八二八／二九年及び一八三二／三三年の講義録⑯を基に、彼がそのヘーゲル哲学を如何に解釈し、所謂脚色を施していたのか否かを吟味してみよう。考察の順序としてはヘーゲル法哲学の構成におおむね従って、国家以前の段階にあたる抽象法から国家そのものの詳察へ、そして国家を越えていく世界史への推移で検討していく。というのも、ガンスはヘーゲル主義を公言する者として師の『法哲学綱領』の構成に忠実に従った講義を行なっていたはずであろうから⑰。

A　国家以前についての講義

我々はガンスによるヘーゲル国家哲学そのものの解釈を検討する前に、先ず国家以前の段階を扱う法哲学講義を一瞥しておこう。とりわけ国家とその目的である自由の理念との関連で、抽象法の人格概念と家族、及び市民社会における職業団体がここでは問題となってくる。そして次に国家に関する講義を、先ずその主権者についての「国家権」、反対に被治者により関わる「立法権」、最後にこのような国家の「歴史」に対する関係の順で考察することにしたい。先ず、その国家以前の状態における人格の概念規定であるが、勿論それはヘーゲル哲学の意味での「人格」である。つまり人倫国家によって十全に具現化される以前の段階において、人格は自由の理念を抽象的意思の姿で表現し、法における義務・権利の主体と考えられている。「人格においてこの意思は単純なものとして与えられる。従って自然法は人格をもって始まる。そしてかかる人格は法の主体として権利を担う能力のあるものである」(PS74)。この意味での人格は自律性を有する所謂近代的個人として理解される。実際ヘーゲル自身の『法哲学綱領』においても、人格とは全ての外的事象から独立した抽象的存在であり、外在的自然及び他者の全てと対峙し、それらへ主体的に自らの意思を付与していくことを通じて、自由の理念を積極的に実現していく存在と考えられている(18)。これと同様にガンスも講義している。「人格はそれ自身が自然と対立して存在する。ここにおいて主体である人格は意思を持つ、否むしろ意思そのものになる関係にある。そして、自然の中に意思は存在せず、自然は意思へと奉仕させられるのである。人格にとって自然とは拘束であり、人格によって克服されねばならないものである」(NU57-58)。抽象法では、自由の理念は人格による意思の行使として考えられている。そしてこれを現実化する際には、人格の基本的権利としての所有権つまり私有財産制が不可欠となってくる。蓋しこれによって人格の理性や意思は初めて具体的な姿を獲得し、現実のものとなるからである。「人格として各人は所有を持たねばならない。たとえ何も持っていなかったとしても、それでも各人は自身の人格や自分の肉体を所有している。各々が人格として所有を持つこと、これは私有財産である」(PS76)。後に本章第二節でも言及するが、かかる個人の所有権をとるヘーゲル主義の立場を守ったガンスは(19)、例えばサンシモン主義者と相対しても、その立場を崩すことはなかったのである。

無論言うまでもなく、ヘーゲル法哲学で、このような自律的個人によって自由の理念が現わされることは、あくまでも抽象法の次元においてのみと考えねばならない。それは国家ないし人倫性つまり具体的な現実性の生活において、他の人々と織りなす生ける倫理的関係に至る以前の段階においてのみ妥当すると言える。ガンスは、この点も又ヘーゲルに従うものである。「人格性相互の関係においては人倫の基盤は、いまだ存在していない。従って〔人倫の表現に他ならない〕国家や婚姻は契約ではない」（NU62）。ところで、ヘーゲル法哲学における家族とは、一夫一婦制の構成の上に個々の家族が子供と資産――この家族資産をもって先の抽象法における私財産や所有権は十全なものとなる――を有する近代的核家族であり、ガンスも家族をこのようなものとして講義している（PS101）。だが、それは愛という人倫の感性的形態を採った生ける倫理的共同体である（NU75）。その中で、現実の人間関係から切り離され、抽象的な個に過ぎなかった人格は、感性的に一体化した共有の意識を初めて持つことが可能となる。そして民族ないし民衆（Volk）とは、より大きな規模でこのような家族の複合体（PS105）である。[20] 確かに、この家族の感性的統一感は市民社会によっていずれ解体を余儀なくされる訳だが、注目せねばならないのは感性的人倫の共同体である家族が、国家の中でより高い統一性を獲得するまでは、抽象的な人格を陶冶する役割を果たすことである。そして、この役割は近代市民社会の時代においては、とりわけ次に見る職業団体によって引き継がれ、より優れた形態として実現されていく。

ガンスは職業団体（Korporation）をヘーゲルの『法哲学綱領』におおむね従いつつも、これを近代に至る史的発展を経験し、その刻印をはっきりと帯びた組織と見ようとしている。つまり、それにまとわりつく中世的ツンフトの色彩を取り払い、より近代的な団体として考えられているのである。「職業団体は、市民社会でバラバラに存在する部分〔抽象的人格〕を組織化するものである。我々はこれをツンフトと理解してはならない。ツンフトでは個人の自由は解消されてしまっており、職業団体として不自由なものである。我々が話す現代の職業団体とは、市民社会を通じて個人的自由が導かれるところ、と言えよう。ツンフトでは個人に対する全体の専制が存在していた。職業団体では普遍的なものと名誉感、倫理と身分とが一体的であるが、強制的なものではないのである」（NU93）。ヘーゲルが用いた'Korporation'という言葉の持つ封建社会的含意を払拭しようとするガンスは、自らの解釈をいまだヘーゲルが存命中であった頃の講義で述べている。「近年に至って商業の自由の発達と共にツンフトは消滅した。ツンフトは自由の障害物と考えられており、従って破壊されるものである」（PS121）。こうした職業団体は、自由な市民達、ヘーゲルの語彙では反省的身分によって担われる。それは近代における市民社会の只中で、国家への帰属意識や抽象的諸個人の連帯感を、家族に変わって抽象的人格の統合ないし組織化（Vergesellschaftung）として実現するのである。

ここで職業団体と家族、そして国家、これら三者の関係に触れておこう。これについてガンスは次のように講義している。「国家とは普遍的な職業団体であり、又国家は大きな規模の普遍的家族でもある。だが、やはり国家は家族よりも職業団体により近いものであり、従って次のように言うのが適当であろう。国家とは大きい規模での普遍的な職業団体である」（PS122-123）、と。そして人倫の制度として「職業団体は、それ自体が市民社会における小さな国家であることで、自らの内部に段階と区別を持つ」（PS122）のである。職業団体はヘーゲル『法哲学綱領』の「第二の家族[21]」として、人格がバラバラに存在する市民社会の中で、職業を通して人々を組織化し、名誉と連帯の意識を現実化させるにとどまらず、国家内部において小さなコスモス或いは組織を成していると考えられている。これについては、第二節における検討で、より一層明らかとなろう。だが、それにしてもガンスにとってヘーゲル哲学の「国家」とは如何なるものか。国家についてガンスはどのように講義するのか。かかる解釈に自分のバイアス或いは脚色はなされていたのか。我々はこれを次に探求せねばならないだろう。

B　国家についての講義――国家権、立法権、歴史

(国家権)

先ず主権者に関わる「君主権或いは国家権[22]」であるが、ガンスは近代に至るその歴史的位相を視野に入れながら、この権力の説明をしている。ヘーゲルの歴史哲学における東洋から西洋古典古代の時代、そしてゲルマン―キリスト教的世界への歴史の弁証法的発展を踏まえながら、ガンスは君主制の様々な形態を、①東洋の専制的君主制、②古代ローマの帝国、③封建的君主制、④理性的な立憲君主制へという発展の流れの中に位置付ける。ここで注目すべきは、ヘーゲル歴史哲学のゲルマン―キリスト教世界に対応するところが、ガンスの講義では、③封建君主制と④立憲君主制の二つに分割され、より厳密に中世の封建制と近代的西欧、それぞれにおける国家の君主制度の違いを明確にしていることである。言うまでもなくヘーゲル法哲学の意味での君主制[23]は、④近代世界の立憲君主制であると規定されている。では近代固有の理性的立憲君主制とは、如何なる特徴を持つか。立憲政体の君主についてガンスは次のように規定する。「ここでの君主は国家に対して独立した筆頭者ではあるが、しかしやはり国家によって拘束された筆頭者」(PS129)、と。しかも、このような君主制の長所について「君主とは国家を表現するものであり、国家が彼に属するのではない」(NU97)と言いきるのである。無論、国家が君主の家産財産として所有されているのは封建君主制である。これとは対照的に、近代の立憲君主制は次のようなものである。「君主は国家の頂点であることによって、自身はとりもなおさず全体の法律に服することが義務付け

られている。君主が法を廃止したり、破壊することは不可能である。このような事態が生じているのは、東洋及び未開社会の専制君主においてと言える」（PS130）。

　では、ガンスは君主の世襲制度について、どのように講義しているか。これはヘーゲルとの関係からしても難しいものとならざるをえない。というのも、ヘーゲル自身が他でもない『法哲学綱領』の中で君主の世襲制度の意義を述べて、はっきり支持しているからである。ヘーゲルに依れば世襲制とは君主に深遠な尊厳を与えることを通じて国家を安定させ、無知蒙昧な国民大衆の急進的要求の故に惹起される不安定と攪乱に対抗して、防波堤の役割を果たすものである。しかも、それはひと時の偶然事の奥底に存する不変のもの、即ち客観的知を探求すべき哲学の真の要請にも相応しいものである。それ故、ヘーゲルは選挙君主制すら政治的不安定に陥る恐れがあるとして問題視し、その価値を否定する[24]。ましてや国家主権者を選挙するなど問題外と言うべきであろう。これとは対照的に、ガンスはヘーゲル死去後の講義で、「国家権（Staatsgewalt）」について「君主ではない、国家筆頭者の権力について（*Von der Gewalt des Oberhaupts eines Staates, das nicht Fürst ist*）」という名称の下に、北米の大統領制度を講義しているのである[25]。彼は言う。「この北米の合衆国連邦において、すべての中世の国家が根本的な変化を被ってしまっており、もはや君主さえも存在しない。中世の伝統すべてが存在しないのである。ヨーロッパのように感情や習俗、伝統、そして君主制という考え方が根付いている場所では、そして北米のように概念から成立した国家がヨーロッパにおいて設立され、伝統の各々が死に絶えるまで、更に多くの世紀を必要とするであろう」（NU100）。そうして、北米の大統領制度の説明において、それが国民大衆によって選挙されること、この選挙された大統領は在任期間が限定されることが講義されていく（NU100）。更に一八三七／三八年の自然法講義では国家を表現して代表している人間が「王であるか、大統領であるかを明らかにすることは国法上本質的な違いはない」[26]とまで述べている。こうした講義をするガンスに対して、当時のプロイセン皇太子達といった宮廷保守派から、「プロイセンの神聖な君主制の転覆を謀る人間、共和主義者」と誹謗されたのは当然であろう。[27]実際ヘーゲル自身をも含めてベルリン大学時代のヘーゲルの弟子達の多くは、プロイセンの宮廷に代表された保守派とは反対の陣営にあり、政治的危険分子としてマークされることも屢々だったのである。[28]但し、以上のような急進的主張がヘーゲルの死去後において、師の立場から自由になったからと考えるのは早計と言えよう。既に一八二八／二九年講義の半期前の一八二八年夏学期講義「とりわけ公法との関連における一七八九年以降の現代史」においてガンスは「王とは国家における首長ではなく（nicht des Staates）、寧ろ執行権力の機関（ein Organ der exekutiven Gewalt）に過ぎない」[29]、と断言しているのである。王は主権者として神的な絶対的権力ではなく、国家の法制度こそが理性や自由といった理念の顕現した形態と看做されている。ブラウンに依れば、これは例えばイギリス的な〝君主は君臨すれども、統治は行なわず〟といった国家体制の原理、[30]国制ないし憲法（Verfassung）の立場である。但し、ガンスがこのように自由の理念の現実化を国家の法的制度に見る限りは、たとえ彼が政府転覆の疑いのある共和主義と言われたとしても、それは際限なき無秩序、フランス革命のジャコバン派恐怖政治[31]を欲するものでないことも明らかであろう。寧ろそのような抽象的自由のアナーキーを排し、理性的で自由な国家秩序を希求したのである。その意味では師ヘーゲルと同じくするものであり、そのヘーゲル学派の代表として活躍することとも齟齬はきたさないのである。

だが、以上の如き特徴を持つガンスが、三月前期のプロイセンにおける政治活動では勿論のこと、その哲学的立場においても平穏にすむはずがない。実際、立場を同じくするはずのヘーゲル主義者達とも論戦を交えることとなる。それは先にも言及した、ヘーゲル死去後の全集編纂の際、師の政治哲学における君主の地位をめぐって戦われた。問題になりシュルツェやマールハイネケ達との議論になったのは、ヘーゲル自身が行なった講義の或る箇所を全集版のヘーゲル『法哲学綱領』に補遺として加えることを、ガンスが強硬に主張したことによる。その補遺とは次のものである。「確固とした秩序を備えた君主制において、客観的な領域は当然法律にだけ帰属しているのであり、君主はそのような法律にただ主体として『我、意思す』とさえ付け加えればよい」。「君主に客観的性質を要請するのは間違っている。そして人々には君主として『然り』と言って画竜点睛の最後のピリオドを打つ一人の人間だけが必要なのである。というのは、頂点というものは性格の特殊性が重きをなしてはいけないからである。このような君主の規定は理性的であると言えよう。それは概念に適合しているのである[32]」。言うまでもなく、この文章はヘーゲル自身が自らの講義で述べた言葉ではあるが、その特色は、我々が今まで見てきたガンスの講義と見紛うばかりではないだろうか。確かに、彼はヘーゲル法哲学の内容を講義したのだから、似ているのは当然ではあろう。だが、ヘーゲルをプロイセン国家御用哲学と批判する論者[33]を俟つまでもなく、ヘーゲル哲学、とりわけその国家哲学を皆が皆ガンスの如く解釈していた訳ではない。寧ろヘーゲルの存命中でさえも、いつも激しい論争[34]の渦中にあったのが歴史的事実と言えるのである。

（立法権）

以上、特に主権者に注目して「君主・国家権」を検討してきたが、次により被治者に関係する「議会・立法権」へと移ることにしよう。ガンスが「立法権（Gesetzgebende Gewalt）」を講義する際の特色は、議会に国家内部の反対勢力を期待することに表現されている。既に一八二八／二九年講義で彼は「国内公法」と「国際法」とを扱う箇所の間に「反対派の理論（Die Lehre von der Opposition）」なる部分[35]を彼独自に設けて、ヘーゲル法哲学の体系の中でこれを講義しているのである。その議会内反対派とは、国家の政治活動の中でその真なるものが顕現する為に否定の契機となるべきものに他ならない。ブラウンに依れば、ここで彼はヘーゲル『大論理学』における矛盾論理に従っているという。(36)ヘーゲルの矛盾論理とは、精神が自己意識や自由の理念に達する過程で、矛盾つまり強力な反対によって生ずる対立を自己内部に孕み、弁証法的止揚を通じてより確実で安定したものが獲得されることである。しかしこれも又、自己の裡に新たなる矛盾つまり反対の契機を含んでおり、同じく弁証法的否定論理の過程の中で解消と発展が行なわれる。現実世界も、この過程と丁度同じようにして、より高次の理念が顕現する段階へと歩んでいく。ガンスはこのような矛盾論理における反対の契機を、国家の政治的次元に適用し、これを議会内部の反対派に見出すのである。「反対派とは、自身の内部に肯定性を孕んでいる否定性である」(NU102)。国家における真なるもの、即ち自由の理念は矛盾において、ガンスに従えば議会内反対派が引き起こす対立において、常に新たに生み出されていくのである。議会内反対派は、自由の理念やその顕現形態である国家に対する害悪ではなく、これらを否定的弁証法の過程の中で、その真の姿で産出していく為の契機に他ならないのである。(37)翻ってヘーゲル自身の『法哲学綱領』における「立法府・議会」の役割とは、実はこのような矛盾論理ではなく、市民社会において人格と国家との間で統合を行なう「媒介の論理」(38)として把握されるべきと言えよう。この観点からすれば、反対派が議会で果たす否定性の契機は、国家に不要な対立を惹起させるものであり、その不動の真理と客観的安定性を脅かす存在でしかないと理解されるのである。

しかしながら、ガンスの意味での議会内反対派とは決して無際限な批判をして、国家をいたずらに無秩序へと陥れるものではない。その批判活動は場当たり的に行なうものでなく、自らの必然性と体系性に相応しくなる為に、組織的になるべきと考えられている。「反対派は組織的でなければならない。というのも、否定性が偶然的であることは許されないからである」（NU102）。そして反対派は「イギリスなど限られた国家だけでなく、どこにおいても見出されるものである。[39] 反対派は単なる偶然的なものにとどまってはならず、それぞれの国家の利益と協働するものであり、従ってそれは必然的なものである」（PS136）。反対派のもたらす否定の契機や対立が目指す目的は、国家の真実の共同性つまり人倫の実現に他ならない。この意味において、それは先に言及したヘーゲルの『法哲学綱領』における議会の役割、つまり「媒介の論理」による市民社会の個的人格性の統合にも寄与することが期待されており、故に師の立場ともさほど乖離しないことが見込まれているのである。では、このように考えられた議会内反対活動の組織とは如何なるものであろうか。ここで「普遍的身分」の性格が問われることになる。ヘーゲル『法哲学綱領』での普遍的身分とは、何よりも君主の手足として統治権に従事する行政官僚が考えられていたが、ガンスはこのような国家に携わる身分を彼一流の歴史的発展の位相において把握していく。そこから獲得された時代に相応しい特色とは、かかる身分においての市民的性格の増大に看取されるべきと考えられる。[40]「身分という契機は、対自的存在である市民を承認することであり、そこで市民は普遍性に関与する存在となる」（NU102）。しかも「市民社会において様々な身分は国家の中へと吸収されていく。そして現在では総じて諸身分の区別はますます消え去ってゆき、すべての人間が市民となっていくのである」（NU103）。こうした次第であるから、彼ら市民的な普遍的身分が活動するチャンスがより期待出来る場所として、議会が注目された[41]のは当然と言えよう。「現代において身分は国家を代表すべきであり、その存在が民衆と国家権力を繋ぐのである〔つまりこれはヘーゲル自身の意味での議会による媒介機能である〕。身分それ自体から官庁に対抗する通常の意味での反対派、党派（Partei）が形成されるのである」（NU102）。この立場からすれば、当時の身分制議会においても貴族的な上院ではなく、下院（Deputiertenkammer）が反対派にとって本来の活躍の場、謂わば存在のエレメントに相応しいことも容易に知られよう（PS136）。ところで、次節で検討されることだが、ガンスのこうした主張は更に急進化していき、国家内の議会で市民的身分を組織化するにとどまらず、国家外の市民社会においても、民衆に対して秩序的な政治活動を行なわせる組織、即ち「結社」の構想へと連なっていくのである。又、このように考えられた身分において、ヘーゲル『法哲学綱領』における世襲身分や封建領主的身分の意義が軽視されていることは、言うまでもなかろう。[42]

孰れにせよ、ガンスがヘーゲルの晦渋でいて一義的でない、ということは多様な解釈を許す国家概念を平易な姿で講義する際、どこが強調ないし誇張されていたかは、もはや明らかであろう。即ち『法哲学綱領』の立憲君主制においては、君主の大権ではなく、立憲主義の側面が重視されたことを。[43]そして、かかる解釈は、確かに当時のヘーゲル主義者達の間でもニュアンスの差異はあったものの、彼らの支配的見解として一番弟子であり又ヘーゲル法哲学・自然法の講座継承者が、かくの如く疑いのない形で表現していたのである。

（歴史）

ところでガンスの解釈では、歴史に対して国家はどのような関係にあるのか。世界史において国家は如何なる位置を占めるのだろうか。彼は、近（現）代に至る歴史過程の中で国家は理性的なものとして生成されてきたと講義する。「それぞれの国家体制は理性的なものであり、その内部に国家におけるすべての実効的な契機を包摂している。非常に沢山の国家が存在してきたし、存在してもいる。しかもこれらが理性的に生成していくのである。絶対的な国家体制が一つとはナンセンスに他ならない。時代の教養に対応したものとして、各々の国家体制が理性的なのである」（NU97）。『法哲学綱領』にガンスが付した「序言」でも「真に理性的なものは、その本性に適ったものである為に、常に世界の内部へと切望し、そうしてかかる現在性を獲得していく[44]」と述べ、その時々に形作された国家の実定的組織における歴史的生成に注意を促す。無論、国家は支配民族[45]としてその時代毎に精神を表現するが故に威厳を持つものだが、その反面（或いはそれ故に）その国家は世界史の中の一齣、その時々における束の間の存在であることをも否定されえなくなる。つまり現存する支配的民族の国家とは相対的存在でしかありえない。そうして次なる時代の発展の中、より真なる理性的存在、即ち自由の次なる顕現態へと変容されていくのである。ガンスは自分の主著で、こう述べている。「実体の発展は今までその内部で堅持されてきた区別を、段階を踏みながら自ら明らかにして、自身で対立を措定していく。それは時代の中で破壊し剥ぎ取ることによって、自身へと還帰していくのである[46]」。そして民族国家の歴史的相対性について、ヘーゲル哲学を説明した一八二八／二九年講義で、次のように明らかにしている。「世界史の至上性は世界審判に存する。国家は世界史の中では、もはや国家内部のように絶対性や主権、自立性を持つことはない。歴史の中においてすべての国家は臣下に過ぎないし、単に領地をより多く持つか或いはより少なくしか領地を持たないかである。これら国家にとって歴史は封建君主と思われなければならない。国家を主権者にするすべてのことは歴史的考察において消え去っていく。国家を衰退させることも、維持することも、歴史が同じくよく望むところである。歴史の考察において国家は有限的なものであろう。そして諸国家が永続的に存在し続けるとすれば、歴史は存在しないことになろう」（PS140）。『法哲学綱領』への「序言」でも同じく「国家という高所から眺められるものは、個別の様々な国家が、丁度沢山の河川のように、歴史という世界の大海原へと消え去っていくことに他ならない。こうした簡潔な歴史発展の要約はその根底に潜んでいる重大な関心を仄めかすのみである[47]」、と国家の儚さ、そして世界史が持つ容赦のない威力を述べている。

既にヘーゲルの巨大な歴史的哲学体系に内在していたこの側面こそ、ガンスが重視し一九世紀初頭のプロイセンの公衆に周知させることを望んだものであった。そして、このような講義に対する宮廷内保守派の懸念は故なきものでなかった。というより寧ろ彼らの見解はまことに正しかったことが明らかとなった。しかし、それにしても絶対的威力と考えられ、ガンスがヘーゲルの哲学に看取した「世界史」とは如何なるものか。それについては一八三二／三三年講義で言及されている。即ち「世界史とは人類の完全性である」(NU107)、と。同じく一八二八／二九年講義でも「ここに人類の完全性と陶冶は関わる」(PS141)。しかも、かかる人間性の完成が単に個人的な内面の自由にとどまらず、「国家の解放と精神性」(NU107)という形でもって現実性へともたらされ、よりよい実現態へと向かったものが近代的国家に他ならず、そうしてこの端緒はフランス大革命によって与えられたのである。このような次第であるから、我々は革命及びその舞台となったフランスに対して関心が向かわざるをえない。次節ではこの点を検討することにしたい。そこでも明らかとなろうが、実はそこで獲られた認識がガンスのフランス観と同時に、又彼のヘーゲル解釈へも逆反射しているのである。[48]

第二節　ガンスのフランス観察と社会組織

ガンスの生涯変わることなき盟友であり、当時の進歩派、自由主義的政治家でもあったカール・アウグスト・ファルンハーゲン・フォン・エンゼ(49)は次のように述べている。「ここドイツにおいて、ガンスはフランスの精神と発展、その日常的関心事についての通常見られない程の代表者といえる。今ここにいる如何なる知識人以上に彼はフランス国家を知り、愛し、フランス語に堪能で、そこと密接な交流を持ち続けた(50)」人間である、と。又、ガンスがフランスで親密であった人達の一人で、リベラルな文筆家であり且つソルボンヌ大学で文学関連の教授職を担当し、七月革命後は議員も志したサンマルク・ジラルダンは、ガンスの死去に際して、次のように回想している。「フランスを情熱的に愛したと同時に、その知識を持ち、それについて述べることが出来た。フランス語を話すということを理解し、そのことを愛した。彼の精神性に溢れ、流暢で多様な談話の中、フランスの生命とドイツの教養は結び付けられた(51)」。ガンス当人もフランスについて、こう述べている。「青年期のもっとも早い時期よりこのかた、自分はフランスの著作家からの滋養で培われてきたし、……フランスの運命が歴史における主導性のようにして我々の状況に影響を与えていた」(RB1)。その後、二〇代後半になってからも、パリの印象は最初の日から快く、自分を喜ばせたものであり、「他のどんな干渉からも独立した個人の自由、そこでの交流や周りで見受けられるものの軽やかさが」(RB4)、今まで訪れた如何なる場所よりも際立った魅力を持っている、と讃えるのである。

実際、彼は七月革命の前後五年間の三回と、又亡くなる数年前（一八三七年）に試みた旅行をも含めると合計四度にわたりフランスを訪問しており、[52] その折々にかの地で受けた印象や人物、その社会情勢等についての報告を三つの旅行回願録という形で残している。そしてこれ以外にも、フランスについての多く文章を執筆しているのである。一八三〇年、彼が大学で休暇をとってその地へと赴いたのは、フランス相続法を研究する為の資料収集という目的もあったが、[53] それ以上に世界史的革命が実行されたフランス、それも七月革命の熱気に満ちた現実の空気[54]に触れてみたい、というのが彼の本心であった。この二度目の旅行は――それはまさしく七月革命期のフランス――「今回は図書館における研究では全くなくて、その生ける身体の探求に捧げられるべき」（RB49）なのであり、「私の目的は、事象が変革されるあり様を自らの裡に理解させ、その当時のフランス精神の性格を確たるものにすることであった」（RB53）と述べている。七月革命期のフランスはドイツでもおおいに注目され、その革命に対する印象は少なくとも直後においては総じて好意的であり、共感もされていたと言う（RB108）。事実、ガンス以外にも当時数多くの知識人達がそれに関心を持っていたのである。[55] では、他の人々と同様、魅力あるものだったフランスにおける体験とその印象は、ガンスにとって格別どのようなものとなって、彼の思想（ヘーゲル主義）に如何なる影響を与えたのか。これが問題であろう。ところで、先にジラルダンは、ガンスによってフランスとドイツは結び付けられたと言っていたが、これはより具体的には、どういう意味なのだろうか。第一節での検討からして、ガンスにとってドイツの教養はヘーゲル哲学が中心にあると考えて間違いなかろう。一方、フランスの自由や活気、軽妙さといった好ましい特徴を彼は無条件に受け入れたのか。結論の先取が許されるのならば、否である。政治的民主革命がいち早く実行され、それに続いて社会と経済の変革が進みつつあった一九世紀前半のフランス、そこで観察された様々な問題について、彼はフランス自らの裡にその克服を見ると同時に、それに対するドイツの教養の立場、即ちヘーゲル主義からの批判的吟味をも欠くことはなかった。本節では、この点を検討していこう。

A　ガンスの見たフランス——革命の意義とその問題点

前節の末尾で、世界史とはガンスにとって絶対的な威力を有する存在に他ならず、その内容は「人類の完成」にあること、又それが現実のものとなるきっかけはフランス大革命において与えられ、国家の中でより十全な姿で実現されつつあることが言及された（NU107）。一八三三年に公表した『最近五〇年間の歴史講義[56]』でも、大革命とは宗教改革以来の世界史的発展であり、かかる革命で誕生した市民（Bürger）は人間性の完成に向かう発展の中、現時点における顕現態と看做されている。「こうしてフランス革命は、市民への人間の昇華（die Erhebung des Menschen zum Bürger）以外の何ものでもない。それはこの究極の現象を登場せしめる道程で、いまだ立ちふさがる障害や外壁を一掃することと言えよう。古典古代において、主観性や人間性の概念が欠如したまま見出された普遍性は、再び今このような基盤の中で生み出されたのであり、フランス革命はこのキリスト教的観点〔自由な主観性、人間性のこと〕をこちらへと働きかける作業それ自体となったのである[57]」。古典古代とは対称的に、キリスト教では内面性の主観的自由として個人の主体性が存在したが、それは大革命後の近代国家を通して、より具体的にもたらされたのである。人間性が完成していき、自由の理念は発展するという歴史観から見た時[58]、フランス大革命で推進されたのは、このことに他ならない[59]。以上がヘーゲルの歴史哲学を踏襲して、ガンスが解釈し講義もしたフランス大革命の意義であるが、ここでのガンスの特色はもはや明らかであろう。即ち、自由な主観性を具えた個人、或いは抽象法における人格性が、近代国家の市民として現実の姿を採る端緒はフランス大革命によって与えられたのである。こうした理由の故に、フランス国家は、ジャコバン派の恐怖政治やナポレオン独裁にも拘わらず、それ以降の全欧州で主導的な影響力を揮うことは許されるのだし、一八三〇年の七月革命における国家の変革も、かかる世界史的発展の中、人間性と自由の理念が進歩していく道程——勿論それは一時的な暴力や無秩序、或いは逆に反動的復古という紆余曲折が避けられない過程——をより堅固にする試みとして意義を持つ、とガンスは考えたのであった（RB105-106）[60]。

七月革命期のフランスを旅行した際、その地で受けた印象をガンスは以下のように記している。「全ての窓からは三色旗が吊されている。各々の会話も知らず知らずのうちに革命のことへと向いてしまう」（RB51）。しかし人々は以前の革命のように激情に促され暴力でもって国家と社会全体の大転覆を望んではいない。「フランスの民衆の大多数はもはや烈火のようではない。そして、数多くの人々は七月革命において社会の変動でなく、ただ政治的な変革のみを望んでいた。教会財産や貴族の特権的富は既に存在せず、諸領地は分割され、小所有者達が形成されつつある。このようにして中産階級は支配を獲得した。自らの安定と平穏が放棄されることは決して好まれないように見受けられる」（RB81）のである。そうして当時のフランスはこのような中間層だけでなく、民衆達すべての「表情の全部には政治情勢に対する満足の念が浮かんでいた」（RB52）。だが、たとえ七月革命の政治変動が比較的穏やかに遂行され、プチブル的な満足が一般的であったにしても、それ以前のアンシャンレジームに対する郷愁や保守反動の復古とは異なって[61]、七月革命を通して人間性の完成ならびに自由の理念が現実に浸透していき、更なる改善に向かう途上にあると受け取られる。フランスにおける出来事の外観がどれ程平穏であっても「歴史的事象の本質は出来事にあり、当地においてこそ、それが他以上に経験できる場所はない。稲妻と轟きが静まったとしても、それが再び現れることがありえない保証には決してならない」（RB119）。又、このような私的満足は次の如き発展において獲得したものの反面ともいえる。一八三〇年の革命では「ここ五〇年間、様々な段階で継続してきた革命を経た後、終局的に次のような進行がみられた。そこでは、公共的本性の進歩が私的生活の美しき特徴と手を携えて歩んで行くように思われていた」(RB51) のである。七月革命では、ジャコバン派のテロルやナポレオン専制のような剥き出しの暴力に政治的手段を認めなかったが故に、嘗て大革命を支持した人々[62]の共感はそこへと向かった。「一八三〇年に起きた出来事はこのような人々に同意を見出すに違いなく」、それは「優秀で進歩的な人間各々に共感を覚えさせる性質を持った国家変革なのである」(RB51)。左右両急進派における過激性を斥けたことは、大革命における自由の理念、その初心へと立ち返らせ、漸くにしてそれを現実に確固たらしめる必要が自覚された。これが七月王制が大革命で端緒を獲た事柄の具現化と看做される所以である。実際、極端な急進的政治へと暴走しがちな傾向のあったフランス国民の性格[63]にとって、このような王制はとりわけ評価に値すると言わざるをえない。

かようにして革命によって理念的発展は現実のものとされていく訳だが、フランスの国民性に固有ともいえる問題が存在している。それは革命によって自由や人間性といった理念を、軽率にも容易く機敏に、或いは軽はずみに（leicht）実行しようとする、その国民性にまつわるものである。現実に対する影響を顧慮せずに、人権宣言をはじめとする高尚な理念をそのまま性急に実現してしまおうとする為、暴力に訴えることも頻繁になり、その結果国家や社会は無秩序の危険に晒されることになる。しかも人々が各々自由に意見を表明することは、その反面、恣意の暴走に道を開くことにもなり、重要な政治決定の場面で意見が一致することは望むべくもない。結局フランスにおいては左右両派への分裂と政治的闘い、民意の不安定が他の国民にもまして激烈なものとなる。「通常信じられている通り、フランスにおけるが如き最も極端な両派の者達は、その断固とした抽象的意見にとどまっている」[64]のである。まさしくこれは大革命から七月革命に至るまでの紆余曲折においてフランス人が経験したことであろう。それは、ヘーゲル的に言えば、現実に基盤を見出せない絶対の抽象的自由でもって政治社会すべてを暴力的に裁断しようとする試みである。そこでの高き理念や自由が、国家秩序や社会組織を基礎に持つことは遂にありえず、又たとえ、それが単なる否定的契機だとしても、次なる総合による統一性を見込めないものとせざるをえない。そして秩序や体系ではなくテロルが、抽象的理念の実行では威力を発揮する。「フランス人について我々ドイツ人はこう言えばよいだろう。フランスでは、我々にとって思惟が極端に対立したまま存在しているものを、血まみれの現実が屢々招来されるようなやり方で実行されていったのである[65]」、と。ところで、こうしたフランス性には別の問題点もある。それは、民意がいかなる政体をも支持しようとする政治的無節操（leichtfertigkeit）として表現されている。即ち、政治的日和見主義である。ガンスは次のように述べる。「立憲議会からナポレオンへ、征服戦争の放棄から皇帝の戦闘や巨大な軍隊へ、このような移行をどうやって支持するのだろうか。理念の熱気が悪寒となり、冷淡と熱狂が交互に姿を現すのは、フランスではいつも日常的なことである。そして束の間の状況へのお愛想が、他の諸国において状況を根本的に持続させるものの代替物になっているのである」（RB121）。だが、こうしたフランス人の政治に見受けられる不安定や移ろい易さは、軽快な国民性が民主的力と機敏さ（leichtigkeit）を持ち、自由の意識が内面から外化していく過程における副作用とでも言うべきもの、その負の側面とも言えないだろうか。この点に関してガンスは注意深く観察している。「フランスの人間は、賞賛と敬意が公共的性格において軽蔑と中傷へと簡単に移ってしまう。この点でフランス人は同じく気まぐれなアテナイ人に似ていると言えよう。だが、このような機敏さ（Leichtfertigkeit）を支持することは、次のような転換点にとって求められるものでもある。それは、ここで現実の本性と出来事が即座に受け入れられ、そして個人性が背後から支えるものとして非常に際立って、影響を与えるという点である」（RB91）。又、別の箇所では次のようにも記している。「もっとも人為的、と同時に人間的な、そして最高に自由であることはヨーロッパ的といえる。このようにしてもっともヨーロッパ的なのは――フランスである。ドイツやイタリアでは中心になるものがなかった。しかし、フランスはそれを有する。つまり生命力に充ちて躍動的な人格である」[66]。このような特徴こそが、ガンスにとってフランスで頻繁に見受けられたし、関心を引いたものであった。

そこで、この機敏（leicht）で豊かに変容し、しかも活気のあるフランス国民性に内包されている自由を現実化すると同時に、その無秩序な暴走に歯止めをかけることが次の課題となってくる。自由な人格性を恣意のアナーキーに退化せずに顕現させる為には、それらを結び付ける組織が肝要なのである。こうした組織化（vergesellschaftung）へと向かう徴候を、――無論ヘーゲルに依拠しながらも――ガンスはフランスで見出している。彼のフランス観察は、パリのサロンや雑誌刊行の言論機関、或いは産業労働者の結社といった一見無関係なものに、かかる観点から或る共通性が見出されるのである。次に、これら三つの実例（サロン、雑誌刊行、結社）を通して、フランス社会における自由の組織化を考察していこう。

B　フランスにおける組織化――サロン、雑誌刊行、結社

（サロン）

ガンスのフランス滞在中、活動の拠点といってよい程頻繁に訪れた所に、パリのサロンがある（RB164-165）[67]。そこにおいては、実に多様な知識人達と接触を持つことが出来たし[68]、又彼らを通してフランスという国の状態や全般的性格を見通していたといっても過言ではないだろう。確かに街頭での人々の様子や雰囲気、旅行中に見た

光景への関心も欠くことはなかったが、彼が最も惹かれたのは人間的世界の事柄、その歴史や政治的状況であった（RB257）。知識人や名士が中心とはいえパリのサロンは、彼にとってフランス及びその世界史的状況が凝縮されて観察出来る、小さいが非常に重要な世界なのである。[69] 例えばレカミエ夫人と彼女のサロンについて、こう書いている。「レカミエ夫人は、ここ多年にわたりフランスに住まう人達の内で、女性的側面の頂点にある人物と言える。彼女の控えめなところの中に今日における世界の進行の如何なる面が、簡素で虚飾のない外観を持った彼女の社交部屋に魅き付ける力でもって、たち込めているかが考究されよう。……世界史的意義において、ほんの三〇年来に起こった全ての出来事を取り巻く事柄の本性と実体が、賛嘆すべき視点と振る舞いによって確固たる姿を獲得したのである。……普遍的世界の歩みにおいては小さなコスモスである、と同時に生来の生活進行でもあるものが、彼女のところへ導き入れられるという利点が享受されている」（RB148）。そして、ここで見られる社交の利点は、開かれた精神を持った知識人達が共同に集うことによって、緩やかだが組織的ともいえる形を採っていたのである。

実際、ガンスの評価するフランス人の卓越性の一つが、その社交性（Geselligkeit）である。サロンで現実のものとなる社交性によってこそ、例えば弁論の才は磨かれることが可能になるし、世論に代表される公共性も成立していく。フランスの民主主義は、こうしたサロンにおける社交で培われた特質からも支えられていた、と見ることもあながち的外れではなかろう。ジュール・ミシュレの著書に対する書評で、ガンスはフランス性一般に関するその所説を紹介しつつ、次のように述べている。「だがフランス人はその影響力を引き出すことを欲し、故にしばしば誇張をする。このような誇張は、通常利己的なものでなく、国民の雄弁な性格から生み出されたものである。というのも、フランスは散文の国であるのと同時に、フランスの文学性は弁論の才にあるからである。

フランスには思想の活動的で最高の形式が存在すると同じく、この点に国民の民主的精神は結び付けられている」[70]。「フランスでは平等における自由、社交性が指し示される」[71]のである。

これらはフランスという国の一般的精神についての特徴であるが、ガンスは特にサロンの個性についてはどのように見ていたのだろうか。それは、サロンの持つ平等な開放性、その社交でもたらされた各人自身が持つ能力への尊敬として考えられる。つまり、出自や血筋、社会的身分や国籍、人種等といったものはサロンの社交では等閑に付され、寧ろ話される内容や話し方、品行に具わる気品によって、個人の評価は定まっていくのである。「フランスでは、その本性として他の民族では決して見られないような平等性が組織（Wesen）として存在している。身分やその時々の特権、生まれ、富といったものの差異は、それぞれのサロンでは最初から消え去っている。大臣であろうと私的な存在にとどまる人間であろうと、心情から呼び起こされた機敏さ（Leichtigkeit）を通して、次のように促される。この人は人間性においてであり、この人の価値は既存のもので計ってはならない。その小さな組織（Gesellschaft）〔サロンのこと〕においては、今そこにいる人が有する地位に対する過剰な尊敬が支配することは決してない。人は自分自身が持つ理解力や精神性、機転の巧さによって敬意の続くことを確たらしめるのである。平等性がさながら組織の根本的法であり、存在する為に必要なのは自分自身」（RB161-2）をおいて他にない[72]。フランス滞在では他でもないガンス自身がかかるサロンの恩恵に授かったことは言うまでもなかろう。このサロンにおける平等性は、無論個人の能力主義の現れともいえようが、フランスの民主性を政権外部の私人による公共世界から支えたものであり、加えて又、自由な人格である個々人を、国家の権力に直接組み込まないやり方でもって、共通の特性を養っていく。つまり公共的事柄に触れさせて、現実政治から疎遠にさせないという意義を有するのである。ところで又、このようなサロンの平等性には、第一節で検討したガンスのヘーゲル法哲学講義（特に普遍的身分）で、官僚や議会に関して出自や地縁を問われない能力主義との解釈とも一脈通じるものがあると言えないだろうか。そして、ここでの関心からより重要なのは、サロンにおいてもガンスがフランスで観察する組織化への兆候が看取されていることである。彼は次のように述べている。「純粋な社交としての社交、純粋な組織としての組織は、従ってフランスにおいてのみ根付いたものとして存在し続けている」（RB163）。

ところで、このようなサロンに関連して、その平等な社交で生み出された世論については、どのように考えられていたのだろう。ガンスはヘーゲル法哲学講義において、世論について次のように高い評価を与えている。世論とは議会にとどまらない「より大きな規模での公開性であり、正しさと真理を希求するものである。それは現在においては最高裁として考えられる」（NU104）。これは国家、とりわけ議会内での討論の公開性[73]、及びそこでの世論の役割[74]に関連して述べられた言葉だが、我々の文脈で関心を引くのは、世論がこの議会内の議論にとどまらない規模を持ち、国家の外に存在する社会へと広がっていることである。しかも現在の最高裁として、その公開性は考えられている。このように手放しに賞賛された国家外の、つまり社会の世論とは、具体的にはどのような姿を採るのであろうか。その具体例の一つをガンスはサロンの中に看取したのではないだろうか。勿論、通常考えられた組織の秩序化や規律と、サロンにおけるマナーや品位とはかなり異なっている。だが、どちらも個人的人格が共に活動する際、それが無秩序に陥らず、或る種の組織的に共同する状態へと促していく点では、両者に共通性があることは否定出来ないだろう。先に引用した文章でも、ガンスはサロンにおける社交の真実の姿を純粋な組織として、「純粋な社交（Geselligkeit）、純粋な組織（Gesellschaft）」と同格で述べていた。ヘーゲルが、世論は潜在的な形では理性的なものを包含している、絶対的精神の即自的形態であると考えていたことを想起するなら、ガンスにおいてこの即自的形態はサロンとして、換言すれば、対自的主観性を有する自由な個人が共に活動する組織的存在として、理解され高く評価されたのである。サロンでの社交は、国家外部の社会的現実の中で、自由な人格が出自や身分に囚われない平等性を保ちながらも、組織的に共同していることの現れと考えられたのである。[75]

（雑誌刊行）

無論、サロンの社交では人々の組織的形態は依然緩やかなものでしかない。それは確かにサロンにおいて自由な人格が規律に縛られない躍動性を持つことの代償でもある。では、フランス滞在でガンスはサロン以外に組織化の実例を観察出来なかったのであろうか。そうではなかろう。組織化は、国家の外でこれを批判する政治活動即ちジャーナリズムという雑誌刊行の姿でも見出されえたのである。[76]ヴァチェクに依れば、[77]ベルリンのアカデミーに対抗してヘーゲルが主宰した『学的批評年報』の設立に際しても、その運営方法や編集方針等についてガンスはヘーゲルと対立したと言う。その時ガンスの念頭にあってモデルとなった雑誌は、当時フランスで刊行されていた雑誌『グローブ』等であった。[78]ところで、少なくとも七月革命より以前の『グローブ』の政治的立場[79]は「ドクトリネール」と考えて差し支えないであろう（RB43-45）。それは、ナポレオン失脚後の復古王制期において「一八一四年の憲章（La Charte-Constitutionnelle de 1814）」を標榜するものであり、その「憲章」の政治的立場は復古体制に背かない仕方をとりつつも「人権宣言」等における如き基本的自由等の人権規定を備えた立憲君主制というものである。つまり、ドクトリネールとは穏健な進歩主義としてジャコバン恐怖政治のテロルは断固排斥するが、逆にアンシャンレジームへの回帰でもないといった中間的存在、悪く言えば曖昧な折衷主義と言えよう。成程、立憲君主制を標榜する点、及び漸進的な進歩主義の立場において、我々が見てきたガンスの政治思想と同様の特色をドクトリネールは持つが(80)、彼自身はそれを全面的に支持する訳ではなく(81)、そこで観察した長所と思われる点を選択的に摂取している。だが、これが先の雑誌路線をめぐってヘーゲルとの対立をもたらしたものでもある。両者は、国家からの補助金を貰うことの是非、及び国家の検閲を甘受するのか否かについて見解を異にしたのである。この二点に関して、「ドクトリネール」の特色とガンスが考えた、国家から独立した在野の批判組織を彼は目指した。ここから当然に国家の補助金は拒絶され、国家による雑誌の検閲でなく、自己検閲が彼によって支持される(82)。実際『グローブ』は復古王制期において国家と一線を画した在野の批判組織であった。一方、ヘーゲルはそれとはまったく逆の立場（RB230）、つまり国家の一部分としてその援助金を受けて、検閲にも服する雑誌を考えていた(83)。しかしながら、ここで我々にとってより重要なことは、ガンスが『グローブ』を、自由な言論を欲する独立した知識人達が共に活動する組織（Gesellschaft）と看做したことである。「ドイツの知識層は、ここ三〇〇年来、既に十分共和的なものとなっており、首脳部として国家権威を自らに据えることは、一度たりとて成功しないだろう。私には知識人として教養を受けた人々による組織（Gesellschaft）は、それ故非常に大きな成果を約束すると思われるのである。というのは、その端緒は学識のみによって与えられるのであり、かかる学識以外ではありえないからである」（RB231）。ここで我々には先にサロンで見た個性の能力主義、即ち自らの能力以外は顧慮されなかったことが想起されよう。更に言えば、かような自己の能力のみに依拠する人格が、その自由な組織的共同を通じて、雑誌組織において実体化したのである。雑誌組織は、もはやサロンにおける纏まりほど緩やかではありえない。又確かにサロンと同様、国家の外に存在するが、それに反対していくネガティブな政治的自由が顕著となっている。因みに、言論及び出版の自由はガンスの行なったヘーゲル法哲学講義でもおおいに擁護されていた事柄である。「出版の自由は良きことである。害悪は消え去っていき、核心となるものが残る。出版の自由が危険に晒されない限り、自由は審判の位置へと高められるのである」（PS137）。この意味での消極的自由が――既に見た絶対精神が「世論」の中に顕現の機会を持つこととも相俟って――具体化される契機を、ガンスは雑誌刊行の組織にも期待したのである。そして、フランス滞在によって彼が見出したのはこうした組織の実例に他ならない。勿論、言論の自由それ自体は既にヘーゲル自身が『法哲学綱領』で肯定している。[84] 又ヘーゲルにおいて国家的組織としての雑誌組織による批判的活動の際に、遵守されるべき品位や礼節も、ガンスは師と同様、自らの雑誌組織にも望んでいる（RB223, 236）。この意味では、ガンスはヘーゲルの中に見た特徴を受け継ぐとされよう。だが同時に師をも踏み越えてしまう可能性が彼の思想の中にあったことも、以上の考察から浮き彫りになろう。そして、それは先の雑誌組織をめぐる対立において既に示唆されていたものでもある。

だが、孰れにせよ雑誌組織の活動は、国家の外部からそれを批判する消極的なものにとどまる。それは確かに政治的に意義あることだが、主観的人格のネガティブな自由に組織的形態を与えるに過ぎない。次に我々は、産業社会化が進むフランスで、より積極的な形でもって人々を纏める組織を彼が観察していたこと、即ち労働者による「結社」を第三の組織化として見ておこう。

（結社）

ガンスが雑誌組織のモデルに考えていた『グローブ』は一八三〇年の七月革命後、その革命の成功によって政治的変容を強いられた。以前の王政復古期において政府への批判活動を行なっていた人々は、七月革命で誕生した国家を新たに支える礎として役職に就き、一方、当の『グローブ』自体はサンシモン主義者達に掌握され、その機関誌として様変わりする。創刊時の主要人物であり、嘗ては政府批判で禁固刑を受けたポール－フランソワ・デュボワは、議会議員ならびに高等師範学校の要職へと転身を果たし、又同じく創刊時以来の参加者であり、その彼から編集長を引き継いだピエール・ルルーは自身がサンシモン主義者となっていく（RB103）。[85]既に一八三一年の一月にはサンシモン教の「聖ミシェル」と呼ばれたミッシェル・シュバリエが、その『グローブ』の編集長の職を引き継いでいる。ガンスが一八二五年の「回願」で政治的には「ドクトリネール」と呼んだ『グローブ』に、今やサンシモン等の初期社会主義的な色彩が与えられたのである。彼がサンシモン主義を本格的に知り、その思想的意義を認めたのも丁度その当時、つまり一八三〇年、二度目のフランス訪問においてである。[86]「その始まりは目立たないとさえ言え、持続的輝きを持つこともなかったが、しかしその理念的意義は際立ったものである。私が述べているのは、他でもないサンシモン主義のことである」（RB91）。

ところでガンスが訪れた復古王制から七月王制への時期は、丁度フランスで産業革命が端緒につき始めた頃にあたる。このことは又、すぐれて産業社会的意味における社会問題、もしくは貧困問題が発生し始めた時代となることをも意味している。当然ガンスの眼はかかる問題についても決して看過することはなかった。彼は、既にヘーゲル自身が『法哲学綱領』で哲学的に考察していた市民社会の産業化に伴う社会的貧困の増大について、歴史的現実の状況に即した鋭い実地観察を行なっているのである。[87]我々は第一節でガンスの市民社会下での身分の意味、及びそこにおける中産的市民の台頭に言及したが、[88]これと関連してヘーゲルの『法哲学綱領』で貧困問題と規定されていたものが、フランスでは、産業社会下の困窮に苦しむプロレタリアという、より歴史的に進行した姿で体験されたのである。それが、ヘーゲルが貧民（Pöbel）として予期していたものを、その後の歴史的発展に即応してプロレタリアとガンスに言わしめることとなる。「通常は貧民と呼ばれており、市民社会を暗鬱にするその汚点に注意が向けられねばならないことは、現代の深い視点が行なうことである。又、その後に続く歴史の観点において一度ならず中産階級に対決するプロレタリアの闘いと社会で言われるものである」(RB100)。そして、サンシモン主義は、まさにこうした歴史の進行において、新たに発生した階級的対立と社会経済的問題への取り組みにおいてガンスの評価に値したのである。だが又、決してそれ以上のものでもない(89)。その意義について彼は述べている。「私の理解したものから次のように結論付けねばならない。つまり〔サンシモン主義の〕経済や社会に関する新たな見解もしくは産業に関する意見だけがここでは採り挙げられる」(RB92)べき価値を持つ。近代の市民社会でも「奴隷制はその本質からしていまだに過ぎ去っていないこと、それは形式の上では廃止されたが、実質上はまったき姿で現存している。つまり主人と奴隷、次は貴族と平民、その後は封建領主と臣下とにあった対立、そして現代では働かなくても構わない者と労働者との対決がある」(RB99-100)(90)。サンシモン主義から学ぶべきとされたのは、次のことである。労働者ないしプロレタリアは近代以前の貧民とは異なり、独立した「主観性」を持ち、雇用契約の主体として「人格」ではあるが、自らの労働以外に依拠するものを持たない市民社会固有の歴史的存在であり、又これは現実の只中で観察されることである。確かにここでのガンスの考察において、ヘーゲル哲学の影響は明らかであろう。というのも、富の増大を追求する市民社会がかえって貧困層を増大させる、例のパラドックスを踏まえているからである。と同時に又、ガンスにおいては、そのヘーゲル哲学にフランスで歴史的に進歩した産業社会における実地観察が結び付いているのである(91)。

だがこのことにもまして、最も我々の注意を引くのは次のこと、つまりサンシモン主義において、富める者と労働者の階級的対立ないし市民社会の貧困問題への対抗策として、貧しき者達の組織化(Vergesellschaftung)が提唱されているのである。これによって先のサロンや雑誌刊行の組織化より以上に、積極的な形での政治的組織化が明らかとなる。一八三三／三四年ヘーゲル法哲学講義で、サンシモン主義者達は「下層から全部を改革することを希望し、社会的関係全体を劣化したものと見ている。そして彼らは今や新しい社会（neue Gesellschaft）が形成されることを望んでいる。今日の社会は批判的状況にあり、何も制度的なものが存在していない。現在の世界は専ら批判的であり、組織的ではないのである。戦争や闘いの対立は根絶されねばならず、分肢となる新しい組織機関（neues Organon）が定礎されねばならない」（NU51）と講義し、一八三〇年の「回顧」では、このような認識に加え「今では自由に行なわれる労働は職業団体の持つ専制、つまり親方の支配から工場長の支配へと移し替えられるべきなのか。それに対処する手段はないのか。そんなことはないだろう。自由な職業団体、それ即ち組織を形成すること（Vergesellschaftung）」（RB101）があると述べている。これが、ヘーゲルの職業団体（Korporation）概念を踏襲しつつも、更に結社（Assoziation）という新たな性格付けをすることをガンスに促すのである。[92]そもそもヘーゲルによる職業団体とは、具体的には中産階級の商人といった反省的身分に専ら関係するのであり（PS121, NU93）、自らの主体的人格性を、国家の倫理的実体の中で積極的に実体化する為の媒介であった。これに対してガンスでは、かかる職業団体へ、新たに且つより切実に関係する参加者としてヘーゲルの言葉では貧民、[93]ガンスのフランス観察では産業社会の搾取を被るプロレタリアないし労働者と呼ばれる人々が包摂されたのである。この意味での職業団体が、結社に他ならない。「工場長に対立する手工業者達による結社……。そして、抑圧されるだろう政治的目的が非常に重要になり、そのせいで結社は禁止されたものになっている」（RB101）。まさにサンシモン主義が、かかる結社に彼の注意を払わせるきっかけを与えたのである。[94]我々が前節で見たガンスのヘーゲル法哲学解釈では、職業団体に対して個人性と商業の自由との育成、つまり古典的近代市民の意味で講義していたが、ここにおいては中産階級だけでなく、更に労働者達の結社としても把握されたのである。これがフランス産業社会に対する現実観察によって獲られた成果であろう。ところで、この点に関連してブレックマンは、(95)職業団体をすぐれて結社組織として解釈するガンスをヘーゲルの職業団体と比較し、「水平的」「垂直的」組織という用語で対比させている。そこでガンスの特色となる「水平的」組織とは、平等な諸個人がお互いに形作るものであり、又産業社会の分業化に応じて、自分達の利害の共通性に基づいている。結社構成員の平等と共通した利害の自覚、この二点に「水平的」特徴はある。これと反対にヘーゲルの「垂直的」組織では、職業団体に身分上差別された構成員が属している。つまり親方（雇用者）と徒弟（被雇用者）とが両方とも所属することで、上下関係が形成されているのである。しかもこの職業団体では、近代の産業社会において、もはやありえない親方と徒弟の商業利害の一致、労使間の利害が同じものとして前提されているのである。(96)要するに、ここではガンスがヘーゲル法哲学解釈において等閑視した中世的ツンフトの面影が見受けられるのである。反対にガンスは産業社会に即した「水平的」組織として、しかも労働者達も含むものとして、これを「結社」の名で再構成したのである。かかる組織化は、先に検討した雑誌刊行組織による政治を批判する自由にはとどまらない価値を持っている。それはより積極的な意味での政治性、即ち人々の間に秩序を形作り、制度となった自由の理念を顕現させ、自由な組織化を通して、主観的人格に新たな創出的政治活動を可能にさせるという意義を持つのである。

ガンスはこのようにフランス体験を謂わば養分にしてヘーゲル哲学解釈に変更を加えていったが、しかし同時に終生ヘーゲル主義の立場を堅持することをも公言していた。このことが又、サンシモン主義等におけるが如きフランス思想とも距離を取らせたものである。とりわけこれは「所有権」に関して明白になる。サンシモン主義の結社とは、先でも見たように革命後の無秩序や理念の暴走から脱し、分肢としての組織を包含する有機体的秩序の要請、彼らの言葉では「批判の時代」から「組織の時代」への移行の要求を実行する為のものである。[97] そして、かかる要請を満たすものとして国家は否定されない。確かに、こうした革命後の秩序と国家の要請に関して、サンシモン主義はガンスの意向に沿うものである。だが、サンシモン主義における国家とはヘーゲル的な主観性の自由を包摂するものとは考えられていない。しかも又、この自由な主観性を現実化させる際、土台となる私有財産制度も、サンシモン主義では完全に否定されているのである。即ち、すべてが官僚による能力至上主義的国家の管理下に置かれるのである。[98] ここにおいて、新たな秩序と組織化を望むあまりに個人的自由を完全に否定してしまうサンシモン主義者の中にも、先にガンスがフランス国民性の欠陥とした極端な過激性、現実感覚の欠如、抽象的理性の暴力が、やはり又顕わになるのである。こうしたサンシモン主義に対するガンスの批判には、プラトンの観念的哲人王国家に対するヘーゲルの批判と同じことが当てはまるといえる。それは、理想的国家の内部では、個人の内面的主観性及び自由が抹消されている、との批判に他ならない。まさしくこの点において、ガンスはヘーゲル哲学の自由と国家を標榜する者として、サンシモン主義と袂を分かつのである。フランスの「回願」で次のように記している。「自由主義をその内容に相応しく秩序付ける為に受け容れられねばならない主張において、私が正しく信ずるところではサンシモン主義は間違っている」（RB97）。「理念が主観的反省をその下に包摂するのと同様にして、国家には市民社会の従属的地位が備わる」（RB99）。一八三三／三四年講義でもサンシモン主義の限界が言及されている。「人間各々は〔現実と理念との〕二重性をそなえた者である。各人は自らを所有し、自分で考え、自らを死に至らしめることが出来る。[99] そして同じく各人は所有権を持つのであり、それは外在的なものにとどまらず、自分それ自身のものとして所有するのである」（NU52）。人倫とそれを顕現させる国家において、私有財産は国家の分肢や基盤の役割を果たし、個人の自由にとって不可欠の契機となるものである。各人に相応しいもの、つまり所有権（Eigentum）を抹殺してしまうサンシモン主義は、ガンスの見たところ、やはり又別の奴隷制度を生み出すものに他ならない。ヘーゲルに従って彼においても主観的自由は国家の中でその抽象性を廃棄し、具体的普遍性をもって実現されるのである。[100] 結社は、市民社会――ヘーゲル的に言えば悟性による外的国家――においてだけでなく、人倫的国家の中で自由を実体化させる為の媒介となるべきものである。ところで、この人倫の役割においてはヘーゲル自身が構想した中間団体、つまり職業団体の意義がガンスにおいても前面に浮かび上がってこよう。しかしながら、その結社はヘーゲルの生きた時代には考えられない程発展した産業社会の中で、えてして現実の基盤を見失いがちになる自由で平等な個人達を纏めていく組織化の役割を担っていたのである。そうして、このことが後世に対して近代的労働組織の意識を喚起せしめたものであった。[101] 以上のように彼はドイツの教養（ヘーゲル哲学）に依拠しながら、フランスにおける政治革命の実行に着目したにとどまらず、そこでの産業社会における問題にも対処しようと試みていた。その点でサンシモン主義といった初期社会主義は勿論のこと、加えてヘーゲル以降の時代においてその哲学の貫徹を志した青年ヘーゲル学派とも思想的に触れ合うこととなり、実際にガンスは彼らの関心と賞賛の的になっていたのである。[102]

結

サンシモン伯爵は一九世紀の初頭に、前世紀の啓蒙主義と政治的革命でもって端的に表現される「批判の時代」から、我々の世紀は新たな経済社会の平和が進歩していく「組織の時代」への幕開けになろうと預言した。学問においては批判の時代の特徴である個別的事象の実証分析から、国家と社会の歴史的全体秩序を考察する、より包括的な学問理念[103]が、これからの組織の時代では目指されようと述べている。これは又『法哲学綱領』でヘーゲルが試みた思想的努力とも軌を一にしている。それは、歴史に内在して自由の絶対的理念を顕現させる国家が、ジャコバン派の恐怖政治が如き抽象的自由の暴走に歯止めをかけ、しかし同時に、その個別的自由をも解消しない形で現実の秩序に包摂しようとしたことからも十分明らかであろう。[104]そして、ガンスもこの一九世紀初頭の一般的思潮の中で自分の政治的構想をしていたことは、以上の考察からも明白であろう。言うまでもなく、その後の一九世紀の歴史においては、まさしくサンシモンの預言の正反対、即ち個別的事実の実証研究と学問の専門化が極めて精緻となっていく。これに対して、かかる個別的学問を統括して国家や社会の全体理念を明らかにする「形而上学的」なものは、その信憑性を失っていったのである。[105]実はガンスも又、このような時代の転換点にいる者として自分のヘーゲル主義を規定している。ヘーゲル死去時の「追悼」の中で、哲学的理念はヘーゲルの自由の哲学でもってその歴史的発展を完了した。今やこれ以上の哲学自体の歴史的発展はありえず、我々の時代以降の学問は、歴史的素材を扱う個別的研究の中で、ヘーゲル哲学的理念の顕現を確認することに費やされるだろう、と述べているのである。つまりそこでは、この目的である自由の理念は時代を越えた永遠の価値を持つ絶対のものであり、その現れを歴史的個別事象の研究で実証していくことが、次なる時代の学問における課題と考えられている。「というのは、哲学はその循環において初めて完成されたのである。その後に続くものは、このかけがえない故人が非常に鋭く明確に描き出して与えたことを、思考を尽くした素材の手直しとして、その方法とやり方に従いながら引き受けることだけである」[106]。ガンス自身はかかる理念の確認作業を自分の専門である歴史的法研究において試みた。その成果が彼の死によって未完に終わった主著『世界史的発展における相続法』である[107]。だがそれは、後に進展していく実証主義的歴史――そして、おそらくは彼の意に反して相対主義――の端緒とも看做すことが出来るものであった。

ところが、彼が全集版『法哲学綱領』に付した序文では、以上とは一見矛盾するような評価をヘーゲルの哲学に対して与えている。それは一九世紀以降、生成と流動性の激しくなる歴史潮流の中で、ヘーゲル哲学の歴史的地位とその運命を睨んでのものである。ガンスは次のように述べている。「このヘーゲル法哲学は、おそらく彼の全哲学体系と同様に、多くの年数を経た後においては表象や一般の意識へと移行し、その技芸に富んだ言葉は消え去っていく。この深遠なるものは、このようにして共通財となるだろう。哲学的だった彼の時代は、やはり歴史に属するものであったのである。これと同じ原理から生まれて進歩した哲学の発展が現れて、変化した現実の中で異なる解釈が又行なわれよう。このような将来を我々は畏怖の念をもって歓迎しよう」[108]。これは現代の我々にとって、歴史が進歩発展した未来においてヘーゲルの価値が変容すること、即ちその哲学の相対視を促す指摘と映らざるをえない。又この点においては将来の哲学の進歩と実現を目指す青年ヘーゲル学派達[109]とも考えを同じくするものである。しかも、哲学の課題をヘーゲル自身は、今まで発展してきた現実を過去に遡って概念的に認識することに見たのとは対照的に、ガンスではその哲学を将来に向かう方向で――そこで観察される産業社会の現実を看過することなく――考えている点で、両者のベクトルは正反対と言わざるをえない。しかしながら、ここで引用したガンスの言葉には、もう一つの側面がある。それは哲学的だったヘーゲルの時代が過ぎ去りその解釈が変わっても依然残るヘーゲル哲学と「同じ原理」、即ち一般民衆の意識や表象にまで現実化した共通財としての原理である。確かに、もはやそれはヘーゲル哲学ではないとも言えよう。だが、それにも拘わらずガンスは、かかる恒久的核心となる原理として、ヘーゲル哲学の中に何を見ていたのだろうか。それは、歴史的現実が生成発展する只中で、自由の理念が国家や社会組織という現実の姿において具象化していくことに他ならない。本章での検討では、ガンスが標榜した当の理念の顕現を、立憲主義国家と市民社会における組織化の裡に追跡することが試みられた。そうして又、以上で考察されたヘーゲル政治哲学の理念的核心についての理解が、現代のヘーゲル解釈に対して先駆的となる意義をも内包しており、そこに一脈通じていることも最後に付言しておこう[110]。

(1) 彼の生涯や全般的経歴、ユダヤ系の出自等については、序論でも挙げたライスナーによる伝記が詳しく、その後書簡等の新たな資料も発見されたが、やはり現在でもガンスの包括的研究と看做されるべきものである。

(2) 例えばヘーゲルの『法哲学綱領』を非難したシューバルトに対して、断固とした反批判をガンスは行なっている。Vgl., Erwiderung auf Schubarth, in: *Materialien zu Hegels Rechtsphilosophie*, Bd. 1, hrsg. Manfred Riedel, Frankfurt am Main, 1975, SS. 267-275. 尚、この論集は以下*Materialien*と略記して引用する。

(3) *Hallische Jahrbücher für deutsche Wissenschaft und Kunst*, 1841, 8, Januar, No. 7, S. 25.

(4) 一八二六年八月一七日付ヘーゲルの書簡。*Briefe von und an Hegel*, Bd. III, hrsg. Johannes Hoffmeister, Hamburg,

1969, S. 127.

（5）この所謂「ガンス事件」については屢々言及されるが、代表的なものとしてクーノ・フィッシャー『ヘーゲルの生涯』玉井茂他訳、勁草書房、一九七一年、二五九頁を参照。確かにここでの和解を疑問視するむきは多い。例えば次のものを参照。堅田剛「エドゥアルト・ガンスにおける法哲学と法史学」『比較法史研究――思想・制度・社会②』所収、未來社、一九九三年、四三〇頁。

（6）フリードリッヒ・エンゲルス「エルンスト・モーリッツ・アルント」、『K・マルクス＝F・エンゲルス全集』大月書店刊邦訳全集、第四一巻、一九七三年、一三一―一三三頁。但し訳文は川崎。又、序論註（1）の引用文も参照。

（7）A. Ruge, Die Hegelsche Rechtsphilosophie und die Politik unserer Zeit, *Materialien*, S. 43.

（8）*Hallische Jahrbücher*, 1841, 1, Juni, No. 130, S. 518.

（9）現代のガンス研究もこうした人達と同様にヘーゲルとの偏差に着目する考察が多い。例えば、バイアー（Wilhelm R. Beyer, Gans' Vorrede zur Hegelschen Rechtsphilosophie, in: *Archiv für Rechts und Sozialphilosophie*, 1959, SS. 258-273）はガンスの法哲学解釈に見受けられるヘーゲル以上の歴史的急進性を重視し、シュトラウスの神学論争以前において、ヘーゲル学派分裂の端緒をガンスのヘーゲル法哲学解釈に見出している。このようにガンスをリベラルな進歩的左派と考える点では、その後のリーデル（Manfred Riedel, Hegel und Gans, in: *Natur und Geschichte Karl Löwith zum 70 Geburtstag*, Stuttgart, 1967）やマイスト（Kurt Reiner Meist, Altenstein und Gans Eine frühe politische Option für Hegels Rechtsphilosophie, in: *Hegel-Studien*, Bonn, 1979）もおおよそ同様であると言える。シュレーダー（Horst Schröder）によるガンスの *Philosophische Schriften* への緒言（Einleitung）も彼の中にまさしくヘーゲル左派の特徴である弁証法的歴史観の契機を看取している。これとは対照的に右派の一人としてガンスを扱ったものにリュッベの先駆的業績（Hermann Lübbe, Die Politische Theorie der Hegelschen Rechten, in: *Politische Philosophie in Deutschland*, Basel, 1969）であるヘーゲル右派研究がある。彼の考えるヘーゲル右派の現実主義的であり、しかも改革志向の政治思想の長所は、具体的には立憲政治要求や貧困といった社会問題に対する国民福祉的対応といったものに表現されるが、しかし特にガンス解釈については彼を進歩主義的改革の政治思想とする点（まさしくこれがリュッベの考えるヘーゲル右派の特徴であり、彼は明言しないがこの点で中間派をもそこに含ませているようである）で、又その限りにおいては先に挙げた研究者達とそう大きな開きはないように思われる。しかしこのリュッベのヘーゲル右派研究は多くの反論や異論を喚起し、例えばシュトゥケ（Horst Stuke, *Philosophie der Tat. Studien zur „Verwirklichung der Philosophie" bei den Junghegelianern und den Wahren Sozialisten*, Stuttgart, 1963, S. 32-33, Anm. 5）はガンスが老ヘーゲル学派であるのは事実だが、それがそのまま右派を意味するものでなく、寧ろ政治的にはガンスは左派であると述べている。同様の批判としては他にオトマン（Henning Ottmann, *Individuum und Gemeinschaft bei Hegel*, Berlin, 1977, S. 21-22）がいる。だが孰れにせよ、ここではヘーゲル自身との微妙な思想的差異や政治理論の本質的内容よりも、ガンスが右派か左派かといった点に視点が移動しているように思われる。この第一章では、こうした学派に関する問題には直接立ち入らず、寧ろヘーゲル自身の政治哲学を念頭においてガンスの思想的特色を明らかにすることに限定したい。その際、とりわけ第二節でフランスにおける彼の体験に注目するが、この点についてはヴァチェク（Norbert Waszek）の研究に多くを教えられた。そして、ガンスの立憲政治的特徴や法学的問題に関してはブラウン（Johann Braun）の研究に負うものである。ところでヘーゲルの『法哲学綱領』自体に内在する進歩的リベラルと保守性、いずれに着目するかといったヘーゲル解釈上重要な論点に関しては多くの研究が既に多く存在するが、例えばバーンズ（Tony Burnes, *Natural Law and Political Ideology in the Philosophy of Hegel*, Aldershot, 1996）を参照されたい。ガンスに関する日本の先行研究としては、永尾孝雄『ヘーゲルの近代自然法学批判』九州大学出版会、一九九八年。的場昭弘『パリの中のマルクス』御茶の水書房、一九九五年。生方卓「ヘーゲル、ガンスと死刑の問題」『理想』第六五三号、理想社、一九九四年。堅田剛『歴史法学研究』日本評論社、一九九二年、等が挙げられるべきであろう。

（10）ヘーゲル『法哲学』二八〇節に対するガンスによる補遺（Zusätze）である。その詳細については本章第一節で後述する。

（11）カール・ミシュレの証言に依る。Vgl., Riedel, Hegel und Gans, S. 269.

（12）歴史法学派、特にサヴィニーとガンスとの関係については、vgl., Braun, Schwan und Gans, a. a. O., SS. 75-90.

(13) カール・ミシュレの回想では、一八三〇年フランス七月革命が勃発した時、私的な談話において、この革命について肯定的感想を述べたミシュレに対してヘーゲルは「まるでガンスみたいなものの言い方ではないか」と語っていたという。フィッシャー、前掲書、三五六頁参照。

(14) 彼は、その後一八四〇年代以降のプロイセンの強国化と共に自らの保守性を顕わにし、一八四八年の革命を粉砕した「玉座のロマン派」フリードリッヒ・ヴィルヘルム四世である。

(15) ルーゲの証言に依る。Vgl., *Hegel in Berichten seiner Zeitgenossen*, hrsg. Günter Nicolin, Hamburg, 1970, SS. 437-438.

(16) 一八二八／二九年の講義と一八三二／三三年の講義は、それぞれ現在、以下の二つの著作集で再版されており、比較的入手が容易と言える。

Eduard Gans, *Philosophische Schriften*, hrsg. Horst Schröder, Glaschutten im Taunus, 1971（一八二八／二九年講義。以下、PSとだけ略記して引用）.

Naturrecht und Universalrechtsgeschichte, hrsg. Manfred Riedel, Stuttgart, 1981（一八三二／三三年。以下、NUとして引用）.

ところで、この二つを含め、現在図書館等においてガンスのヘーゲル法・権利哲学講義録は六つ存在している。Vgl., Braun, Die Lehre von der Opposition bei Hegel und Gans, a. a. O., S. 160, Anm. 102. しかし既刊の出版物に収められており、それぞれ編集者により聴講者の間違いの訂正等といったテキストクリティークが行なわれ、しかも比較的入手もしやすいことで、共有された信憑性のある資料と考えられる二つの講義録をここでは主に用いることにしたい。又、本稿執筆後に刊行されたこともあって利用しえなかった講義録の資料として次のものがある。Eduard Gans, *Naturrecht und Universalrechtsgeschichte, Vorlesungen nach G. W. F. Hegel*, hrsg. Johann Braun, Tübingen, 2005. これは一八二八年から一八三八年までの六講義の概要を客観的に再構成したものである。

(17) 些末に見えることかもしれないが、厳密に言えばガンスは自らの筆による追加と変更を行なっている。例えば、講義の冒頭に自然法の歴史――それはヘーゲル哲学の登場でもって結とされる――を追加し自らヘーゲル哲学への忠誠を示している。Vgl., NU, S. 53. 更にこれとは対照的に一八三二／三三年以降の講義では、自然法講義の後に――ヘーゲル自身が述べることのなかった――ガンス自身の実証的歴史法研究の成果である「普遍法史」を追加している。Vgl., NU, SS. 108-155.

(18) ヘーゲル『法哲学』四一節及び四四節参照。

(19) ヘーゲル『法哲学』四九節。「外面的な諸々の物に対する関係の中、私が自分のものとしての所有を占有することは理性的である」。更に、五一節。「人格性の現存在に他ならない所有ということの為には、或るものが私のものであるはずだ、という私の内面的な表象と意思では不十分であり、これに加えて占有の獲得が必要となる。これを通じて、こうした意欲が獲得する現存在は、他の人々にとって認識され得るということを含んでいる」。

(20) ヘーゲル自身の民族（Volk）概念は、国家（Staat）や国民（Nation）との関係において必ずしも一義的に明晰とはいえない。この点に関し、ガンスは民族を国家に至る以前の段階における家族の複合体である、と一八二八／二九年の講義で規定していることは注目されよう。

(21) ヘーゲル『法哲学』二〇一節の補遺参照。

(22) 一八二八／二九年講義ではヘーゲルの『法哲学綱領』と同様、君主権（fürstliche Gewalt）である（PS128）。だが、ヘーゲルの死去（一八三一年）後の一八三二／三三年講義では国家権（Staatsgewalt）として講義している。しかし、このことで師の死後、突然彼が急進的思想を自由に述べ始めたと考えるのは性急であり、そう単純な事情でもないのだが、それにも拘わらず「国家権」の名称の方がガンスにとって相応しいことは、後の検討において明らかとなろう。

(23) ヘーゲル自身が同じく次のように述べている。「国家の立憲君主制への成熟は、実体理念が無限の形式を獲得した近代世界の業績であると言えよう」。ヘーゲル『法哲学』二七三節、邦訳五二〇頁。

(24) ヘーゲル『法哲学』二八一節。

(25) と同時に、彼は師ヘーゲルと同じく選挙君主制の欠陥を講義することも怠ってはいない（NU99, PS129）。

(26) Braun, Opposition, a. a. O., S. 173より引用。

(27) ヘーゲルに対して皇太子が警告した後にも、例えば一八三七年には政府内部に反対勢力が存在することの意義を説いたパンフレットをその当時の名士達に回す等の活動をしていた。Vgl., Braun, Opposition, a. a. O., SS. 165-166.

(28) ブルシェンシャフトに深くコミットしたカロヴェや、政治的危険活動の咎で数ヶ月拘束されたフォン・ヘニングなどガンス以外にも有名な具体例は存在している。このようなベルリン大学時代のヘーゲル主義者達に広く見受けられる反体制的行動やその雰囲気を伝える文献は数多く存在するが、それについてはジャック・ドント『ベルリンのヘーゲル』花田圭介他訳、法政大学出版局、一九八三年等を参照。

(29) 当時学生でもあったフェリックス・メンデルスゾーン－バルトルディの講義筆写。ハンス・ライスナーの伝記より引用（Reissner, a. a. O., S. 127）。

(30) 但し、ヘーゲル自身も自らの法哲学講義でイギリスの政治制度に言及している。Vgl., Georg Wilhelm Friedrich Hegel, *Vorlesungen über Rechtsphilosophie 1818-1831*, edition und Kommentar in sechs Bänden von Karl-Heinz Ilting, Bd. 4, Stuttgart-Bad Cannstatt, 1974, S. 668.

(31) ヘーゲル自身の立場は、よく引用される『精神現象学』の「絶対的自由と恐怖」における有名な抽象的自由に対する批判がやはり参照されるべきであろう。『法哲学』では第五節を参照。ガンスもその法哲学講義では、この点を疎かにせずヘーゲルと同じ調子でもってジャコバン派の暴力政治批判を行なうものである。

(32) 以上、ヘーゲル『法哲学』二八〇節に対してのガンスによる補遺。

(33) ヘーゲル哲学に国家体制護持の企てのみを見出して批判する論者は、枚挙に暇がない程であろう。よく知られたドイツの代表例だけでも、一九世紀のルドルフ・ハイム。二〇世紀ではマイネッケやヘルマン・ヘラー等が挙げられよう。

(34) 例えば、N・v・ターデルやK・E・シューバルトのヘーゲルに対する攻撃を想起されたい。Vgl., Riedel, *Materialien*, SS. 76-80, SS. 209-213.

(35) 因みに、後年つまりヘーゲル死去後の講義では、「反対派の理論」と名付けられた箇所は見受けられない。その理由についてリーデルは恐らくプロイセン当局からガンスに「警告」がなされたのではと推測している。Vgl., Riedel, Hegel und Gans, a. a. O., S. 264. それにも拘わらず、本文でも見るように反対派に関する本質的特色は後年の講義においても同様である。
(36) Vgl., Braun, Opposition, a. a. O., S. 165. 及びRiedel, a. a. O., SS. 263-265も参照。
(37) Vgl., Braun, a. a. O., SS. 164-165.
(38) ヘーゲル『法哲学』三〇二節参照。
(39) この政府に対する反対派の組織化の提唱と必要性は、一九世紀初頭のプロイセンも例外でないと彼は考えていた。当然ながら、ガンスの考えた反対派の組織とは、政治的意見や信条を同じくする人達が共同に活動する為に形成する、緩やかな結合体にとどまるものである。だが、それは歴史的に見て一九世紀初頭のドイツにおける反対派の政党組織の萌芽とも看做されるものであり、ガンスは後代の理論家達、例えばオッペンハイムが反対派の組織化を考える際に影響を与えたという。Vgl., Braun, a. a. O., SS. 172-173.
(40) これは特に一八三一／三二年講義で顕著な特徴となる。一方、一八二八／二九講義では、確かに下院議会の意義や反対派の理論への言及はあるが、「身分」に関してはヘーゲル『法哲学綱領』の内容に比較的忠実である。これと関係して、ガンスも当初はヘーゲルと同様、国家官僚を普遍的精神を体現するものと考えていた。Vgl., Kurt Reiner Meist, Altenstain und Gans, SS. 53-55.
(41) 議会内反対派に国家の普遍的身分の働きを期待し始めたのは、比較的後期のことである。前註でも言及したが、最初はガンスも官僚に国家的な改革を期待していた。実際、当時のプロイセンでは、近代化を推進する際に生じる様々な利害対立から越え出て、このような問題に対して高所から公正に調停する仕事、つまり個別的契機の媒介をなし、それらを国家へと包括していく役割が、普遍身分としての官僚には期待されていた。国家を安定させた上での改革への期待は、そのガンスにおいて後年には官僚から議会の反対派へと、その重点が移っていったのである。このような移行については vgl., Braun, a. a. O., SS. 160-162.
(42) ヘーゲル自身は、普遍身分ではなく実体身分である「世襲的土地貴族」が国家において重要な役割を果たし、主導性を持つべきと考えていたことについては、ヘーゲル『法哲学』三〇七節を参照。
(43) カール・ミシュレの回想に依ると、最晩年のガンスは更に共和主義的に急進化していき、君主制原理が存続している祖国の現状を憂えていたと言う。Vgl., Riedel, Hegel und Gans, S. 272, Anm., 31.

(44) Gans, Vorrede, in: Hegel, *Grundlinien Philosophie des Rechts, oder Naturrecht und Staatswissenschaft im Grundrisse*, hrsg. Dr. Eduard Gans, Dritte Auflage, Berlin, 1854, S. VIII. 既にヘーゲル自身が一八一九／二〇年の講義で「理性的であるものは現実的なものへと成っていく、そして現実的なものは理性的に成っていく」と講義していた。ガンスは、この側面をひたすらに重視したと言えよう。Vgl., Hegel, *Philosophie des Rechts. Die Vorlesung von 1819/20 in einer Nachschrift*, hrsg. Dieter Henrich, Frankfurt, 1983, S. 51.

(45) ヘーゲルとは対照的にガンスはたった一つの支配的民族による国家ではなく、平等な権利を持つ均衡した国家システム（これはヨーロッパにおいて現実に顕現しつつある）を講義している。Vgl., PS, S. 142, NU, S. 10. 尚、この点については更に第三章第一節の議論も参照されたい。

(46) Gans, Erbrecht, Bd. 1, S. 235.

(47) Erbrecht, Bd. 1, Vorrede, S. VII.

(48) 勿論、かかる内面的自由を有する主体的個人の発見が、ヘーゲル歴史哲学におけるキリスト教の意義に他ならない。当然ガンスもこの意義を軽視せず、きちんと講義している。Vgl., NU, S. 107.

(49) 彼についての詳細は、vgl., Werner Greiling, *Varnhagen von Ense Lebensweg eines Liberalen*, Köln, 1993. 因みに彼の奥方は、ハンナ・アレントの研究によっても知られるラーエル・ファルンハーゲンである。

(50) Karl August Varnhagen von Ense, *Tagebücher*, Bd. 1, Leipzig, 1861, S. 127.

(51) Saint-Marc Girardin, Erinnerungen an Eduard Gans, in: *Zeitung für die elegante Welt*, 1840, S. 53. 又、この箇所と前註の引用については、vgl., Waszek, Einleitung, in: *Gans*, SS. 24-25, Anm. 54. 更に的場昭弘、前掲書、第一章参照。

(52) Vgl., RB, S. LIII.

(53) フランスにおける相続法研究の成果は一八三五年に『世界史的発展における相続法』第四巻、第三章として纏められ、出版された。ところで又、その章は彼の著書が初めて海外で——それも他でもないフランスで——翻訳されたものでもある。これについては、vgl., RB, S. XV-XVI.

（54） 実際、彼は師ヘーゲルに七月革命の情勢報告をしている。一八三〇年八月五日付のヘーゲル宛のガンス書簡。*Briefe von und an Hegel*, Bd. III, SS. 310-311.

（55） 例えば、ルーゲ等による『独仏年誌』を想起されたい。これについては的場昭弘、前掲書、特に第二章及び三章参照。ところで又、後の第三章でも触れるが、ハイネがフランスで生活を始めたのも、この頃であった。

（56） Gans, Vorlesungen über die Geschichte der letzten fünfzig Jahre, in: *Die Hegelsche Rechte*, hrsg. Hermann Lübbe, Stuttgart-Bad Cannstatt, 1962, SS. 48-51.

（57） A. a. O., S. 51.

（58） 因みにジュール・ミシュレ著『世界史序説』への書評で、ガンスはそこでの歴史観を人間の自由という精神性が、粗野な運命に他ならない自然と対峙して、それを克服していくものと評している。Vgl., Intoduction á l'histoire universelle par Michelet, VS 2, SS. 105-106.

（59） ギゾー著『英国革命史』に対する書評で、フランス革命は理念の内在的発展の産物である、とガンスは述べている。「それ〔フランス革命〕は個別的欲求や局地的関係に従うものではなく、寧ろ独立した内在的思惟の自己規定が、完全な組織で実行されるところで推移しているのである。……何故なら、思惟それ自体はその固有の形式でなされることを要求する作品なのだから」（Ueber Guizot histoire de la révolution d'Angleterre, VS 2, S. 57）。

（60） ガンスにとって、このような評価が個人的意見とは考えられていない。例えばホーエンシュタウフェン研究で知られるフリードリッヒ・ラウマーによるフランス七月革命についての書簡を紹介した文章で、ラウマーの言葉として「数多くの障害がなくなっていき、比類なき力は自ずから発展していく。フランスは幾重にも増大した力でもって欧州における自らの地位を妥当なものとしたのである」（Ueber Raumer's Briefe aus Paris und Frankreich im Jahre 1830, VS 2, S. 168）。

（61） 前掲のギゾーに対する書評で、イギリス市民革命と比べて、アンシャンレジーム下のフランスでは抽象的とも言い得る強大な絶対体制が暴力的に支配したが故に、それに反対する大革命も暴力的で無軌道なものにならざるをえなかったと述べている。Vgl., Ueber Guizot histoire de la révolution d'Angleterre, VS 2, SS. 51-53.

(62) 例えばラファイエット等が挙げられよう。七月革命を支持したのは、必ずしもギゾーやロワイエ・コラールといったドクトリネールだけでないことは周知の事柄であろう。
(63) 『相続法』においても同様に、フランスの国民性に見られる不安定を民族古来のものと述べている。「この民族〔フランス人〕の浮動性と絶え間なき不安定、争いに対する愛、分裂、これらは至る所で見受けられるし、そして近年の歴史の中でも依然としてフランス人の主要な特徴を与えるものである。既にそれはガリアの居住民の特性から導き出されたものであり、又、早くもカエサルが適切にもガリア人をゲルマン人から区別する点として指摘している」(Erbrecht, Bd. 4, S.3)。
(64) Ueber Raumer's Briefe, VS 2, S. 144.
(65) A. a. O., VS 2, S. 161.
(66) l'histoire universelle par Michelet, VS 2, S. 123. 尚、これはミシュレの所説を紹介する文脈での言葉。
(67) ベルリンにおいても彼はサロンの社交を欠かすことがなかった。その場を提供したのが、先にも触れたカール・アウグスト・ファルンハーゲン・フォン・エンゼ夫人であるラーエルが主催するサロンである。そこでは嘗て「ユダヤ文化学術協会」で共に活動したが、その消滅後は顔を会わすことさえ避けがちになった昔の仲間達――我々が第三章で検討するハイネや、他にもベルネ等々――の最近の消息等も知ることが出来た。強烈な個性を持ち、互いに反目や衝突することも屢々であった彼らユダヤ人達を繋ぎとめる触媒の如き能力を発揮したのが、彼女ラーエルであり、彼女のサロンはその能力が発揮された場となったのである。勿論ラーエルのサロンが持つ魅力とその可能性はこれにとどまるものではなかった。だが、そこに集う人々の個人的事情と彼らの非常に激しくも揺るぎがちな気持ちも又、当事者達をそこへと赴かせた理由となったのである。Vgl., Reissner, S. 55, S. 133.
(68) ガンスのフランス体験での『回願録』の多くの部分はこのような人物描写が占めている。そこで描かれた人々には、当時の自由主義的人物達やドクトリネールにとどまらず、カトリックや王政主義者(例えば、シャトーブリアン)、そして初期社会主義者、更に技術者や自然科学者に至るまで多様な分野にわたる知識人と知り合い、その人脈を通じて知見を獲得していたのである。このことは当時のパリのサロンにおける社交が如何に充実していたかを裏書きしているとも言えよう。そして、先にも言及したガンスによるフランスの国民性についての性格描写も、――確かに知識人のみに限定された社交ではあったが――このような交流なくしては不可能であったと考えられる。

(69) ガンスがフランスで交流した人々のおおくは大学教授や政治家、ジャーナリストといった比較的上層（勿論、ここには中産階級も含まれる）の人々であり、一般庶民との接触はおそらく稀薄であったと思われるが、反面、高度な知識や教養を持つ人々との関係がこのように緊密であったからこそ、例えば死刑廃止の是非といった問題や、フランス民主主義の世界史的運命という大きな事柄を論究していくことも出来たと考えられる。ガンスにとって、かかる社交の議論を通して人間精神の本性に迫っていく格好の場がサロンであったといえよう。

(70) l'histoire universelle par Michelet, VS 2, S. 125.

(71) A. a. O., VS 2, S. 126.

(72) これはレカミエ夫人のサロンを評した言葉であるが、勿論そこだけにとどまらないサロン全般の魅力と考えられたものである。他のサロンについても同様の特徴づけをしていることについては、例えば次の箇所を参照。RB, SS. 165, 167. ところで、ガンスによる以上のようなサロンの描写が、ハーバーマスによる公共性の構造分析と多くの共通性を持つことも明らかであろう。J・ハーバーマス『公共性の構造転換』細谷貞雄・山田正行訳、未來社、一九九四年。特に第二章参照。

(73) ここから議会を初めとする国家制度全体の公開性の必要をガンスは講義していく（PS137）。世論を最高裁として信頼する以上、国家の政治活動はその吟味に耐え、それに相応しいものであらねばならないことは当然と考えられている。

(74) 因みに、ガンスに「コンスタンとの交友はパリでなされた最初の意義ある事柄であった」（RB7）と言わせしめたバンジャマン・コンスタンとの親近性は、例えばこの世論の重視する点においても窺い知ることが出来る。ガンスは、コンスタンが行なっていた出版の自由の擁護を支持する立場にあったからである。コンスタンも出版という手段で形成される世論が、個々人を私的領域から政治的なそれへと陶冶し、政府を監視することを期待していた。Vgl., Lothar Gall, *Banjamin Constant*, Wiesbaden, 1963, SS. 81-99. 更に、小野紀明「自由主義政治哲学における〝人間〟

と〝市民〟」『フランスロマン主義の政治思想』所収、木鐸社、一九八六年、三〇二頁参照。

(75) ヘーゲルは、世論の即自的形態がそのままの姿では理性的でありえないとして、世論に内包される精神や理性を過大評価することを戒めている。ヘーゲル『法哲学』三一六章及び三一七章参照。一方、ガンスにおけるこうした即自的な世論は、国家という組織形態によって具現化された姿でその真実の意義を発揮する。ここで興味深いのは、世論は組織化された形で現実性を持つと考えるガンスは、少なくとも世論の組織化という点においてはヘーゲルと近いことである。

(76) ここでのガンスによる雑誌刊行や学術協会設立といった組織化への努力は、既にヘーゲル主義者として広く知られる以前から試みられていた。それはガンスがまだ若かりし頃、他のユダヤ青年達と共に結成した「ユダヤ人文化・学術協会」の活動にまで遡るのである。これについては、後の第三章第一節を参照。

(77) Vgl., Norbert Waszek, Eduard Gans, die „Jahrbücher für wissenschaftliche Kritik" und die Französische Publizistik, in: *Die »Jahrbücher für Wissenschaftliche Kritik« Hegels Berliner Gegenakademie*, hrsg. Christoph Jamme, Stuttgart, 1994, S. 110f.（以下、Französische Publizistikとして引用）

(78) 『グローブ』以外で特にガンスが影響を受けたのは『テーミス』であるという。Vgl., Waszek, Französische Publizistik, a. a. O., SS. 108-110.

(79) Vgl., Waszek, Weltgeschichte und Zeitgeschehen, in: *Logik und Geschichte in Hegels System*, hrsg. Hans-Christian Lucas/Guy Planty-Bonjour, Stuttgart, 1989, SS. 36-47; Französische Publizistik, a. a. O., SS. 115-116.

(80) 例えば、ロワイエ・コラールやブログリーへの言及では、ガンスは彼らを高く評価している。Vgl., RB, SS. 123-124, 64-65.

(81) 「ドクトリネール」に対するガンスの消極的評価は、先にも触れたラウマーのフランス革命書簡についての論で見受けられる。そこにおいて、ドクトリネールは浅薄で抽象的であるとのラウマーの評価に共感しながら紹介しているのである。「彼はリベラル、ドクトリネールどちらにも満足出来ないでいる。そして彼らにおける一面性や素っ気なさ、不十分で無意味なカテゴリーへの固執、中道や穏健への過剰な思い込みを摘出していく。さながらドクトリネールにおいては、その硬直性によって特色付けられる或る種の数学的形式主義が目に浮かぶようである」（Ueber Raumer's Briefe, VS 1, S. 157）。

(82) Vgl., Waszek, Französische Publizistik, a. a. O., SS. 101-105. これら二点以外で雑誌編集方針におけるガンスの特徴として記事の「無署名原則」が挙げられる。Vgl., RB, S. 256.

(83)『年報』はヘーゲル雑誌と揶揄されてもいたが、事実プロイセン国家から補助金を受けていたのである。Vgl., Waszek, Französische Publizistik, a. a. O., S. 102. そしてヘーゲルがモデルとして考えていたのは『グローブ』ではなく『ジュルナル・デ・サヴァン』であったという。Vgl., RB, SS. 230-231.

(84) ヘーゲル自身が言論及び出版の自由に意義を認め、擁護していたことは、『法哲学』三一九節参照。

(85) ルルーがサンシモン主義の門下となった最初のきっかけは、おそらく雑誌の経営資金を調達する為であったという。Vgl., Waszek, Weltgeschichte, SS. 46-47. しかしサンシモン主義者の機関誌となった後、さして時を経ずして結局その資金繰りは枯渇し、廃刊が不可避となる。こうした事情や「サンシモン主義的」グローブの思想その他については、セバスティアン・シャルレティ『サン＝シモン主義の歴史　１８２５―１８６４』沢崎浩平・小杉隆芳訳、法政大学出版局、一九八六年、一〇三頁以下に詳しい。

(86) このことは、彼の一八三三／三四年法哲学講義でサンシモン主義について言及されていることからも理解されよう。

(87) 二度目の一八三〇年の旅行ではイギリスにも足をのばし、そこでの工場視察でも同じように労働者の悲惨な窮状を観察していたことも付け加えておこう。Vgl., RB, S. 100. 尚、それに関係する歴史的叙述としては、次も参照。Vgl., Ueber Guizot's histoire de la révolution d'Angleterre, VS 2, SS. 55-56.

(88) 市民社会に対するガンスの考察の持つ意義を論じたものとしては例えば次のものが挙げられる。Vgl., Riedel, Hegel und Gans, SS. 266-269.

(89) 例えばサンシモン教と呼ばれる、その宗教的側面や教団的性格は、ヘーゲル主義に立つガンスにとっては非難すべきものでしかない。ところで、サンシモン主義的宗教に対する批判に関しても、彼はバンジャマン・コンスタンに共感し、その影響が窺い知られる。ガンスの述べるところに依れば、コンスタンはサンシモン主義者から助言を求められた際、彼の返答はサンシモン主義の宗教的なものからの脱却であったという。Vgl., RB, S. 92. 又、これ以外にサンシモン主義に対してガンスが是認することの出来ない批判点としては、「結婚」と「相続権」に関する問題が挙げられる。Vgl., RB, SS. 101-102.

(90) この階級対立としての歴史観が、サンシモン主義が後世に対して重要な思想的影響を与えたものであることは想起されるべきであろう。バザールほか『サンシモン主義宣言——『サン‐シモンの学説・解義』第一年度、1828‐1829』野地洋行訳、木鐸社、一九八二年。特に「第六回　人間による人間の搾取および所有権の順次的変容——主人—奴隷、平民—貴族、領主—農奴、徒食者—勤労者——」九二—一〇二頁を参照。

(91) 文脈こそ異なるが、本章初めのサンマルク・ジラルダンやファルンハーゲンの言葉が想起されよう。

(92) 勿論こうした「結社」の特徴付けはサンシモン主義者達におけるものであり、サンシモン自身においては、いまだ十全な意味ではかかる性格が見受けられないことも付言しておかねばならない。Vgl., Waszek, Einleitung, *Gans*, S. 29, Anm. 71.

(93) 貧民は、ヘーゲル『法哲学綱領』ではあくまでも国家による福祉行政の対象でしかなく、市民社会において国家の分肢となって家族の代用となり、その国家へと人々を組織化していく職業団体を構成するものとは考えられていない。

(94) 結社の原理について、フーリエよりもジュール・ルシュバリエ等といったサンシモン主義者の方がよく理論化していたとガンスは述べている。Vgl., RB, S. 101.

(95) Cf. Warren Breckman, *Marx, the Young Hegelians, and the Origins of Radical Social Theory*, Cambridge, 1999.

(96) Ibid., pp. 171-173.

(97) 前掲『サンシモン主義宣言』「第四回対立と普遍的協同——前者の衰退、後者の相次ぐ進歩——」参照。

(98) ここからサンシモン主義では必然的に個人の相続制度が否定される。ヘーゲル哲学体系を範と仰いだ『世界史的発展における相続法』をライフワークにしたガンスが、こうした考え方に客観的距離を置かなかったとは考え難いであろう。実際、ヘーゲルに従えば、倫理的共同性の基礎に他ならない相続権を否定したサンシモン主義に対して批判が行なわれている。Vgl., RB, SS. 97-98. ところで、以上とは好対照に、国家官僚による理性の専制支配という点を重視して、ヘーゲルの国家哲学とサンシモン主義とを同じ組上において批判する論者として、例えばハイエクが挙げられる。Cf. F. A. Hayek, *The Conter-Revolution of Science. Studies on the Abuse of Reason*, Glencoe, 1952.

(99) ここでガンスはサンシモン主義の自殺観を念頭に置いている、とヴァチェクは推測している。Vgl., Waszek, Einleitung, *Gans*, S. 30.

(100) ヘーゲル国家哲学の特色である具体的普遍性の説明については例えば次のものを見よ。Cf. Burnes, op. cit., p. 59, pp. 70-74. この点に関してペルチンスキーは、ヘーゲルの国家には個人の主観性に関わる市民社会的自由と、人倫に表現された歴史的共同性との一体感、更にこれら二つを法を用いて調整する政治的制度としての国家、以上の三つの側面があることを指摘している。「ヘーゲルの国家概念」『ヘーゲルの政治哲学（上）』所収、藤原保信他訳、御茶の水書房、一九八〇年、二二一―二二九頁参照。

(101) ガンスも含んだヘーゲル右派一般の社会問題への取り組みについては次で指摘されている。Vgl., Lübbe, a. a. O., SS. 73-74.

(102) 本章の「序」においてルーゲやエンゲルスが賞賛した理由は、ここからも明らかになろう。又、ベルリン大学の学生であったマルクスはガンスの「プロイセン・ラント法」や「刑法」の講義に出席していたという。Vgl., A. Cornu, *Karl Marx und Friedrich Engels. Leben und Werk*, Bd. 1 1818-1844, Berlin, 1954, S. 74; Reissner, SS. 157-158. この点に言及したマルクスの邦語研究は幾つかあるが、例えば河上倫逸「歴史法学とマルクス」『ドイツ市民思想と法理論――歴史法学とその時代――』所収、創文社、一九七八年、四九六―四九七頁参照。この研究は、コルニュのようにガンスのマルクスに対する影響を過大視すること（Cornu, a. a. O., S. 78f., insbes. S. 82）を戒める点でも、啓発的である。これについては特に河上前掲書四六五頁を参照。

(103) それはサンシモンにとって組織的なものとしての宗教理念の復権、即ち彼の言う「新キリスト教」の創設に他ならないことは、よく知られるところである。シャルレティ、前掲書、特に「序論」参照。

(104) ここで一九世紀初頭のヘーゲル法・権利哲学解釈の歴史におけるガンスの位置について述べておこう。先ず時期としては、一八二〇年の『法哲学綱領』出版時から、ヘーゲル左派の政治的台頭が顕著になる一八四〇年代初頭までを三期に区分し、ガンスの法哲学解釈をその第二期と確定しておく。第一期であるヘーゲル『法哲学綱領』出版当初期の特色は、例えばターデル等ヘーゲルに親しい立場にあった人達が、「ヘーゲル国家哲学は当時のプロイセン国家の現状に迎合的である」と批判したことによく表現されている。これと反対が最後の第三期。つまり一八三〇年代後半から四〇年代前半においては、プロイセン国家の保守化が増進するのと対応して、シュタール等といったヘーゲルに対立する宮廷保守派によって「ヘーゲル哲学はフランス革命に表現された理性の哲学であり、反体制的思想」と、やはり非難されるのである。そうして両者の中間に位置する第二期。これがガンス達に代表される直弟子達によるものであり、ヘーゲルに親しい立場という点で、人間的には第一期と共通するが、ヘーゲル法哲学解釈では第三期に近い特色を持つ。ところで又、この第二期は丁度ハルデンベルクを筆頭とした革新的官僚がプロイセン国家において「上からの近代改革」を推進していた時期にあたり、ガンスのようにヘーゲル哲学を理性の哲学、「近代国家原理への建築術（Architektonik）」と看做すことは、必ずしも君主制国家の威厳には抵触せず、寧ろその改革に沿ったものとも考えられえたのである。ガンス達は、特に第三期に勢力を持った立場に真っ向から対立して、ヘーゲル哲学をかようなものとして擁護した。翻って第一期に対しては、こうした改革を標榜することはヘーゲル哲学に従う（或いは、帰依する）ことと矛盾しないと、これ又ヘーゲルを守ろうと試みたのである。筆者が以上のように纏めるにあたっては、次のものを参考にした。Vgl., Riedel, *Materialien*, Einleitung, SS. 17-24.

(105) Vgl., Herbert Schnädelbach, *Philosophie in Deutschland 1831-1933*, Frankfurt a. M., 1983, insbes. Kap. 1, 3. ところで以上の記述においては、特にサンシモン伯爵に関して、フランクリン・バウマー『近現代ヨーロッパの思想』鳥越輝昭訳、大修館書店、一九九二年、三六六頁も参照した。

(106) Gans, Necrolog, VS 2, SS. 251-2.

(107) 因みに、この主著で公刊された四巻の中、初めの二巻がヘーゲルの哲学体系に忠実な態度で書かれており、後の二巻はその哲学的理念に囚われない実証主義的事実研究であることは、既にランズベルクの指摘するところである。

Vgl., Ernst Lansberg, *Geschichte der Deutschen Rechtswissenschaft*, Dritte Abteilung, Zweiter Halbband, München, 1910, SS. 360-362.

(108) Gans, Vorrede, *Hegels Rechtsphilosophie*, S. XV.

(109) Vgl., Stuke, a. a. O., SS. 60-66.

(110) 例えば、現代のヘーゲル研究を切り開いたリッター「ヘーゲルとフランス革命」では、ガンスの法哲学解釈に関連して次のように述べている。「かくしてヘーゲルは自由の理念を、さながら民衆がそれを自らの旗印に掲げるようにして採りあげ、その自由の理念を自分の哲学の根本的エレメント、或いは唯一の素材としたのである（これはE・ガンスの『法哲学綱領』「序言」参照のこと）」（Joachim Ritter, Hegel und die französische Revolution, in: *Metaphysik und Politik. Studien zu Aristoteles und Hegel*, Frankfurt am Main., 1969, S. 197）。又リーデルは、我々が先にも見たように、『法哲学綱領』へのガンスの解釈、即ち「近代国家原理としての建築術」との見解を最初の意義あるヘーゲル法哲学解釈と評している（vgl., Riedel, Einleitung, *Materialien*, S. 21）。K・H・イルティング（vgl., Hegel, *Vorlesungen über Rechtsphilosophie 1818-1831*, hrsg. Karl-Hainz Ilting, Bd. 1, Stuttgart, 1973, S. 590）も同じくこの「建築術」に言及して評価するものである。

第二章　ガンスと歴史法学派

――プフタとの占有論争を中心に――

序

フランスにおける大革命の勃発以降、ドイツにおいてもその必要は感じられていたのだが、一八〇七年のナポレオンとその国民軍に対しての決定的な敗北とそれに続くフランス政府による外国支配の経験によって、例えばシュタイン—ハルデンベルクの改革に代表される民主的な立憲制度を具えた近代国民国家による祖国統一と富国強兵、そしてそれと表裏一体である中世以来の封建的な制度の打破、即ちドイツの近代化が切実に意識されてきた。その後ナポレオンが完全に失脚し、帝政による反動の揺れ戻しが生じた一八一四年のウイーン正統主義体制とそれ以後の時代においても、これは変更されえない要請であり続ける。しかしながら、確かにこうした時代の要請とこれを担うべき個人の人格概念の近代化は必要だが、その一方フランス革命が急進化した結果、ジャコバン政府のような過激な暴力を伴った民主化、それが招く無秩序の混乱は何としても避けねばならない、との思いは当時のドイツで一般的な通念であった[1]。ドイツの近代民主化は歴史的に生成されてきた自国の文化及びその現実の在りかたと乖離してはならない。そして、これは本章で扱うヘーゲル主義者（ガンス）と歴史法学派（サヴィニー、プフタ）双方共通の考えでもある。両者はどちらも、容赦のない過酷な支配と度し難い無秩序を惹起させたジャコバン主義の理論的支柱であった社会契約論を断固拒否しながらも、近代的社会を構成する市民性、つまり自らに固有のものとしての所有権ないし人格の概念を法・国家理論から基礎づけていく課題の取り組みにおいては、何ら異なるものではない[2]。しかし、彼らはその遂行に際して、各々が最終的に依拠するものの違いに応じて、激烈な論争を交えた対立関係にあったのである。[3] 歴史法学派がローマ法研究によって、例えば農民の封建制度からの解放と、各人が占有する土地の権利について法理論的に確定することに寄与しようと望んだのに対して、[4] 法学の領域で当時の代表的ヘーゲル主義者であったエドゥアルト・ガンスは、ヘーゲルの意味での絶対的理性が歴史的現実の中で具体化していく過程[5]から、ドイツにおける近代的民主化の必然性、及びかかる哲学に定礎された近代的人格性の権利とその法理論化を目論んでいたのである。

ところで、政治思想史において、近代的な所有権を持つ人格の概念は、自然法的な思想によって理論化されたものが通常代表的であることは言うまでもなかろう。だが、これはまさしく今述べた一九世紀初頭のドイツにおいては認め難きものであった社会契約論に他ならないのである。これに伴う秩序の混乱は避けられねばならない。ところで又、ドイツにおいて所有権が十全に確立されたのは、漸く二〇世紀への転換点に施行された「ドイツ民法典」においてである。その為にはこれに先立つ半世紀近い間、所有権についての理論的営みと公衆の意識の進展を待たねばならなかった。つまり、この第二章で扱う一九世紀初頭のドイツにおいては、普通言われるような所有権論やその支柱となる社会契約論は用を為さなかったのである。それでは当時このような所有権に関わる人格の概念、「各人に固有のもの」の意識を国家秩序内部で現実のものにする法理論はフランスなど外国からの輸入品、即ち歴史的地盤を持たない机上の空論に過ぎなかったのか。それについては当時のドイツにおける現実が答えてくれる。そこでは中世からの封建制度に固有の「分割所有権」[6]から脱却して、一人の人間（例えば自営農民）が独占的にその土地を享受する権利としての「占有」の問題が焦点となっていたのである。これは、勿論現実的利害がからむ故、広い公衆の一般的関心を引くものであったが、又同じく法学においても占有に関する権利性の性質が論議されていた。成程こうした次第はドイツの非政治的な市民性に見合っているとは言いえようが、後の時代に発展した所有権の理論は、それ以前に予めかかる経緯を踏まえたからこそ、より着実な進歩を見たとも考えられよう。このような一見迂回したやり方を経た故に、かえって自然法的な所有権論では確かに前提されているにも拘わらず、普段あまり意識されないまま見過ごされがちな「占有」に光が当てられたのである。それは、つまり普段自明視されている「各人に固有なもの」という思想が、如何にその時代の歴史的文脈の中でこそ本当の意味を持ち得るかについて、今更ながら我々に反省を促す。しかも、それは単に政治理論という専門分野を越えて、ドイツ法学及びローマ法学へと広がりを持った思想史上の繋がりが明らかとなることを通して為されるのである。後に検討する歴史法学派に挑戦したガンスの占有理論とそれに対抗する議論も、そうしたものの一つと考えられる。本章では、占有を広い意味における近代的所有権の特殊ドイツ的形態の一つとして採り挙げ、考察することにしていきたい(7)。そこでは、政治理論と哲学では当然なものとして、もはや問われることの少なくなった所有権について、新たな視野を開く契機となることも期待されている。だが、先ずその理論的枠組みを設定する意味で、政治思想史において近代的人格性の問題を扱った自然法論哲学者において、占有の権利性がどのようであったかを概観しておきたい。それを踏まえ、この自然法的な哲学とは異なるもう一つの考え方、つまり後の時代に歴史法学派へと連なっていくローマ法学者達の占有及び所有権についての理論を、両者の対比において検討することにしよう。

第一節　占有と所有権——自然法的な哲学とローマ法学において

占有をめぐるガンスと歴史法学派の論争を検討する前に、先ず自然法的な思想の系譜にある政治哲学者とローマ法学者、それぞれの占有と所有権に対する扱い方の相異を見るが、ここでの関心から特にそれぞれの陣営における代表として、ヘーゲルとサヴィニーに関心が払われねばならない。(8) やはり、この二人こそが当時それぞれの陣営の頭目としてその理論を代表していたからである。

元来、自然法的な政治哲学者において「占有」(Besitz, Possession) は所有権 (Eigentum, Property) 理論の一部として取り扱われてきた。それは自由な個人が有する疑いなき不可譲の権利として予め理論的に想定されたものであり、しかも所有権の前提ないしその現実的側面として考えられている。そうして、このように思考されたことで、占有を所有権とは独立した概念ないし権利性として把握する必要には、さほど迫られることがなかったのである。(9) 例えばこの自然法論の代表例としてロックが先ず挙げられるし、(10) カントも又やはりこのような所有権論の伝統の中で、占有を思考したと言うことが許されよう。(11) だが、本書においてとりわけ注目されねばならないのは、ヘーゲルである。何故なら、ガンスはヘーゲル哲学に従った法学を公言していたからであり、加えてヘーゲル自身もベルリン大学においてサヴィニー達とは何かと対立する立場にあって、そこにはやはり両陣営の思考様式の相異が——特に本章との関連では占有について——窺い知られるのである。このような事情はヘーゲルのベルリン大学時代以前の時期にまで遡る。彼はハイデルベルク大学で行なった最初期の法・権利の哲学講義（一八一七／一八年）で次のように述べている。「占有と所有権とは本質的に同一であり、そして仮に両者が分けられるとすれば、占有は外的関係にとどまるのである」[12]。所有権は占有の法的な関係で〔抽象的権利・法の〕直接的現存在、即ち所有権である占有」[13]とされている。著書としてベルリン時代に刊行した『法・権利の哲学綱領』（一八二〇年）でも「私が或るものを外的な私自身の支配力の中に持つということで、占有は成し遂げられる。……自由な意思としての私は、占有において自分にとって対象的であり、又このことにより初めて現実的意思なのである。この側面が占有における真実で正当なもの、即ち自分のものとしての所有権の規定を構成する」[14]。或いは「権利ないし法は、先ず第一に自由が直接的なやり方で自らに与える直接的現存在、所有権である占有」[15]。「占有は単なる私の意思における抽象的外在性にはとどまらない。――何故なら、外在性とは私にとって（für mich）何ら抽象的ではないからである――。それは又、具体的な占有（*konkreter Besitz*）でもあるのである」[16]。つまり、ヘーゲルは自由意思という理念が経験的世界の中で具体的に実現されることを通して、占有において権利性が生み出されるのを、個人の意思が外的事物を自らのものとすることの中に看取するのである。

ヘーゲルにおいて占有と所有権の区別は、同じ一つのものに他ならない自由意思の二つの側面、その外的側面と内的側面の区別として理解されている。「占有とは、私の事物に対する関連付けにおいてその外的側面である。もう一方の側面、即ち事物が又同時に本質上私の意思に包摂されるということ、それは所有権であり、自由に対する時間を越えた実体的関連である」[17]。より具体的にこのような区別は、契約において「所有権と占有の区別、つまり実体的な面と外的な面の区別は契約関係では合意として共通する意思と、給付によるこの合意の実行との区別になる」[18]として説明されている。それは本質的側面と外的側面との区別であると同時に、両者の根源的な一体性、概念的に突き詰めれば同じ一つの自由意思が有する二側面の指摘といえる。こうした一体性、ヘーゲルに特徴的な個別を包摂していく統一性は又、法学において伝統的に守られてきた「物に関する権利」と「人格に関する権利」との区別を止揚し、これらの本質的な共通性の指摘にも現れている。彼は、自由意思を具えた人格性が、全ての物に対する法と権利の根底にあり、又同時にかかる人格による法と権利は、とりもなおさず物に関する法と権利においても表現されると考えるのである。「ただ人格性だけが物に対する権利・法を与えるのであり、従って人格的な権利が本質的には物に関する権利・法であるということ。――そして、このような物とは、自由にとっておよそ外的なもの、その一般的意味での物であり、そこには自分の肉体や生命も属する。このような物に関する権利・法は人格性としての人の権利である[19]」。

このようなヘーゲルの理論においては、言うまでもなくローマ法の研究に携わる歴史法学派のように、歴史的事実として占有される状態が法的正当性を有するか否かを問うこと、或いは単なる占有の状態に対して如何にして権利性が与えられるかは、二次的問題にすぎない。それは彼にとって学問（ヘーゲルにおいては端的に哲学）の本質的課題ではなく、その一部分とされるような類の法学などが取り組むべき事柄である。哲学、つまり彼の意図する哲学的法学はその為の理念的根底、法における「概念」の探求を専らとするのである[20]。占有に対しても、ヘーゲルはこうした立場に基づいて考察を行なう。ロックの自然状態における労働による所有権としての占有、或いはカントの可想的占有という純粋理念[21]は、彼においては占有の権利性が自由意思によって実現されることとの関連で取り扱われることになる。そして、カントとは異なって叡知界の可想的占有は、現実の経験的世界の只中において自由意思の第一次的な顕現として理解されていくのである[22]。

以上のような自然法的な系譜にある政治哲学者とは反対に、もう一方における法学者、とりわけローマ法解釈とその歴史的理解を目指すことに専念する人々においては、自然法的な哲学者のように占有を所有権との一体性において理解することは、[23]不可能であった。つまり法学においては、占有の正当性を人間に固有な不可譲の権利である所有権とは区別されたものとして把握し、法的に理論化する必要性があった。何故ならば、近代的個人の権利概念とはあまりにかけ離れた古代ローマの法源に対する厳密な解釈と、それを踏まえた上で法学的に正当な歴史的全体性の構築ないし体系化が彼らの課題[24]となるからである。そもそも古代ローマ法の世界において所有権（dominium）とは、ローマ市の土地にある私有地及び動産に限られ、且つローマ市民権を所持する者のみがその資格を有し、その適用を許可された、絶対的且つ排他的な最も広範におよぶ私権、即ち古市民法に基づく所有権（dominium ex jūre Quirītium）である。[25]しかも、それは実際上の権利行使や法的係争において、一定数の同じ資格を有する市民や公的立場にある人物の立会の下での公示等々の手続きないし方式が必要となる権利であった。これに対して占有は元来ローマ国家における公有地（ager pūblicus）のみを対象とし、公共の安寧の保持等を顧慮した上で、政務官の特示命令によって保護される事実上の関係という特徴を持っている。[26]確かに、古代ローマ自体が拡大していき、原始的な掟や十二表法が通用した共和政の時代から僭主政、ユースティーニアーヌス帝の時代へと発展するにつれて、そのような権利や資格の条件には様々な変遷が見られたが、[27]かかるローマの所有権よりも、寧ろ厳格な条件が要求されない占有の訴訟における正当化と、それを権利性として基礎づけていく理論が後の時代に発展したのである。そして、それは後世の法学者（例えば本章で我々の対象とするドイツ法学）によってそれが普遍的に適用される可能性が見出され、継受された多くのローマ法概念の中で特に重要なものの一つとなった。

ところで、ローマ法において占有が法的正当性を具え、占有が「権利」であることが示されるのは、古代における訴訟や判例等の資料、並びにそれに関する様々な学説によってである。膨大であり相互に対立しかねない内容を持つこれら法源に対し、可能な限り整合的且つ一義的な解釈を施し、体系化することが、ローマ法学者（中世の註釈学派や註解学派等）の任務であった。自然法的な哲学者が思惟を駆使して自然状態や理性的存在者の意思から引き出した「各人が持っていることの正しさ」、即ち権利としての占有は、法学においては古代ローマ法源の研究を通じて歴史に即して明らかにされるべきものである。成程それは、哲学者の純粋な演繹的思考と対決する事実からの帰納的理論化といった単純なものではなかったが、法学者が為したのは、ローマ法源に依拠しそれに即しつつも、「事実上、占有している状態」から「法的に妥当する占有」を区別し、幾つかの異なる概念を構成して（自然的占有possessiō nātūrālisないし所持dētentiōと市民法上の占有possessiō cīvīlis、或いは又、特示命令占有possessiō ad interdicta）、事実的「所持」から権利として正当な「占有」の――学説を通じての――確定を試みたこと、及びかかる占有の権利の性質如何を問うたことである。少なくとも、この点に限っては、一八世紀後半のクペルスから「法典論争」においてサヴィニーと論戦を交えた一人であるティボー、そして又サヴィニーに至るまで、彼らローマ法学者達は共通の課題に取り組んでいたのである。以下では、占有についてのサヴィニーの研究のみを、しかも後に検討するガンスとの比較において重要な点に限定した上で、手短に見ることで十分としたい。[28][29][30]

一八〇三年に初版が刊行され、サヴィニーにとって初の本格的な著作となった『占有の権利・法』（*Das Recht des Besitzes*）[31]は、彼個人による偉大な業績の最初を飾るものにとどまらず、その後に目覚ましい発展をとげた歴史法学派の起点となるものとして、現代でも評価される研究である。[32]加えて、刊行された当時に革新をもたらした占有の法的性質に関する考究、ならびに古代ローマ法源の資料を扱うその見事な方法と解釈は、一九世紀のドイツ法学にとってモノグラフィーの模範になったと評価されるべき作品であった[33]。だが、ここでは今まで見てきた自然法的な哲学者と対照的な側面にのみ関心を集中することにしよう。先ず初めに、権利としての占有の法的性質を明らかにする際、サヴィニーは所謂「主観説」に立つ[34]。つまり、占有の法的性質を占有意思ないし所有権者の意思（animus domini もしくは、animus possidendī 等とも記される）を用いて説明するのである[35]。しかし、彼の理論の特徴と考えられるのは、単なる事実である自然的な占有ないし所持（dētentiō）から法的な占有の権利（jūs possessiōnis）[36]を区別するだけでなく、更にその法的占有を使用取得（Usucapion）[37]と特示命令（Interdicte）とに見た点にある。使用取得による占有が十二表法の時代以来受け容れられてきた市民法上の権利であることは、伝統的にローマ法学においては問題視されえない。だが、そのような法的占有の概念に、サヴィニーは「特示命令」を優れて占有の権利性を持つものとして加えるのである。そして、こうした占有の特徴を把握し、且つローマ法源の厳密な解釈を与えながら、その為の法的権利の条件を確定したこと、更にこの「特示命令による占有」と「使用取得による占有」との関係を法理論において明らかにしたこと、こうした議論によって対立し矛盾しかねない様々な古代の学説や判例に統一的な見解を与えたのである[38]。これが彼の占有理論の意義として先ず言及されねばならない。

無論、本章では彼の占有理論について個々の法理論的整合性やその歴史的妥当性の吟味が目的ではない。しかし、「特示命令」と「使用取得」との区別、或いは「法的占有」と「自然的占有」との区別、孰れにおいても正当な権利行使のためには占有において「意思」が重要であることだけは注意しておきたい。又、かかる意思とサヴィニーにおいて法的占有とされた「特示命令による占有」との関係が問題となる。つまり、占有における意思の市民法的資格が疑問視されえないのが使用取得であるのに対して、特示命令による占有では、そうした意思がそのまま直接存在するとは認められず、ローマ法務官（Praetor）の執行する「特示命令」、即ちこの法制度において生じる法的「効果」によって権利としての占有の承認が事実上行なわれるのである（possessiō schlechthin）。これも又、法的に正当な占有に数えられる。つまり、ここにおいてサヴィニーは権利として正当な占有を特示命令という制度の有する法的効果に見出しているのである。[39] 彼はそのような種類の法制度を「派生的占有（Abgeleiteter Besitz）」として概念化している。「この派生的占有を原初的な占有――その概念は既に言及した――から区別する全ては、占有意思（animus possidendī）に存するのである……。つまり占有意思――これは原初的占有では所有権者の意思（animus dominī）として考えられねばならない――は今までの占有者から派生して担われている占有の権利（jūs possessiōnis）に関わるものである」[40]。一方、単なる事実状態に過ぎず法的権利とは看做されない自然的占有つまり所持とは、こうした二種類の法的占有の十分な条件を満たさないものであると消極的に定義されることになる。つまり、それは法的占有を前提にしてのみ成立すると考えられている。[41] しかし、この所持は如何なる意味でも法概念とは看做されないが、同時に全ての占有概念の根底に存する事実的状態と解されるのである。[42]

ところで、以上のように理解された占有の三つの形態に対して、所有権はサヴィニーではどう扱われるのであろうか。彼は、所有権を事実としての所持に対応した法的な可能性として述べている。「所有権とは、恣意（Willkür）に促されて或るものに働きかけ、且つその使用を誰か他の人間から締め出す法的可能性である。それ故所持においては、所有権の実行が根底にある。又、それは事実的な状態に他ならない。そこには法的状態としての所有権が対応しているのである」[43]。つまり、所有権とは、単なる事実状態でしかない所持を法的に扱うための概念、事実に対応しつつも、そこからはっきり独立した可能性として考えられている。[44] これは又サヴィニー後期の法体系において、或るものに働きかけ、それを自らのものにする権利、つまり最も始源的な「物に関する権利」として彼の理論体系の中で位置付けられたものである。(45) だが、ここで我々の関心を引くのは、自然法的な哲学者の系譜において所有権は占有と一体化して未分化に扱われてきたのとは反対に、サヴィニーの所有権は、権利性を有する占有とは区別される自然的占有ないし所持に対応するものであり、と同時にかかる所持から独立した可能性、この意味における法的権利の概念であること、しかもそれは正当な権利性の徴である占有意思ではなく、恣意に関する法学概念と考えられることである。これは、例えばヘーゲルの所有権論において恣意とは峻別され、理性的自由の顕現した意思が鍵になっていたのとは対照的であろう。サヴィニーにおいて所有権とは、古代ローマの所有権という具体的な事実性から乖離したものであってはならない。しかも占有の有する権利性とは確かに区別されるが、所持という事実状態と対になって、これを法学的に処理する為の概念と看做されるべきものである。又、それは自然法的な哲学のように占有の権利性を生み出す究極の概念とは異なった性質といえよう。だが孰れにしても、サヴィニーも占有（ここでは所持）を法学的に扱う際、所有権の後ろ盾に言及していたことは心に留めておいてよい。(46) ところで、こうした所有権に対し、もう一方の占有には、「物に関する権利」ではなく、債権法（Obligationenrecht、obligātiōnēs ex maleficiis）つまり「人に関する権利」の位置がその法体系の中で与えられる。(47) 何故なら、例えば占有の侵害が特示命令によって回復されることで明らかとなるように、所有権とは異なるものとして示された占有の権利性は、他者に対して要求することが正当な「人に関する権利」に他ならないからである。(48)

ここでサヴィニーによって「人に関する権利」と理解された占有が事実と法の双方に対して如何なる性質を持つのか述べておこう。これは占有の本質に関わる問題である。つまりローマ法学者によって長らく争われてきた論点の一つに、占有は「それ自体が権利の概念」であるのか、或いはそうでなく法的効果によって占有は権利となる「事実の状態」なのかという問題がある。この問題について、サヴィニーは以上の考察からして次のように規定する。「それ〔占有〕は、事実と権利・法との両方である。つまりその本質に従えば事実であるが、その結果においては又同時に権利・法である。そして、このような二重の関係は、そのまったき細やかな点からして、並外れて重要である」[49]。しかしながら、一体このように占有が二重の性質を持つとは、どういうことなのだろうか。サヴィニーにおいて占有は、始源的概念（ursprünglichen Begriff）である所有権から見れば、それに対応する事実つまり所持の中にある。即ち、占有は本質上「単なる事実」であって、それ自体が「権利」ではない。それにも拘わらず、占有が法的な権利の性質を有することが出来るのは、例えば先に触れた特示命令といった法制度を通じての効果においてである[50]。法的効果を具えた制度によって事実状態の中で、占有は権利となるのである。以上からして、サヴィニーは上で挙げた占有に対する二つの立場のうち後者の「事実」説に立つことは理解されよう。現代のローマ法研究においても又、このサヴィニーも含む占有の事実説が少なくとも古典時代に関してはおおむね正しい立場と考えられている[51]。しかし、サヴィニーの占有理論の場合、こうした事実上行なわれていた特示命令等の法制度によって、実際には如何なる法的効果ないし結果がもたらされるのであろうか。この点についても彼は説明している。「要するに、占有は決してそれ自体が権利・法関係ではない。従って又、その侵害も権利・法を犯すことではない。そして、この権利・法の侵害は、或る別の権利を又同時に犯すことを通じてだけ為されることが出来るのである。もし、例えば占有の侵害が暴力的に生じたのならば、このような侵害には権利・法を犯すことが根底に存在している。何故ならば、各々の暴力行使は不法だからである。そして、このような不法は、特示命令によって解消されねばならないものである」[52]。つまり、特示命令によって占有の権利が回復される際、その侵害から回復する前提として「占有とは別の或る権利」がここで推定されている。つまり、占有自体が本質的に権利ではなく、特示命令等の法制度が為す効果によって権利の性質を具えるのであっても、やはりその性質を与える為に概念的基礎が必要であることを彼は察知する。占有それ自体が権利でない以上、その為の前提として或る別の権利が推定されねばならない。[53] これとの関連で彼において占有を具えた人間は又同時に所有者でもあるとの推定は許されるとも考えられている。それ故、占有の法的性質を保護する権利として「所有権の陰」といったものに訴えるのである。やはりサヴィニーにおいても又、権利として占有を事実上保護する際の理由として、単に法制度の効果だけでなく、所有権の正当性と類似のものが想定されていたのである。[54] 占有の正当性を保証するのであるから、それは先に触れた所持と対になる概念としての所有権以上に積極的役割を果たすものであろう。こうして、次なる疑問は彼が述べる占有に関係して「或る別の権利」、「所有権の陰」なるものの概念を明確にしてゆくこと、翻ってこれと占有との関係を問うことである。それは又、歴史的事実における法制度の効果から占有の権利を確定するだけでなく、その概念的考察をも促すことにもなろう。だが、この課題は次節で見るように、サヴィニーよりも後の世代によって熱心に取り組まれるものである。

孰れにしても、自然法的な哲学者とは別のやり方で、占有の権利性をローマ法理解に即して追求したサヴィニーにおいて目を引くのは、先ず第一に彼はあくまで古代ローマ法源に徹するが故に、所有権から独立したものとして占有の理論化を試み、それと所有権との関係に彼独自の見解を与えたことであろう。そして彼は、権利としての占有を、自然法的な規範理論の「理念」からでなく、ローマ法の制度が事実上行なっていた法的「効果」の中に見出したのである。[55] だが、その場合においても彼の言う意味での「所有権者の意思・占有意思」がやはり重要になる。そこで特徴的なことは、かかる意思とは法的正当性の徴であり、法ないし権利の規範性を賦与するものではあるが、事実の側で理解された法制度の裡に存在し、そこで権利の性質を見分ける基準となるものである。但し、これはヘーゲルやカントのように、それ自体が規範を創出する源となるような理念ではない。寧ろ、歴史の中で見受けられた人間の意思に即して発見されるべきものである。これとは異なって、所有権は事実上為された自然的な所持の状態に対置される概念にとどまり、且つそれは恣意に対応するものでもある。成程それは古代ローマ法解釈においては妥当であるとしても、やはり法概念としては素朴なままで、より精緻なものとする必要性があるのでは、との疑問を孕んでもいよう。よって次なる課題は、占有において権利の規範性を与えるものを、嘗ての自然法的哲学者のように個人の疑いえない所有権から導出するのではなく、ローマ法に即しながらも、そこでの歴史的な所有権との関わりにおいて、より突き詰めて理論化することではないだろうか。これが次節以下で検討されるガンスやプフタの理論において試みられたことである。

第二節　ガンスの占有理論

成程ガンスはその研究生活の初期にはサヴィニーを模範とし、ローマ法の研究に携わっていたが、[56] サヴィニーの冷たい拒絶と無視のうちに立場を変更する必要に迫られる。これはヘーゲル主義者への転身によって完全に果たされた。[57] 彼はそれ以降、自らの立場を「哲学的法学派（Philosophische Rechtsschule）」と呼び、それとは反対の立場つまり「歴史法学派」を「非哲学的な学派」として当時唯一あからさまに非難し、対抗する勢力の結集を目論んだのである。[58] 又、ガンスがサヴィニーを筆頭とするその歴史法学派に対して痛烈に批判する際に用いた常套句である「精神や理念を忘れ、歴史的過去の些事にかかずらう古事愛好、瑣末な学問」といった批判は、彼の理解した意味でのヘーゲル哲学の立場からと理解して間違いあるまい。彼はこのような立場を終世守ることを公言していたが、と同時に、私信を通じてはサヴィニーに対して個人的怨嗟の解消と双方の和解を望む旨申し入れていた。[59] 実際それはひとたびならず試みられた彼の切なる望みであった。こうした事情は、やはりこの第二章で我々が検討している占有とその所有権との関係においても影を落としている。つまり、ガンスはヘーゲルの哲学的な法権利の理論にあくまで依拠しつつも、同時にサヴィニーによる占有の歴史的研究に対しては、哲学的要素によって補完し、適合させることを目指すのである。仮にも「哲学的法学派」を自称し、それでいて同時にローマ法の研究をも志す以上、それは彼にとって当然とも言えよう。しかし、これは成功したのだろうか。少なくとも歴史法学派がそう考えなかったことは、サヴィニーの黙殺の裡に十分示されているのではないだろうか。そうして、単にガンスの出自がユダヤ人であったにとどまらず、両者には理論的部分に関しても根本的な相異が存在したのではないのか。例えば、我々が先に見た自然法的な哲学者とローマ法学者の違いの如きものが。特にここで問題となるのは、所有権との関係で、占有を「権利・法の概念それ自体」として理論化することである。「占有の概念を見出す試み、とりわけ又あれやこれの諸権利に従ってではなく、総じて権利・法というものに依拠して、それは論ぜられる」[60]。「寧ろそのようなもの、即ちここでの占有とは、それ自体からして権利・法である（hier der Besitz, dieses Recht aus sich selber haben）」[61]。「占有について述べることは、そこに内在する本質とその思弁的核心についてである。そして、もし占有がそれ自身で述べられるものであれば、占有はその内容の下にも帰せられねばならない。そうやって占有は特示命令と使用取得に関して語られるのである。……それは、物事の本質のみ（die Sache lediglich）、それ自体からの探求を欲するものである」[62]。このような試みは、ひいては近代的な私法体系に相応しい「人格性の概念それ自体」の理論的整備とその基礎づけへの寄与となることが期待されている。そして、かかる努力はガンスの場合、彼の理解するヘーゲル哲学の側から、そこを出発点として、歴史法学派の方へと向けて研究のアプローチは行なわれるのである。このような志向性において、たとえ最終的に辿り着く人格概念の特徴に共通性が多く見受けられるにしても、後に言及されるプフタとは架橋しえない溝が存在することになり、実際二人の間で占有に関して激しい（中傷すら行き交う）論戦が行なわれたのである。だが、先ず我々はサヴィニーと対決し、その批判者としてヘーゲルに依拠したガンス自身の占有理論を検討することにしよう。

　ガンスが占有を概念それ自体として理論化するにあたって、言うまでもなく何より示唆を与えたのが、（我々が先に検討した意味での）自然法的な哲学に棹さしているヘーゲル哲学であった。そして、そこでの自由意思の理念、即ち、精神が段階を踏んで現実世界の中で発展するということが、ガンスの法理論を導く中心的理念となる。つまり、自由意思とは絶対精神が経験的な外界に対して働きかけつつも、且つ経験世界の根底として顕現していく中で、我がものとする道程における実践的理念である。ただ、ガンスの場合、焦点はかような自由意思を担う主体が人格である点に当てられている。概念としての人格、これが即ち自由意思として彼の理論の基本理念となるものであり、それが占有における権利性の主観的側面を構成している。つまり、自由意思を具えた人格が占有の担い手であることによって、占有に対して権利の概念それ自体の基礎づけが為されるのである。「人格の最も近くにあるのが占有であり、その人格は萌芽となるもの、つまり全ての権利・法の可能性を表現し、このような最初の人格が第一に存在する権利・法の形態なのである」[63]。そして、このような占有における人格の自由意思が、後に言及するより客観的な所有権に対しては、意思の顕現における特殊的側面であり（besonderer Wille）、所有権の開始を現わすものと定義される。つまり、占有における権利性としての人格とは特殊的概念であり、その自由意思が外界へ向けて各々一対一で働きかけることによって、権利に固有の関係が開始されるのである。特示命令その他のローマ法における歴史的事象も、ガンスにおいては、こうした理論的基礎から正確に（彼の言葉では「哲学的に」）理解されるのである。「というのは、結局は哲学的意識が、歴史的知識（das historische Wissen）をその価値と評価づけにおいて把握し得るからである」[64]。彼は、先のサヴィニーにおいて占有が暴力的に侵害された場合、特示命令等の法的回復によって占有の法的性質は明らかになる、と述べられていたのを念頭において、次のように言う。「占有の法的根拠は、そこに暴力が揮われたことや、占有について或る人物が推定したことに拠るのではなく、人格の特殊意思が事象において外化し、既にそれ自身が権利であること、又そのようなものとして扱われねばならないことの中に存しているのである」[65]。これは、嘗てのガンスも標榜しようとしたサヴィニーに代表される立場とは対照的な陣営に身を置こうとするものである。つまり、占有の権利としての概念的正当性をローマ法源のように伝承された歴史性に即して、そこでの法制度に見出すのではなく、ヘーゲル的な人格概念の有する自由意思の顕現から導出しようとする試みに他ならず[66]、そのような観点からローマ法源とそこに表現される占有の歴史的な姿を（彼の意味で）正しく（哲学的に）理解しようとしたのである。「占有の効果は、単に次のことに存在している。占有の開始が保護されること――それ即ち特示命令である。又、占有が承認された所有権へと続いていく可能性を持つこと――それ即ち、使用取得のことである」[67]。

ところで、このように人格の自由意思に基礎づけられた権利としての占有の概念は、所有権に対してどのような関係にあるのだろうか。そして又、ガンスの法理論において占有とは、嘗ての自然法的な哲学者のように所有権との一体性において、あくまでその中でのみ扱われ得るものであるのか、それともローマ法学者のようにそれぞれ別個に取り扱われるべきものなのか。後の問いに対しては、我々が今まで見てきたガンスの占有概念から推して、彼においては所有権の概念から独立したものとして占有の法的概念それ自体が理論化されたようにも見受けられる。やはり彼もローマ法源を歴史的客観性において取り扱いつつも、同時に又そこにおける法的権利の概念的基礎を明らかにしようと努める以上は、占有はローマにおける所有権とは別個に扱わねばならなかったからである。然るに、ガンスの占有権の概念はヘーゲルの所有権理論を援用して、それに基づいて理論化されたものである。そして、前節で我々がヘーゲルにおいて確認したことの一つに、占有と所有権とは同じ自由意思における二つの側面として理解されていたことが挙げられる。では、このような占有と所有権とが一体化した哲学者の理論を、ローマ法学においてガンスはどう扱い、占有の概念を理論化したのか。それは翻って彼による所有権の概念、並びにそれら相互の関係を確定することにも関わっていくだろう。占有と所有権に対して、ガンスは次のように述べている。「占有は使用取得を通じて、単なる特殊意思（bloß besonderer Wille）の所有権から、一般的に承認された（allgemein anerkannt）意思になる。即ち、それは完全な所有権になるのである。所有権においては私の意思（meiner Wille）は一般の意思（allgemeiner Wille）と同一であり、所有権の概念は人格の自由が外化する領域全般として表現される」[68]。つまり、法的権利としての占有において人格の特殊意思が自らの権利を各々外化させた後、それが他者等を通じて一般的に承認されることで、より客観的な所有権となるのである[69]。これに対して占有は特殊意思におけるより主観的なものと理解される。蓋しそこでの承認は、所有権のように他者を通じての一般的な客観性を有するというよりも、寧ろ占有する人格個人の意思が、自らの内部において外的事物との間で行なわれるものだからである。そして、占有は先ず一番最初に人格の自由意思が外化した権利として、更に所有権との関係では、その開始としての意義を持っている。つまり、それはより広い意味での所有権の一部を構成するものである。他方、（占有とは区別された）狭義の所有権とは一般的に承認された客観性を持つものとして、即ち現実性において考えられている。「特殊意思の側面において、このような所持が単に行なわれているのであれば、始まったばかりの直接的所有権つまり占有（ein bloß anfangendes, unmittelbares Eigenthum oder Besitz）[70]である。これとは反対に一般性（die Allgemeinheit）即ち占有の正当化がもたらされているのであれば、それは（真正の）現実的所有権（wirkliches Eigenthum）となる」[71]。

ところで、このような占有の権利が占める法体系上の地位は、どこに見出されるのであろうか。それをガンスは、占有とは物における権利・物権（jus in re）[72]と答える。何故ならば、占有とは特殊意思が物に対して直接働きかけることで生まれる権利だからである。そして、この点でも占有の権利を債権法において考えたサヴィニーとは異なってこよう。この債権とは、人に対してその行為を請求する権利だからである。要するにガンスは、ヘーゲル自身が人格固有の権利は物に関わる権利から始まると定義したことを継承して、ヘーゲル主義法学者として（テクニカルな）法体系の分類にもそれを適用しようとしている。しかしながら、我々がより注意せねばならないのは、ガンスによる占有の権利概念は、先の引用からも明らかなように、所有権から截然と分かたれたものとしては考えられていないことである。先ず、彼においての占有は権利として概念化されるにあたって所有権の直接的開始として、その関係性ないし繋がりにおいて考えられている。「所有権は占有と共に始まる。或いは同じことではあるが、占有は所有権の開始である」[73]。つまり両者は、ヘーゲル哲学に倣って、人格のなす自由意思の下で統一的に理解されているのである。どちらも人格の自由意思が外化し、精神の客観性が増進していく過程の中で、一方は主観的でより特殊な意思、他方はより客観的な承認のモメントが明示される一般的意思として、それぞれに規定されるのである。確かに、両者は客観性の程度こそ異なるが、法体系の中で別個に乖離したまま、硬直的に分類分けが行なわれるものではなく、本質的には同じ人格性が担う自由意思が物に現れて、より高き一般的存在へと移りゆく（dem höheren Allgemeinen zu weichen hat）[74]中で、そこにおいて初めて両者の権利としての正当性は把握されると考えられる。そのような客観性の漸進していく意思は、サヴィニーの意味での「占有意思」とは、やはりあまりにも距離を隔てていよう。何故なら、その「占有意思」とは具対的な法的係争において個人が担うにとどまるものだからである。彼から見れば、ガンスのような占有理解はローマの歴史的実態にそぐわず、抽象的な自由意思の哲学（ヘーゲル哲学！）にかぶれたものにすぎない。ところで、言うまでもなくヘーゲル的意思による客観化の過程は所有権の位置で停止するものではなく、契約に向けて、更に又、家族という人倫の領域へと踏み込んでいくものである。「所有権の観点の下で権利・法であるものは、契約の下ではこのような性質を失う。そして、契約は家族の内部において消え去るのである。これは所有権に反するものを含んだ占有においても、異なるものではない」[75]。このような理論において自然的占有つまり所持は、占有のより直接的で自然的な側面としてのみ扱われていく。かかる漸進過程の中で、それぞれの要因（所持、占有、所有権）は相対的に権利の法的正当性を具えていくのである。これは又、視点を変えれば、それらが絶対的なものとして法学上厳密に分類されてしまった結果、硬直化してしまうことから比較的自由であると看做すことも出来よう。(76)

以上のようなガンスの理論の中に、ヘーゲル哲学の援用ないし論理的発展、或いは人格概念に含まれる自由意思の重視、絶対精神の威力等々、その解釈の特色は確かに見出せようが、より注意を引くのは、そのヘーゲルにも沿って、先で見た自然法的な哲学者に総じて見受けられる占有と所有権との共通性も、彼の中に十分看取され得ることである。ただガンスの場合、占有を所有権の始めにあるものとして連続的且つ発展的に捉えるところに、その特色が求められる。それは、占有の権利を狭義の所有権とは別個に概念化することを通じて、歴史的な法事象の研究への寄与も期待し得る、と同時に、概念それ自体としての占有の正当性をヘーゲル哲学によって基礎づけようと試みることである。成程、所有権の徴となる承認のモメントも——勿論その使い方は異なるが——既にヘーゲル哲学に存在するものである。それを法学の研究として理論化するのがガンスの役割であった。そして、自然法的な権利ないし法の理論としての独自性をとりあえず等閑に付すとすれば、——結局ガンスも占有の権利を所有権によって正当化したのだから——この彼における自然法的思想のバネが、歴史法学派との対立(77)において、これに反対する際の思想的支柱を成していたことは、彼においてヘーゲル哲学がどのような意味を持っていたかも示唆していよう。つまり、その哲学の人格性が有する自由意思に内在していた自然法的な革新の側面に、とりわけ焦点が当てられたのである。嘗て啓蒙主義哲学者が政治的な現状批判の思想として自然法思想を用いたように、ガンスは自らヘーゲル主義者として師の哲学を、既成のプロイセン国家に対して立憲主義的改革を促進する為の規範理論と解釈し、そこに実践的可能性を見出したのである。(78)ところで興味深いのは、このような進歩主義的ヘーゲル解釈に限って言えば、実はその哲学を批判した歴史法学派のヘーゲル解釈とも、そうかけ離れていないことである。つまり、彼らがヘーゲルにおける難点として非難したのは、——それはヘーゲルも含めたイデアリスティクで革新的な自然法思想を批判する際の常套句とも言えるものである——豊かな歴史的現実では決してめずらしくない非合理な側面を無視するような、理性の専制支配なるものである。だが、こうした批判はガンスにこそ端的に妥当するのではないだろうか。次節において我々はそうしたことも含め、歴史法学派からのガンス批判としてプフタの理論を検討することにしたい。

第三節　占有をめぐるプフタとガンスの対立

サヴィニー自身は、近代的な共通ドイツの法典編纂をめぐってティボー達と交えた論争の時とはうって変わり、占有の権利性に関するガンスからの批判や理論に対しては全く静観の姿勢を守った。ガンスによる彼への批判活動全てを通してそうではあったが、ここでもサヴィニーはこの人物からは超然とした距離を保ち続けた。つまり全く相手にしなかったのである。だが、占有の法的性質についての議論においては些か趣を異にする動きがあった。弟子にあたる歴史法学派の人々がガンスに対して反批判を行なったのである。先にも触れたように当時のドイツにおいては、占有が法に関わる事実性にとどまるのか、或いはそれ自体が権利であるのかをめぐって様々な人々がこの議論に参加し、一般の公衆の関心も引いたが、ここでは差し当たってプフタのみに焦点を当てよう。(79)というのは、彼は基本的にサヴィニーに対して忠実な立場であることを公言し、真っ向からガンスに対決しつつも、占有をも含む彼独自の権利・法の体系を構成したからである。(80)しかも、より興味を引くのはガンスと同様にプフタも占有を権利それ自体と考え、その概念を彼の権利・法体系の中で確定しているのである。(81)二人は共に、占有を権利それ自体と考えることにおいて共通性が見られるにも拘わらず、否それ故に、それぞれの占有に関する概念の相異が、ひいてはヘーゲル哲学を標榜する者と歴史法学派とを截然と分かつものが、占有を事実性から扱う立場以上に、より明らかとなるのである。成程、一見すれば占有を事実と看做すほうが、ヘーゲル学派との相剋がはっきりとするように思われるかもしれぬが、ここでより根本的な問題となっているのは、もはや歴史的事実として占有の中に権利の性質があるのか否かではなく（――権利を「概念」でなく「事実」とする立場でも占有に法的権利の性質を認める点では異なるものではない――）、それを越えてかかる権利の正当性の根拠、或いは占有を権利として基礎づける理念の性質如何なのである。つまり、我々のここでの関心は占有をめぐってそれぞれの理念における相異に向けられている。そもそも思想的影響を受けたものに或る程度の共通性が見受けられるのであれば、それだけにより一層、対立する双方には抜きさしならない緊張と憎悪が生み出されることは、そう不思議ではない。実際プフタ自身の理論には、屡々指摘されるようにヘーゲル哲学の影響が濃厚に存在しているのであるが[82]、後で検討するように、その摂取の仕方については同じくヘーゲル哲学に依拠するガンスとは甚だ異なっている。そして、それが両者のヘーゲルに対する姿勢と評価の違い、ひいては対立する学派に分かれねばならない程の根本的な考え方の差異を招くことになるのである。

　当然ながら、プフタもガンスと同じくサヴィニーの占有理論が残した課題、即ちその概念的基礎づけの問題に取り組んでいるが、それを検討する前に、先ず我々はガンスに対する彼の批判から始めることにしよう。サヴィニーに対抗したガンスの最初の占有に関する著書が公刊された後、プフタは「占有は権利のどの分類に入るのか」[83]（一八二九年）という論文を発表し、サヴィニーの議論を擁護し補強する課題を引き受け、又同時に他の論者の占有理論を批判している。そこにおいて、とりわけ批判された人物、即ちガンスの占有論に対する論難は、とりもなおさず占有とは「始まったばかりの直接的所有権」であるという定義に向けられている。占有について、そのような権利の基礎づけは不合理この上ない、とプフタは言う。何故ならば、占有の権利性が「始まりの所有権」としてのみ考えられるのであれば、所有権が先ず最初になければ、占有の権利は存在しないことになってしまうからである[84]。論理的に正しくガンスの議論に従うならば、占有は権利の客観性が増していく過程において所有権より以前に位置する始めの直接的権利ではありえず、まったく反対に、先ず第一に所有権が措定され、その後でのみ漸く意味をなし得る権利でしかない。それというのも、ガンスにおいて占有は所有権の一部と考えられ、その連続性の中で権利として基礎づけられるからである。にも拘わらず、無理矢理ガンスのような意味で所有権の先に位置する占有の権利性をあえて考えるのならば、それは存在しないもの、「無（nichts）」以外ではありえないことになる。「『占有は始まりの所有権である』。このことによって体系における占有の地位に対して何かが述べられるべきと前提されるならば、次のようにだけ言うことが可能である。占有とは無である。やはり、それは所有権ではない。何故なら、占有は始まりのみにとどまるべきものだからであり、これがそれでもまさに何か別であり得るものとは、無と呼ばれるからである」(85)。或いはそうでなければ、占有の権利性は、存在するのとは別の在り様、「他在（Anderessein）」のようなものとしか考えられえない。「占有の現実性、その定在の現実的側面を規定することについて、さしあたり問題にするならば、単なる占有の他在が与えられたのである。そのことによってこの概念が完成され、そして要するに体系にとっての規定が言及されたのならば、それは思考の巨大な欠如であるか、或いはこうした哲学的素養について甚だしい不足を示しているかである」(86)。もし、占有の権利性がこのような思考による仮想の産物ではないとすれば、それはまったく反対に所持、自然的占有以外ではありえないのではないか。当然ながら、この自然的状態において占有は権利として基礎づけられはしない。やはり、占有の権利（ガンスの意味での）が思念にすぎず、現実には存在しえないものであることは、そのまま裏返せば、何処にでも見出すことの可能な状態、或いは占有する人物自身や、それを後から観察する人間によって作り出された恣意にすぎないからである。ガンスのように占有の権利性を所有権の始まり、特殊意思に関わる所有権とすれば、そのような「特殊意思の側面における所有権は、物に対する自然的支配に他ならない。この定義においては自然的占有が記されただけ、である。[87]」。「あれやこれやを後から（a posteriori）思考へ持ち込もうとすること、それをガンス教授が述べることは避けられなかった[88]」。そして又、このような占有の考え方は、その歴史的実態についての客観的で正確な認識にとっても害である。孰れにしても、ガンスに対する彼の判断では、権利としての占有について概念的に十分な基礎づけはなされていない。こうした批判が行なわれる際プフタに考えられていることは、ガンスが占有の権利性を所有権との連続性において把握し、それによって占有の正当性を導出した点に誤りがあることである。確かに、所有権に基づいて占有を議論することは、自然法的な占有理解に共通した傾向ではあったが、ガンスの場合それにも拘わらず、所有権とは異なった占有の独自性を法的に特色づけようとした為に、論理的におかしな権利概念が生み出されたと批判するのである。

それでは、プフタその人は占有の権利性をどのように定義するのか。又、所有権との相異と両者の関係をどう理論的に確定したのか。これを明らかにするには、先ずその理論における彼独自の権利ないし法の分類に触れねばならない[89]。何故ならば、その分類の中で占有と所有権はそれぞれの位置を割り当てられ、相互の関係が明らかにされているからである。彼はその分類を五つに分けている。そこではローマ法学者において伝統的な権利の分類、物に関する権利と人に関する権利の区別を踏襲しつつも、それを更に細分化することで五つの権利が分類されている。そして、プフタはとりわけ人に関係する権利つまり人格の権利を詳細にすることに取り組んでいる。何故なら、そこに正当な権利としての占有の概念が関わってくるからである。しかし、その為にも我々は、先ずプフタが第一の分類とした「物に関する権利」から順次見ていかねばならないと言えよう。というのは、この手順を踏むことで五つの分類の間において物から人格の権利への移り行きがはっきりとしてくるからである。その際、かかる移行において彼の言う法的意思が重要な存在となってくる。ところで所有権は、プフタに依れば第一の分類「物に関する権利」に固有の権利として定義されている。彼は次のように述べる。「一、諸物に関する権利（Rechte an Sachen）。その固有の意味においての物、つまり我々人間の外部に存在する物質的な対象として考えられた物。物の法的な支配は物に関する権利、物権法を示している。……このような物は全面的に支配される（所有権）か、もしくは部分的にあれこれの側面で支配される（物における権利）かのどちらかである」[90]。つまり、このような人間の外部に対峙して存在する対象を我がものにすること、その法的正当性が「物に関する権利」である。彼の代表的な研究である『法学提要（Cursus der Institutionen, 1840）』でこのような分類に位置する所有権の説明が与えられている。「所有権とは、物に対する全面的な法的支配である。それは、人間の意思に完全に与えられた唯一の物である自らの対象を通じて、或いはこのような対象の全ての側面に対して権利を要求することによって、支配する十全な権利である」[91]。ここで我々は、プフタにおける所有権が、人間の意思（Wille）による物へ向けての全面的な支配として考えられていることに注意しておきたい。それを制限するのは、外的事物に伴う有限性や、公共的福祉の関心に促された所有者の自制等々に限られるのである[92]。そして、このような所有権理解は、先に見たサヴィニーによる始原的権利としての所有権と軌を一にしてもいよう[93]。

次に第二の分類「行為に関する権利」は、物と人それぞれに関係する権利の間に位置するものである。それは、双方の権利と類似の性質を持ちながらも、やはり別個に考えられた分類としてプフタに考えられている。ここにおいても、行為とは意思の外化したものに他ならない。しかし、行為が意思とは分け隔てられたものと思考されることによって、行為は物の価値（Sachwerth）を持つようになる。物やその価値は、人間の意思に具わった価値とは別物である。そのような物の価値に、この分類での行為が結び付くことで「行為に関する権利」が成立する[94]。そのような意味での行為それ自体は、やはり物についての価値やそれに関わる権利とは区別して考えられるし、反対にその行為が人間の意思と不可分となって、かかる意思の現実態となるのであれば、それは人に関する権利である。人と物に関する権利、どちらからも区別されたのが、この「行為に関する権利」である。プフタはその具体例として債権等を挙げている。それは、純粋な「人」や「物」の権利概念に対して、そこには属さない法的性質を持った権利なのである。ところで、占有はこの分類に該当しない。ここにおいてプフタは、占有の権利性を債権法において考えたサヴィニーとは多少異なってくる。しかし、それ以上に我々の関心を引くのは、このように人と物に関する各々の権利の間に位置する移行的分類によって、自然的な物の状態から人格性の領域への移りゆきが示唆されていることである。即ち、プフタにおいても歴史的発展は意思をメルクマールとした人格性でもって終局を迎える。しかも彼は五つの分類が実際に歴史の中で行なわれた発展と考えているのである。「このような対象〔五つの分類が法的に扱われる対象であること〕の位置において、継続的な歴史の進歩が生じたのである。意思にとって外的対象から法的に可能である最も内的な対象へと向かうこと、……一番始めに、意思にとって最も外的なものが意識へともたらされて対象となる。そして、そこから漸く段階的により内面的な対象（の自覚）へと進歩したのである[95]」。

そして、このように意思を通じて内面的人格性が自覚されていく過程の中、次の第三分類から最後までは、人に関係する権利の分類である。それは第三の分類として「自分たちの外にある人に関する権利」、次の第四分類は「自分たちの人格へと移行していく権利」、そして最後の第五分類が「固有の人格に関する権利」である。先ず第三の「自分たちの外にある人に関する権利」は、例えば他者に支配されている人間や自分以外の家族が保有している権利である。それは、奴隷のように自らの肉体や所持物が「物」と看做されたり、もしくは或る人格の「行為」が自らの自由ないし意思とは区別されて考えられた場合の権利とは異なる[96]。しかし、これら三つの人に関する権利の中では、「物」に関係した法的形態との類似性によって最初に考えられる権利でもあり、「このような人は、人格における一連のものから、一連の物へと置き換えられさえするのである」[97]。そして次の第四分類「自分たちの人格へと移行していく権利」とは、人格の自然的状態から法的人格への推移において、例えば相続された資産（Vermögen）等によって表現された権利である[98]。しかしながら、最も重要なのは第五の分類「固有の人格に関する権利」である。ここにおいて自由な人格の担う「意思は漸くにして自らそれ自身を対象とすることが出来るのである」[99]。「固有の人格に関する権利、そこにおいて意思は直接自らと関連付けられる」[100]。ところで、そもそもプフタにおいて固有と考えられた人格とは、どのようなものであろうか。彼は、自然界における人間（Menschen）と、法の属する精神界における人格（Person）とを区別し、前者の人間は物理的事象を支配する自然法則に服従する存在であり、これに対して後者の人格とはそのような物理的世界を越えて、自らの意思に基づいて行為していく存在と考えられている。そして、かかる法的世界の人格における主要原理とは、このような人格の意思に表現された自由に他ならない[101]。つまり、プフタにおいても人格は、所謂「自由な人格性」において考えられているのである。「これら権利の内容、即ち人格性が、全ての法・権利に対して、その前提や可能性として先にある」[102]。ただ彼においてとりわけ重要視されねばならないのは、このような人格が有する「力」、及びその行為における「可能性」である。「こうした人格であるという法的な力（rechtliche Macht）つまり人格性の権利とは、人格の完全な規定性に対しての十全な力である」[103]。「人格性とは、主体の固有性である法的意思の可能性（Möglichkeit）と考えられている」[104]。ここにおいて人格の意思は、第一の分類のように外的事物を支配する権利から脱して、自ら自身に立ち返った人格固有の権利となっているのである[105]。しかし、人格の力や行為の可能性は、ここでの分類においては自分一人だけのものとは考えられていない。それは他の同じような人格にも具わっているのであり、彼らとの相互性において法的に把握されるべきものである。ということは、つまりこうした人格の意思による行為においては、他者の「承認」が必要となることを意味している。「人に関するすべての真なる純粋な権利は相互性を担う[106]」。「意思が自ら欲するとは、次のこと以上を述べるものではない。即ち、意思が意思として妥当することは、意思は自らの自由の承認、換言すれば人格性の承認を欲することである[107]」。こうした特徴を持つ「固有の人格に関する権利」は、プフタの分類において、歴史的に自覚される最後の権利であると同時に、他の諸権利の根幹でもあってそれらに優越する第一のもの（Prius）と考えられている[108]。

そして彼の体系において占有の権利とは、この第五の権利分類を代表するものなのである。占有は固有の人格性に関わる権利であり、その対象は人格に固有なもの、つまり正当性を承認されたその意思である。「即ち、占有の権利の対象は固有の人格、正当な意思それ自体である[109]」。プフタに依れば、このように理解して占有の権利性は初めて十分に基礎づけられ得るのである。だが、この占有の権利概念は歴史的な事実の中で見出されねばならない。つまり古代ローマの歴史において認められ、確証されねばならない。そうすることで、サヴィニーの研究が残した理論的課題は完遂されるであろう。プフタは、権利としての占有の概念は具対的にはローマの特示命令において明らかにされていると言う。この法制度によって、占有する人格は所有権者の意思（animus domini）として正当な権利性を承認されるからである[110]。「占有に関する特示命令によって、占有は権利・法として承認される。こうやって我々は、そのような保護と特性が各々の権利にあるのではなく、所有権者の意思を具えた占有のみに帰せられることを見出す[111]」。そしてサヴィニーによる債権としての占有の権利性も、プフタはこのようなローマの法制度において歴史的に観察されると主張する[112]。他方、自然的占有ないし所持とはこうした承認と保護がない占有のことである[113]。勿論、特示命令という法制度それ自体は歴史的な事実に他ならない。しかし、それを通じて単なる事実にすぎない自然的占有には存在しない正当な意思が、事実的要因の衣を纏いつつも発見されるのである。[114] それは、占有の正当な権利性を（第一の分類におけるような意味での）所有権には依拠しないで、占有独自の権利概念から基礎づけることである。と同時にそれは、ローマにおける法制度の側面から補強する意味合いも彼においては期待されている。[115]

このようにしてプフタにおいては、占有に関する事実性と権利性との両面は確定された。それはガンスのように占有を所有権の始まりの権利と考え、両者をそれぞれ事実性と権利性との間に置くことで、それらの持つ二側面を指摘するのとは確かに異なるものである。成程プフタとガンスは共に権利の最高の担い手、第一の主体を人格とその意思に見るが、占有の権利性に関してその理論的位置は好対照である。ガンスは占有を所有権の端緒なる権利としながらも、その権利の根拠を所有権によって基礎づけていた。所有権との或る程度の連続性を維持しえないのであれば、占有は自然的占有にすぎなくなる。これとは全く反対に、プフタは占有を彼の五つの法分類の最後にある「人格固有の権利」として理解し、一方所有権は最初に存在する単なる「物に関する権利」と考えられている。確かに、所有権も意思の外化した権利であるが、それは物に対する支配においてより自然的性格を持った始源的な権利であり、物と人格との一対一の関係にとどまるものであった。これに対して、占有は最後の第五分類にあって、自らに固有の価値を持つ人格の法的意思が自覚され且つ複数の人格の間で承認された権利である。かような権利や意思が他者に認められることで、漸く意思の外的事物に対する無制限な支配——それは抽象性にとどまるものであろう——は限定されて、より厳密に規定された法概念となる。「意思の限定が他者の意思を受け入れる余地を持つのであれば、その意思の実在は確定されたのである。もし、占有する人が、或る他者において所有権者の意思を有する占有と承認するならば、総体的な意思でない占有が取り入れられる」[116]。しかし、そこでの権利は物に対する素朴で単純な全面的支配についてではなく、自身に折れ還った人格の固有性に関わるものである。「もはや物に対する自然的支配ではありえず、寧ろ法的支配が要求されている。それによってまさしく占有する人は、物に関する権利から抽出されて、自らの内に引き戻されるのである」[117]。しかも、プフタにとってこのような占有の権利は、ガンスのように思弁の産物にすぎないものではなく、歴史的実体を持つ概念として発見され、ローマ法の研究によって十分に明らかにし得るものであった。つまりプフタはロマニステンとして、それを古代ローマの裡に看取するのである[118]。やはり、そこには具体的で活き活きとした法の営みが現れているからである。と同時に又この古代ローマ世界は、合理的な人格性の基本形態をも導出されることが期待されている。この点においても、ガンスがヘーゲルの歴史哲学に従うことで、古代ローマ独自の歴史性に対してはネガティブな見解を示したのとは好対照である[119]。しかし、そもそもガンスがとりわけ占有の権利性を自らの理論的課題にしたのは、人格の持つ権利性一般を基礎づけること、又その正当化が根本的な動機であったからである[120]。だが、もしそうであるならば、プフタもローマ法の歴史的研究に携わりながら、まさしくそれを通して、同様に人格の権利性を（自らの法概念を展開しつつ）確立することに努めていたのも事実である。たとえ表向きは歴史法学派、つまりヘーゲルの反対陣営を標榜したにしても、占有の権利概念それ自体の基礎づけを通して、ひいては法体系全般を概念によって合理的なものにするのが彼の根本的な企図であった。少なくともこの点においてはガンスと志を同じくすると言えよう[121]。しかもプフタの場合、占有の権利概念が人格固有の権利と看做されたことで、実質的な内容上、それは法の主体である私人の権利と異ならないものとなり、この意味でもガンスと共通してくる。ただ、ガンスからすればプフタの占有概念はその主観的側面、つまり人格固有の意思からの基礎づけにとどまっており、「所有権の始まり」という客観的な側面からの理論化がいまだ不十分な点に、その難点があると言えよう。[122]

だが、それにしてもプフタにとってヘーゲルとはいかなる存在であったのだろうか。以上で検討したこと、例えば彼の法概念における意思の役割にしても、その理論の中にヘーゲル哲学の痕跡が明らかなことは否定し難いように思われる。実際、ガンスによる反論の中で、ニュルンベルクにおけるプフタのギムナジウム時代、その校長はヘーゲルであり、彼の講義も聴講していたことが暴露されたりして、当時からその影響如何が取り沙汰されていた。[123] しかし、彼はヘーゲルに対して否定的な態度を――少なくとも学問的に成熟した時期以降においては――決して崩さなかった。[124] それでは、プフタの理論においてヘーゲルはどのように評価されたのか。次にこれを見ておこう。ところで先にも言及されたように、プフタは法に固有な領域を、自然法則の支配する物理的世界から区別された精神的世界におけるものと考えている。それは、人格（Person）が自らの選択と意思をもって外的世界に働きかけることで営まれている世界である。そして、自然的存在にすぎない人間（Menschen）とは区別された人間の精神性、即ち自由とはそこでの行為の選択を通じて可能となる。「自由とは選択の可能性、ないしそこにおける意思として規定され得る」[125]のである。法の固有性としてその根本にあるのは、人格の行なう選択の可能性、そこでの意思に他ならない。又この点に同じく精神界に属する道徳とは区別された、法の独自性が表現されている。人の内面性に関わる道徳においては、究極的には善への志向性が期待されているのに対して、[126]法的領域では外的事物を我がものとしていく人格の意思、その自由な可能性に焦点が当てられるのである。プフタはこれをシェリングを想起させる「ポテンツ」という言葉で言い換えてもいる。「我々が見るように法は、善悪の決断における意思ではなく、ポテンツ或いは力としての単なる意思それ自体と理解される」[127]。成程、法において人格が外的事物を支配する意思、そこに精神的自由の実体化を見る点では、プフタはヘーゲルと共通してもいよう。しかしながら彼の想定する人格の意思やそこでの自由の理念とは、必ずしも道徳におけるが如く必然的に善なるものとして定められてはいないのである。寧ろ、その自由な法的人格は、自然的な人間性と同じく、悪への選択をも為し得る可能性すら持っている。この善悪についての決断、或いはそのような選択を行なう意思の力や、可能性それ自体にプフタは法における自由を見るのである。「正義であるのと同様に堕罪した者にもなるかもしれぬ選択、それに直面するような人間が法的には自由である。……法的自由とは、意思の可能性である[128]」。

これに対して、言うまでもなくヘーゲル主義における理念的意思の自由とは、善に他ならない絶対精神が外的世界へと外化していく過程の中で見出されるべきものである。しかも、かかる顕現の過程は必然性を伴って現されることで、自由意思が絶対精神に相応しい客観的拘束性を具えることが保証される。先に見たガンスの占有理論においては、この善なる精神つまり自由の理念は、先ず第一に法と権利の担い手である人格において把握されるのである。確かに、かかる人格は始めは「萌芽」として権利の主体にすぎないが、占有の主体となることでよりよく外化され具体的となり、そこから所有権、契約へと客観性の増進する行程において順次確実なものとして顕わとなっていく。ということは、かかる行程は歴史の中で必然性をもって見出されるべき人格の自由、その精神性の現れなのである。「時代が自由の運動に達した時、まさしくそれはローマ法をすべての市民法全般の基礎づけとして受け入れねばならない[129]」。こうガンスが古代ローマの歴史的価値を述べる際にも常に念頭にあったのは――実際どこまでそれが可能であったかは不問に付すとして――そのような最高の精神性に導かれる個別的歴史事例の在りようであった。「一般において、ローマ法の中に権利・法概念の哲学的演繹に対する確証は求められずに済まされてきた。しかし、ローマの法律家のように実践的頭脳である限りは、事物の内的なところへと環帰せねばならず、それらから真理の確証も立ち現れてくる[130]」。ところで、もしそれが精神に相応しいあり方をしていなかったのならば、――彼の立場に従えば――そのことを客観的歴史叙述において明らかにすべきなのである。そして、彼の提唱した「哲学的法学派」とはこのような企図において他の人々に結集を呼びかける試みであると言えよう。一方、プフタにおける自由な人格の意思は、このように善として外的世界において必然的に現れるとは限らない可能性を常に孕んでいるのであり、しかも意思それ自体が善であるとの保証はまったくない。つまり、それは堕罪するかもしれぬのである。これに対して法における客観性は、このような人格の自由意思が相互に承認しあっている状態と考えられている。「法とは法的自由の承認である。それは人格それ自身において外化された法的自由や、対象に働きかけるその意思において現れている」[131]。このことは占有に関しては特示命令といったローマ法制度の歴史的現実において実際に観察されよう。こうしたプフタの自由な人格や意思は、確かにヘーゲル的自由意思の相貌を持ってはいようが、ガンスのように、自由な人格の理念が必然的に且つ客観性をもって増大していく行程ないし系列で考えられたものでは決してない。そうではなくて、ローマ法研究者の立場において、非合理で悪しき現実世界の実状とそれを惹起させかねない人格の力、その可能性を権利・法理論の根幹に置いているのである。だが、言うまでもなくこのことは、逆に自由な人間が悪に「必然的」に陥ることを意味するものでもない。

孰れにせよ、プフタにとって人格における自由と必然の問題がヘーゲル理解の焦点となっている。確かに、自由ないし人格と必然の問題をヘーゲル解釈の中心に据える点においては、ガンスと異なるものではない。しかし、他でもないそこにおいて両者には正反対の傾向が見受けられるのである。先にも触れたように、プフタは法的人格を自然的法則への服従から脱し、自由に外部世界へ自ら働きかけていく「力」の可能性の中に見ている。その際、こうした精神的存在（法的人格）に対して他の自然的な存在以上に、法という精神界に相応しいものとして与えられたのが「理性」である。この理性によって彼らは火や家畜といった道具を使いこなし、加えて勤勉さや活力、自然の必然性についての知識等々、精神面での能力をも用いることが出来るようになる。ここでの理性とは、外的自然物の必然性を人格が自由に支配する為の術に他ならない。「このような戦いにおいて、理性が人間に武器として与えられたのである」[132]。つまり、プフタにおける理性とは、自然における必然性を人が統御し支配することを通じて、自由な人格になる為の道具以上のものではない。それ故反対に、こうした理性は自然の必然性から予め自由な存在、例えば神のような存在には無縁なものであり、不必要な性質に過ぎない。ところで又、こう理解されたプフタの「理性」は或る意味で「悟性」とも言い換えられるものであろう[133]。それは自由とは正反対の属性を有する必然性に関わるものであり、この理性を人は我がものとすることで、自らの精神的且つ自由の可能性が開かれるのである。「人間的自由の内容は、外的な限界として彼らに対峙する自然の必然性によっては規定されない。従って又、理性によっても表されるものではないのである」[134]。そして、この点で我々が注目すべきは、プフタのヘーゲル解釈において、かかる意味での理性がそのヘーゲル哲学の特色と考えられていることである。勿論ヘーゲル自身の意味の理性概念ではなく、プフタの意味においてである。彼は次のように述べる。「理性的なものは必然的なものにすぎない。それ故、専ら『理性的なものの定礎』を自らに与えようとする哲学〔この箇所にヘーゲルの自然法哲学を参照との脚注をプフタは付ける〕は、自由の定礎を断念せねばならない。しかも、この哲学は自らの普遍性を救う為に、全ての現実的なものを理性的なものの周辺に関与せしめる。つまり、理性的であるものは現実的であり、又、現実的であるものは理性的（必然的）なのである。こうしてその哲学は我々から自由を略奪していく。その哲学は、まさしくこうやって自由を非現実的なものとして表明するのである」[135]。プフタが理性と必然性とを等置する理由は、理性に対する彼の理解からして、もはや明らかであろう。そして、引用文における理性と現実性に関するヘーゲル哲学の原則は、彼からすれば単なる理性でもって支配すべき不自由な物理的世界や自然法則性を述べているにすぎず、それを越えた精神的な性質、即ち人格の自由や意思、これらが有する力の可能性については何も語りえていないのである。つまりヘーゲル哲学とは、自由を必然性の中でのみ思考することに拘泥する不自由な哲学に他ならない。そして又、この意味に限って言えば、プフタにおいてもヘーゲル哲学は、やはり「理性の哲学」と評価されるべきものである。勿論、かかる理性は自由なき自然の必然性と解されるべきではあるが。ところで、こうしたヘーゲル理解は、例えばガンスのように歴史的現実の中へと現れた自由が必然性としての意義を有するのとは全く対照的である。ガンスにとってヘーゲル哲学の「自由」は理性的でいて、且つ必然性を伴いながら、より善なるものとして顕現する価値なのに対して、プフタの理解した当の理性は自然の必然性にすぎないからこそ、そのヘーゲル哲学には真なる「自由」の余地はない。つまり理性は自然的過程の必然性の中に埋没してしまい、人格の為す選択可能性としての自由がその哲学では抹殺されているのである。[136] 確かにヘーゲル哲学における理性的過程を必然性として把握する点で二人は共通しながらも、まさしくそれ故に「自由の理念」の擁護に向けて、両者はヘーゲルに対して全く正反対の態度を示すのである。

では、ヘーゲルの哲学を斥けた後、プフタにおいて自然的必然性にとどまらない法的自由を擁護する最高の理念とは如何なるものであろうか。それは法的人格における権利の正当性、その根拠が究極的には何処にあるかの問いにも関わってくる。たとえ占有の法的正当化が例えばローマの特示命令といった法制度の中に看取し得るとしても、やはり客観的な規範として普遍的妥当性を持つには、その理念的根拠が必要であろう。それを先ずプフタは、サヴィニーと同様に歴史法学派の一員として、民族精神の裡に求めている。つまり法や権利は、言葉や慣習と同じく、民族における歴史的な共同確信によって育まれるのであり、そこに根拠を持つ。占有の権利性については、ローマ民族が歴史の中で生み出してきた客観的意識が自覚され、実体化したものとしての法制度(例えば特示命令等)がそれに該当する。人格固有の権利はそこにおいて相互に承認されるのである。彼はこう述べている。「……民族の中でその民族の仲間に対して人格、つまり意思主体に対する承認と尊敬が明らかとなり、その関係の法的把握が自由に、そして力を持って立ち現れていく」のである。[137]

だが、これにとどまらず、プフタが人格の権利や法秩序全体を支えるものとして「神」について特に言及していることを我々は看過してはならない。それは彼の『法学提要』の一番始めの部分で、ヘーゲル的理性と対比されて述べられている。そして、その神とは「意志」[138]と全能の力を秘めた存在である。神は、おんみずからの力を雛形として人間達に自然を支配する「理性」を与えたが、御自身は無限の力を有する人格的存在であり、このような者どもからは超越した存在と考えられている。ということは「従って、理性を神に帰することは出来ない。神にとって必然的なものはない。神においては、御自身の自由な行為が又必然的なものなのである」[139]。他方、人間にとっては神の意志に依拠することで、神が持つ人格を模倣した法的人格性を持つことが可能となり、加えてこうした人格の自由は、確かに有限ではあるが法の領域において具対的に且つ確固と規定されるのである。そして、かかる神の行ないが人々によって自覚され歴史の中へともたらされたものが、先の民族共同の意識としての法制度に他ならないのである。「諸々の人間的関係を規定して秩序づける法の実存は、法的自由に関する人間の自覚に基づいている。このような自覚とは、法は人間に与えられた神の制度であり、それが人間の意識を通じてもたらされた内容とは、神に関する人間の自覚である」[140]。「人間の自由は、神の存在によって初めてその規定を具える」[141]。プフタに依れば、それは啓示という超自然的やり方と、人間精神が持つ知覚等とによって知ることが可能である。そして研究者として彼は、後者のやり方でもって占有を初めとする法の歴史的営みの把握を志したのであった。

ところで、こうした歴史的な現実世界で実際に望まれるべき人間の選択、即ち自由における具体的な（政治的）選択の内容について言えば、それは今述べた意味での神に対する、人間の服従以外にはありえない。つまり、神及びその所作に他ならない法制度に人間が服従することで、そこにおける全ての権利と法秩序は守られ、揺るぎないものとなるのである。勿論、法における人格には、この選択をしない可能性、そのような自由が存在する。だが、それは神に背く自由、人間が悪を為す自由でしかない。神とその制度に服従することで、悦ばれた存在となるか、或いはまったく逆に背神の罪へと堕ちるか、どちらを選択するかは人間の力と可能性においてである。「そう、かくして人間的自由の内容とは次の選択にある。それは、自らが神の統治に支配されて神の臣民となるか、或いは又、神とは無縁の欲望や心の衝動に従って、罪悪の奴隷であるかの選択である[142]」。これがプフタにおける自由の具体的な意味、その内容であった。

以上の検討からプフタにとって、占有における権利性の根拠、ないしその客観的基礎づけにあたり、自然法的な哲学の意味での「所有権」やヘーゲル的な「理性」の権威に寄りかかる必要はまったくなかった、と我々は言うことが許されよう。そして、ガンスがヘーゲル哲学の中に見た理性的自由を法理論においても謂わば神の如く護持しようと欲し、又かかる哲学の所有権に依拠することで、占有の権利性を正当化したのに照らしてみると、二人の間にある相異はもはや見紛うことのない程、明白であろう。疑いなく両者は、占有の有する近代的権利の性格を法の概念それ自体として確立することを通して、当時のドイツにおいて近代的人格へと向かっていく思潮に対して、積極的貢献を果たすことを望んでいた。しかし、占有と所有権の関係、それらの背後にひそんでいる両者のヘーゲル理解の違いを探ることで、二人の私怨をもまじえた論争における軋轢が如何に深刻であったかが明らかとなるのである。

結

プフタにおいて人格と法制度の支柱となる神の秩序を具体的な国家制度として理論化したのは、歴史法学派の一員とも数えられながらも、しかも同時に近代的な法実証主義の先駆とも評価されるフリードリヒ・ユリウス・シュタール(143)であった。そして彼は一八四〇年、新たに即位したフリードリヒ四世によってシェリングと共にベルリン大学に招聘された人物でもある(144)。彼の法・国家理論は、フランス革命後の近代国家の要請に応えつつも、当時のドイツ・プロテスタント正統派が標榜する歴史的制度にも合致するものとして国家を構想する試みと考えられよう。ここでシュタールについて詳細に検討する用意はないが、孰れにせよドイツでは既存のキリスト教的国家において、直接その政治に関係しないという意味で私的な学問の世界の内部で、しかも公共の秩序に抵触しないものとして、私法体系と、個人の権利概念は理論的に整備されていくのである。又、それはヘーゲル的理性による近代化を標榜する者達に対する、歴史法学派の事実上の勝利をも意味していた。以後、法学の分野に限らずヘーゲル主義者達は、在野で活動するヘーゲル左派を除いては、一九世紀ドイツの国家史及び思想史の表舞台からは暫く姿を消すことになる。これは、本章で見てきた占有の権利性に関する法学上の議論が、学派同士の戦いだけでなく、現実の国家秩序のあり方にも関わる時代の政治問題の含意をも持っていたことからも帰結する。だがここでは、ガンスのヘーゲル主義とプフタ達の歴史法学派それぞれの人格理解を、些か彼らの人となり、その人間性に引きつけて素描することで結びとしたい。

嘗て或る同時代人[145]はガンスと歴史法学派（サヴィニー）との対立について、「単に学問における見解の相異だけでなく、もっと根本的に両者の属する信仰ならびに人種の世界が全く別であるかのようだ」と述べたことがあったが、特に学問と政治に対する両者の態度には鮮やかな対照が見受けられる。確かに、両者はどちらもフランス革命で惹起された無秩序や、その哲学的支柱となった抽象的な理性法及び契約論に対して、断固反対し、歴史的に生成した共同体秩序とそれに裏打ちされた権利を求めた。ドイツの現実に根差した近代的人格の概念は、かかる歴史性から導出されるとした点で双方は考えを同じくする。その意味でハルデンベルクに近い進歩的官僚であり、ヘーゲルの盟友とも見られていたアルテンシュタイン達が宮廷保守派に対してガンスを庇護し、双方の緊張緩和と和解を望んだのは、あながちおかしなことではない[146]。しかしながら、国家と学問に対する態度、及びそこに示された両者の人間性は正反対とも言える程、異なるものであった。ガンスは歴史的法秩序の中にヘーゲル的絶対の理性を看取しようとした法の研究者である。又、それ以上に政論家として現実の政治に意見表明をし、批判的且つ積極的に国家に向かっていく活動性が、彼の人間性、つまり人格に他ならない。彼においては、ヘーゲル哲学の絶対精神に内在する弁証法的発展の契機、即ち人間の精神にそぐわないポジティーフな（既存の）法・国家制度を改変しながら、無限に進歩していく側面がここでは重要である。嘗てのフランスにおけるフィロゾーフに譬え得るような彼の人格性を支えたのは、これに他ならない。そして個人の権利は、かかる進歩の行程における理性的国家とその「立法」を通じて十全な現実性が与えられるのである。ガンスがプロイセン一般ラント法――制定された時は、これが当時の理性に適ったものだった――を踏まえながらも、それを止揚し克服する次なる時代に相応しい近代的法典を（ティボーやヘーゲルと共に）期待した[147]のも、かかる考えに基づいてであった。

一方、プフタは、サヴィニー以上にローマ法学者として現実政治から一歩距離を置く姿勢を守った。だが、それは一切の政治的活動の断念を意味するものではない。彼は学問研究と共に、学識者の立場から裁判所の判決に関与しているのである。それは法学者としての公的義務の単なる遂行にとどまるものではなかった。そこには又、ドイツの公衆に対して近代的な法・権利の自覚を促そうとする優れて政治的な含意があるからである。勿論それはガンスの如き既存の国家に直接向かっていく活動性とは異なっている。しかし、そうすることで司法は、現実政治の党派的要請から独立性を確保することが出来るのである[148]。即ち彼は、既存のドイツの秩序内部で民族精神を体現する法曹家が、私人間における法的係争を裁定する役割——これはローマ法の発展史の研究で明らかにしようとした内容の一つでもある——を自らも引き受けようとしたのである。それは既存国家を転覆させる危険なしに、現在の法秩序において人格の有する近代的権利を確固たらしめ、加えて又、それを広い公衆の内面に周知させる教育的効果を期待してであった。その際、古代のローマで法に携わった人物（例えば特示命令を行なう法務官や学識者達[149]）とそこで体現される民族精神が、彼の模範として思想的な支柱を与えたのではないだろうか。個人の権利や法秩序は、かかる意味の法曹家に現された民族精神から明らかにされるのである[150]。無論これらすべては、神、法（則）を遍く妥当させる力を持ちながらも御自身は世界から超越した神によって担保される。プフタに依れば、このキリスト教的人格神による産物としてのローマ法（これは又書かれた理性である）の歴史的あり方と釈義を客観的に認識し、私法体系の形を与える学問は、彼が生きた現実の制度（ドイツ・ゲルマンの法社会）にも妥当することが許されるものである[151]。かかる私法体系は、古代と近代どちらの民族においても同じ一人の神[152]に究極の根拠を有する、と同時にすべての人間的事象を統べる超越的合理性をも併せ持つが故にである。そして、このようにローマ法の復興を願う彼が当時の新人文主義の雰囲気の中で育った人間であることも明らかとなろう。

これに対してガンスのヘーゲル主義において、ローマの民族精神を一つの契機として含むものは、絶対的な普遍精神である。繰り返しになるが、それはヘーゲル的歴史哲学の体系の中、既にある具体的民族精神の姿で顕現するだけにとどまらず、新たな精神性の衣をも欲するものである。確かにヘーゲル自身と同じく、ガンスはこのような精神の進歩の果てに抽象的な世界国家の実現を信じることはなかったが[153]、それでも歴史法学派との対決の折には、民族精神——これは歴史において有限的存在に過ぎない——の個別的な姿を正しく歴史的に認識する目的からしても、世界史的規模の体系とそこでの普遍的視野の必要を強調していた[154]。そうして又、権利として占有の根拠を所有権との連続性において把握することで、ヘーゲル法哲学の近代自然法的な抽象的特徴をより突っ込んで法理論化していった次第は、本章で我々が検討したところである。しかしながら、一八四〇年代以降、保守化していくドイツ史の流れにおいては、こうした理性のヘーゲル主義法学は等閑視され、闇に葬られていくこととなる。それは単に、当時において畏れおおくも歴史法学派の首領サヴィニーに対して、悪しざまに罵るような批判をしただけでなく、ガンスの私法理論が一つの民族を越えた世界史的規模の精神性を自らの裡に含み、現在存在する国家の根拠（即ち、プロテスタント正統主義の人格神に基づく支柱）に抵抗し、そこに新たな姿をもたらそうとする目論みが、当時の人々に察知されたが為である。よく知られたようにドイツ私法におけるその後の近代的発展は、こうした私法と国家における政治的実践とが一体化したガンスの法と権利の理論ではなく、プフタ達歴史法学派の（現実政治への直接的関与は控えるが、あくまで学問的であることで確固とした意識の近代化を醸成しようとした）私法体系によって進められていく。こうした推移の中にビーダーマイヤーとも呼ばれる三月前期の一般的風潮や非政治的な市民性、もっと言えば後の三月革命の時代に近代的立憲国家の提唱が挫折していくドイツ史の大きな流れをも、我々は感じ取ることが許されるのでないだろうか。

（1）例えば、バークの『フランス革命の省察』がフリードリッヒ・ゲンツによってドイツ語に翻訳され、出版後に好評を博したのも、そのような当時の風潮を反映した出来事と言えよう。

（2）サヴィニーとその歴史法学派がドイツの近代法学を確立し、飛躍的に発展させたことは今更言うまでもないことであろう。これに加えて、ヘーゲルの近代性、とりわけその法哲学における抽象的権利の理論が持つ近代的特徴を指摘した代表的研究としては、さしあたり次のものが挙げられよう。Vgl., Joachim Ritter, Person und Eigentum. Zu Hegels »Grundlinien der Philosophie des Rechts« ∬ 34 bis 81, a. a. O., SS. 256-280.

（3）このような当時の歴史的文脈における様々な学派の対立や推移については、西村稔『知の社会史——近代ドイツの法学と知識社会——』木鐸社、一九八七年。特に二七—三〇頁を参照。ところで、ここでは直接扱わないが、よく知られた統一ドイツの法典編纂の是非をめぐる論争もこのような観点から考察することが出来る。というのは、サヴィニーと対決したティボーは、ハイデルベルク時代のヘーゲルと意見を同じくする大学の同僚であり、その大学の法学生であった当時のガンスにとっての先生でもあったからである。法典編纂に対するガンスの支持については、例えば次で表明されている。Vgl., Eduard Gans, *Beiträge zur Revision der Preußischen Gesetzgebung*, Berlin, 1830-1832.

（4）ドイツにおいて封建制的な土地所有に特徴的であった「分割所有権」から脱却し、一人の農民がその土地の権利を独占的に享受し使用する、より近代的な「占有」の理論的擁護に対する歴史法学派の取り組みについては、次の研究を見られたい。Cf. James Q. Whitman, *The Legacy of Roman Law in the German Romantic Era*, Princeton, 1990, Chap. V. The Professoriate and the Agrarfrage, pp. 151-199. 又、ドイツの法生活全般に対するローマ法の意義については、次を参照。Franz Wieacker, *Das Römische Recht und das deutsche Rechtsbewußtsein*, Leipzig, 1943.

（5）ガンスが歴史法学派を批判する際の常套句とも言える、理念や概念を忘れた、些末な史実の法的存在を認識することにかかずらう「故事愛好学（Mikrologie）」（例えば、vgl., Gans, Erbrecht, Bd. 1, Vorrede, SS. XIX-XXI）も、このヘーゲル哲学における絶対的精神の意味において解せられるべきであろう。ガンスにとって、かかるヘーゲル的意味での理性が、歴史の膨大な事実性から正しい学問的認識の基準を与え、法ないし国家に関する（哲）学を形作るのである。「従って法学は、法の知識（Rechtskunde）において与えられる際限のない独立性や自立性をそれ自らが有しているのではなく、寧ろそれはまさしく次の学問的モメントだけに存する。そこにおいて理性的存在は現実的世界へと必然的に自らを展開していく。このモメントの中にある存在が法や国家へと生成していく在りさま、そして存在の把握ないしこのモメントの中にある哲学が、法と国家の学へと成っていくのである」（Erbrect, Bd. 1, S. XXX）。

（6）例えば、土地等について地代や小作料を徴収する権利とそれを利用する権利とが分かれて、それぞれを別の人間が有している状態。ドイツの中世において典型的に発展した。法令用語研究会編『法律用語辞典』第二版、有斐閣、二〇〇〇年参照。

（7）勿論、これはまさしく「占有」の概念から、後の時代に編纂された近代法典の意味での所有権思想がそのままもたらされたと主張するものではない。ただ、近代的な所有権が法的に確立し施行される以前のドイツにおいては、近代的な法に代わるものとしてローマ法（普通法）が現実の法的係争に対して合理的正当性を付与する能力を有していたのであり、その中の占有概念がドイツ近代社会の形成に対して寄与した重要な要因の一つであったと述べるまでである。

（8）本章における自然法的な哲学者とローマ法学者の対比の構図、又カントの占有と所有権に関する議論の解釈は、とりわけベッキの所論に従っている（vgl., Paolo Becchi, Ein Fragment Hegels über Savigny. Zur Geschichte der Besitzlehre am Anfang des 19. Jahrhunderts, in: *Zeitschrift für Neuere Rechtsgeschite*, 13, 1991）。このベッキの論文に対して、木庭顕氏はローマ法学の立場からカントやサヴィニー達の占有概念が持つ可能性を指摘して批判されている。木庭顕「Savignyによる占有概念の構造転換とその射程」海老原明夫編『法の近代とポスト・モダン』所収、東京大学出版会、一九九三年。特に一八九頁の註・四六を参照。

（9）ここでのロックの理論及びその自由な人格性の理解は、一七世紀英国の個人主義と自然法的政治理論を論じたC・B・マクファーソンの「所有的個人主義」に概ね従っている。C・B・マクファーソン『所有的個人主義の理論』藤野渉他訳、一九八〇年、合同出版、とりわけ第五部参照。そもそも'Possessive Individualism'を「占有に関わる個人主義」ではなく、「所有的個人主義」と訳してもまったく誤りではなく、寧ろその方が通常の政治理論において理解が容易であることに、本章における問題の所在がある。そもそもpossessiveという形容詞の中に、未分化なものとして占有（Besitz, Possession）——これが法的権利であることは決して自明ではない。これについては後に検討されるガンスとプフタの論争を参照——と所有権（Eigentum, Property）とが、どちらも含意されているのである。参考までにマクファーソンの訳文を翻訳書のまま引用しておこう。「その所有的性質〔Its possessive quality〕は、個人は本質的に、自分自身の身体（person）ないし諸能力の所有者（proprietor）であって、それらのために何ものをも社会に負うことはないという、その見解の中に見出されるのである。個人は一つの道徳的全体としてでもなければ、なおまた、より大きな社会的全体の部分としてでもなくて、自己自身の所有者（owner）であると考えられた。所有（ownership）の関係は、ますます多くの人たちにとって、彼らの全可能性を実現する現実的自由と現実的見通しとを決定するところの、きわめて重要な関係となったので、個人の本性の中にさかのぼって読み込まれた。個人は自己の身体と諸能力の所有者であるゆえに自由であると考えられた。人間の本質は他人の意志への依存からの自由であって、自由は所有（possession）の関数である……」（同上書、一三頁）。ここで述べられているのは、占有（Besitz, Possession）が「所有」と未分化であり、且つ自明理の権利そのものと考えられている歴史的思想的状態であろう。

(10) 但し、他の自然法的な哲学者（とりわけカント）とは微妙に異なって、ロックにおける法的権利ないし規範性を基礎づける自然状態は、或る種の歴史的現実性を顧慮したものと見る研究もある。Cf. Jeremy Waldron, John Locke: social contract versus political anthropology, in: *The Social Contract from Hobbes to Rawls*, ed. David Boucher and Paul Kelly, London, 1994, pp. 51-72.

(11) ここで占有の扱い方をめぐって我々が本章で言う意味での「自然法的な哲学者の思想系譜」をロック、カント、ヘーゲルの思想的流れにおいて纏めておこう。先ず、ロックにおいて占有とは彼の所有権に関する理論の中で、個人がもつ不可譲の権利、つまり所有権の価値を明らかにする際の基本的な現実として想定されているものである。所有権及び私有財産制度を正当化するロックの議論では、自然状態において自由な個人は自らの内面だけでなく、その身体に対しても固有の所有権を持つことは自明理であり、そこから更にかかる肉体の労働によって獲得した土地や収穫物に対しても当然に自分自身が占有する正当な権利を有するのである。自由な個人、その「彼の身体による労働、その手の働きはまさしく彼のものであると言ってよい。そして彼は、そこに自然が具え取っておいたものを、その状態から取り出した事物は何でも彼が自分の労働を混えたものであり、このようにして彼自身のものである何かを、そこへと付け加えたのである。かくして、それは彼の所有権となる。……自分の労働がひとたび加えられたものに対して権利を持つのは、彼のみである」（ジョン・ロック『市民政府論』鵜飼信成訳、岩波文庫、一九六八年、三三頁。以下の引用における強調点は原文。尚、引用に際して文章ならびに訳語を若干改めた。そして断りのない限り、これらの方針は本章における他の引用文でも同様である）。「彼の労働が共有で全ての人に平等に属していた自然の手から水を汲み出し、そうすることを通じて、それを自分の占有物としたのである」（同上、三五頁）。「たとえ共有のものとして自然の事物が与えられていても、人間は自らの主人であり、自分自身の一身及びその活動、即ち労働の所有者であるが故に依然として自分自身の内に所有権の大きな基礎を持っていたということ、そして彼が自分の存在の維持と慰安に用いてきたものの大部分を成すものは、発明と技術が生活の利便を改良するようになって以来、完全に彼個人のものであり、決して他人と共有ではなかったということ、これである」（同上、四九―五〇頁）。このようにしてロックは自然状態における共有性から、自らの意思による活動を通じて占有したものに対して、自己に相応しい固有のもの、つまり不可譲の権利を導出するのである。その理論において、占有の状態は所有権に対して密接不可分と言えよう。つまり占有は所有権論における現実性の側面（つまりロックにおける自然状態）の一部に他ならないのである。そして、このような思考様式においては、歴史的な現実性の中で占有の正当性が疑問視され、非合理な事実として観察される必要はそもそもなかったと言うことが出来る。

ところで、自然法的な哲学者の中で占有について最も本格的に論じたのは、カントであろう。『人倫の形而上学〈法論〉』において、所有権よりまして占有の権利概念を採りあげ、彼の批判哲学、即ち純粋理性概念に依拠して、占有を理論化しているのである。彼の精緻な議論をごく単純化して示せば、次のように示すことが出来る。カント哲学において占有とは、叡知界に相応しい法における純粋な権利概念としての可想的占有（possessiō noumenon）と経験的占有（possessiō phaenomenon）に分けられる。後者の経験的占有が通常我々が住まう経験的世界で見出された或るものの所持であるのに対して、前者の可想的占有とは経験的なもの一切の所持を伴わない占有についての純粋理念のことである（イマヌエル・カント『人倫の形而上学〈法論〉』加藤新平・三島淑臣訳、中央公論社・世界の名著、一九七九年、三七〇頁以下参照）。しかし、一体何故このような区別が必要となるのか。カントに依れば、自らの外界における何かが法的権利として私のものであるには、その人において現実に占有されており、たとえ使用していなくとも、叡知的な人格性による自由意思に属していることが先ず要請される。問題は単に物理的世界における物や出来事を越え出て、純粋なものとしての自らの人格性に関わっている。他人が私の法的なもの或いは権利を侵害することは、私の叡知的人格性理念の侵害を意味するのである。当然に叡知界は経験的な現象の世界とは峻別される。よってカントは両者を区別し、「一方には物理的占有を、他方には純粋に法的な占有を、同一の対象物について考える」（同上、三七〇頁）のである。そして、可想的占有は単なる経験的事実として占有された状態にアプリオリな純粋概念の正当性を付与するのであり、それを法的権利性の概念へと高めていくのである。しかもそれは物に関する権利であると同時に、人格性にも関係する権利として関連づけられている（vgl., Becchi, a. a. O., S. 147）。そして、所有権はかかるカテゴリーとしての可想的占有概念の個別的一形態として理解されるのである。それは専ら物に関する権利である。つまり「或る物件における完全な権利（所有権）」（カント、前掲書、四二四頁）であり、それは「或る外的対象がその実体に関して誰か或る人の自分のもの〔つまり、カントの意味での可想的占有〕である場合、その対象はその人の所有物（dominium）であり、この所有物に対しては当該物件における一切の権利が内属する（ちょうど実体に対して偶有性がそうしているように）のであって、それ故に所有者（dominus）は当該物件を任意に処分することが可能である。（自分の物件を任意に処分する権利 īus dispōnendī dē rē suā）」（同上、三九九頁）。但し所有権においてその対象は有体的物件に限定され、叡知的存在である自由な人格性が現実世界の中で物理的に譲渡ないし処分されえないことは言うまでもない。

ところで、以上のような所有権と占有についての理解は、たとえカントがロックに対して、その所有権の成立根拠に関してどれ程批判的（同上、三九八頁参照）であろうとも、「或る人が実体的に見て自分で作ったと言える物については、彼は争う余地のない所有権を持つ」（同上、四九〇頁）ことを自明視する限り、やはり自然法的な哲学の考え方の圏内にとどまっているのであり、そのようにして制作された物や占有した物が、現実の事実の中で正当な法的権利の性質を持ちえないケースは想定されていない。叡知的人格性である限り、その人の為すことは理論上すべからく権利の正当性を有するのである。例えば様々な事実における多様性の中において、対象の認識を行なうローマ法学者のように、歴史において観察される占有が所有権と異なる在り方で現われ、しかもそれが必ずしも正当性を保証されえない事実においても見出され、そうした状態の只中で法的権利の概念に適合的な占有を問うことは切実に意識されていなかったと言えよう。成程ロックとは異なって、カントは所有権の概念とは別個に占有の概念を理論化したのではあるが、その占有理解はあくまでも叡知界に礎を持つものであり、その理念的性質のみに関心が集中されている。彼の理論的貢献は、ロックの理論以上に事実から抽象化され、叡知界に棹さす可想的占有の概念を構築したことにあり、他方で又、経験的世界の物理的占有が有する相対的な正当性が認められたことである。「自然状態において外的な或るものを自分のものとして持つ権利は、次のような種類の物理的占有、即ち公的立法の下における万人の意思の結合を通して法的占有となるだろうという法的推定を、自らの内に含むような物理的占有である。そして、この期待においてこれは相対的に法的な占有と認められるのである」（同上、三八四頁）。勿論、それは占有の歴史的状態に具わる法的正当性を問う立場に対しても有益な試みではあった。しかし、カント自身にとって問題は何よりも純粋理性に相応しい一般的規範理論の構築にあって、歴史的事実の中で様々に占有される事物に対してその法的権利性の如何を問い、かかる権利性を基礎づけていくことは、自らの哲学的課題ではなかったのである。

そして、この思想系譜において次の位置を占めるのが、ヘーゲルである。蓋し、今まで我々がロックやカントで確認してきた占有を正当な権利性や純粋概念から理解すること、即ち疑いえない不可譲の権利としての所有権、或いは真理に他ならない純粋理性の立場から占有を理論化すること、加えて自然法的な哲学においては、占有を所有権の有する法的権利性と不可分なものとして思考されること、これらをヘーゲルも自分の哲学の流儀でもって明らかにしているが故にである。だが又、本文の内容とも関係して、彼は本質と事象のカント的二分法の峻拒、つまり叡知的人格が有する自由意思を現象界に顕現させようとするヘーゲル哲学の根本的企図とも対応して、権利性に他ならない所有権が、事実的な占有状態の只中において、どのようにして生成していくかの説明を与えているのである。

(12) G. W. F. Hegel, *Die Philosophie des Rechts*, Die Mitschriften Wannenmann (Heidelberg 1817/18) und Homeyer

(Berlin 1818/19), Hrsg. Karl-Heinz Ilting, Stuttgart, 1983, §. 24 Anm., S. 52（以下、Rph. Iと表記）. 尚、これはベッキが引用したヘーゲルの言葉であることも断っておく。Vgl., Becchi, a. a. O., S. 151.

（13）*Vorlesungen über Rechtsphilosophie 1818-1831*, Edition und Kommentar in sechs Bänden von Karl-Heinz Ilting, Bd. 1, Stuttgart-Bad Cannstatt, 1973, §. 20, S. 255.

（14）ヘーゲル『法哲学』第四五節。

（15）同上、第四〇節。

（16）Rph. I, §. 25, S. 52.

（17）Rph. I, §. 24, S. 51.

（18）ヘーゲル『法哲学』、第七八節。

（19）同上、第四〇節。

（20）同上、第二節においてヘーゲルはこう述べている。「法学は哲学の一部分である。……法の概念は、生成の面において法学の外にあることになり、法学において法概念の演繹は前提されているので、——与えられたものとして受け入れなければならない」。ところで又、第一節では「哲学的法学が対象とするのは、法の理念であり、従って法の概念ならびにその実現である」。

（21）前註11参照。

（22）尚、既にカントにおいて勿論それだけでは不十分な権利としての占有とされながらも、例えば土地の単なる物理的占有、即ち所持を最初の占有としての物件における権利、と考えることが示されている。それは外的自由の法則と合致するものであり、私的な占有を可能にするアプリオリな根拠としての占有概念の中へと包括されるべきものである。カント、前掲書、三七八頁参照。又ここには、後に検討するガンスとの或る程度の類似性をも見ることが出来よう。

（23）法学において、占有の権利性をこのように所有権との同一性において考える立場は、イェーリングに代表される「客観説」であろう。サヴィニー達の主観説に対抗して客観説は、占有において通常その権利性は所有権と同一である場合がローマの現実において数多く見受けられたのであり、又訴訟においては所有者の証明をするよりも、特示命令による占有の保護を受けるほうが容易である事情を指摘する。そして客観説において、占有と所持とはその本質上異なるものではなく、これらの区別は当時の社会通念に照らして客観的にのみ確定されるのである。これについては、船田享二『ローマ法』第二巻、岩波書店、一九四三年、三七三—三七六頁を参照。確かに、この立場は占有と所持の哲学的意味合い、或いはローマの歴史的実情の顧慮において、主観説だけでなく、我々が検討してきた自然法的系譜にある哲学者達の占有理解とも区別されるものではある。しかし本章の意味における自然法的な哲学思潮が、所有権との繋がりにおいて占有の権利性を思考することにおいて、客観説と共通の特徴を持ち、その形成にも積極的に働いたと見ることは十分許されよう。尚、註34も参照。

(24) これを最もよく代表しているのは、やはりサヴィニーの『法学方法論講義』であろう。そこには、法学における三つの作業が提示されている。①資料（法源）解釈②体系的全体性③歴史的継続の全体性、これらの課題に法史研究は携わるのである。Vgl., Friedlich Carl von Savigny, *Juristische Methodenlehre*, Stuttgart, 1951, SS. 13-17.

(25) マックス・カーザー『ローマ私法概説』柴田光蔵訳、創文社、一九七九年、一八一—一八三頁参照。

(26) 船田、前掲書、三六一—三六二頁参照。より詳細にはカーザー、前掲書、一七〇—一七四頁参照。

(27) 船田、前掲書、三六七—三六九頁参照。

(28) サヴィニーの個人的感情として純粋な演繹を拒否する心性がやはり彼にあったことについては、小菅芳太郎「サヴィニー『占有法』雑感」北大法学論集、第二三巻第二号、一九七二年、四三六頁参照。その点を顧慮すれば、確かに相容れない側面とも見えるが、主著として『現代ローマ法体系』を執筆したことは、彼の学問的懐の深さならびに近代法体系を徹底して探求する精神の現れとも受けとめられよう。因みに自分自身が貴族ないし農場主としての立場にも拘わらず、それを危うくしかねないドイツ法の学問的近代化を推し進めたという矛盾する側面、そのパラドックスの特質については、村上淳一「貴族サヴィニーの民事訴訟」桐蔭法学、第九巻第二号、二〇〇三年、一—三一頁を参照。

(29) カーザー、前掲書、一六〇—一六三頁参照。船田、前掲書、三六二—三六七頁参照。

（30） Vgl., Becchi, a. a. O., SS. 146-147.

（31） Savigny, *Das Recht des Besitzes. Eine Civilistische Abhandlung*, Darmstadt, 1967. ここでは、RdBと表記し、一九六七年刊行の第七版の節番号と頁数で表記する。

（32） サヴィニーの業績一覧については、次の文献目録が基本的なものとして挙げられよう。河上前掲書、巻末一五頁から七三頁までの「サヴィニー文献目録」。特に二一頁の独文による説明では、その著書はサヴィニーを有名にすると同時に、それ以来歴史法学派の基礎的文献であり続けたと述べられている。

（33） 木庭顕、前掲論文、一六八―一七〇頁参照。ところで、ランズベルクはサヴィニーの特にこの研究書『占有の権利・法』における意義を、自然法哲学や数学的理性とは異なるが、しかしその統一的観点と研究手法にそれらを想起せしめる特徴を見ている。Vgl., Ernst Landsberg, a. a. O., SS. 190-196.

（34） 勿論これは、客観説を標榜したイェーリングによって後に批判された有名な論点である。事実イェーリングの批判以前にはこのサヴィニーの研究に対する反論は、ガンスのものを除いて殆ど見受けられなかったといえよう。Vgl., Rudolf von Jhering, *Der Besitzwille. Zugleich eine Kritik der herrschenden juristischen Methode*, neudruck der Ausgabe Jena 1889（Rep. Stuttgart, 1968）. だが、歴史法学派によるその後のドイツ法学史の通説においては、そのガンスの批判も存在しなかったものとして片付けられることとなる。その例外でありガンスやヘーゲルの名に言及しつつ歴史法学派を揶揄したイェーリングの文章としては次が挙げられる。Vgl., ders., *Scherz und Ernst in der Jurisprudenz*, Leipzig, 1921, insbes. SS. 19-20. 又、そこでは結局彼が深く知ることになったガンスの主張として、次の言葉が引用されている。「実質的な精神の把握が問題になっている場合に、悟性は無益な努力をしているのである」（S. 23）。

（35） Vgl., Johann Braun, Der Besitzrechtsstreit zwischen Friedrich Carl von Savigny und Eduard Gans, in: a. a. O., S. 93-4. 占有の権利性を占有意思だけでなく、所有権者の意思（animus domini）の言葉で特徴づけることは確かに奇妙に見える。しかし、政務官による占有の保護が行なわれていた古典期より以後、ユースティーニアーヌス帝の時代へと進むにつれて、所有権に基づかない占有保護の重要性が減ると共に、善意の占有や所有権に基づく占有が、原則と考えられるようになってきた。それの対比概念として、かかる所有権者の意思を伴わないものは、特示命令の保護が与えられているか否かに関わらず、自然的占有と看做された。そして、カーザーに依れば、サヴィニー達、普通法上の占有理論は、所有権者の意思を伴う占有における権利性に由来しているのである。カーザー、前掲書、一六六—一六七頁。更に船田、前掲書、三六七—三六九頁も参照。そして、サヴィニーは更にこれら二つの占有の対立においては顧慮されえず、しかも独立したものとして、特示命令で保護された法務官法上の占有を、彼の法理論において確定したのである。

(36) この占有の権利、占有に基づいた権利（das Recht des Besitzes, jūs possessiōnis）は又、占有することの権利、占有すべき権利（das Recht zu besitzen, jūs possidendī）とは区別されるべきものである。そしてサヴィニーに依ればこの「占有することの権利」は占有ではなく、所有権の理論に属するものである。Vgl., RdB, §. 1, S. 27.

(37) 後に述べるように、サヴィニーは占有の権利をそこで事実上為された「効果（Wirkung）」に求める。その意味で、法制度等の諸条件の下で法的関係として扱うことが可能であれば、使用取得も占有の権利として考えられるのである。Vgl., RdB, §. 2, SS. 29-30.

(38) 例えば、ローマ法学の観点からはティボー達の占有に関する議論よりも、サヴィニーの理論のほうが透徹した論理性と明晰さで優るという。これについては、小菅芳太郎、前掲論文、四二二頁以下参照。

(39) 小菅芳太郎、同上を参照。

(40) RdB, §. 9, SS. 119-120.

(41) この点について木庭氏は、ローマ法の占有に対する理解にとって大きな転換があったと述べている。木庭顕、前掲論文、一七〇頁参照。

(42) RdB, §. 1, S. 26.

(43) RdB, §. 1, S. 27.

(44) Vgl., Becchi, a. a. O., S. 148.

(45) 村上淳一他『法学史』東京大学出版会、一九七六年、特に「ドイツ法学」一四三—一四四頁を参照。又、サヴィニー、『現代ローマ法体系』第一巻参照。

(46) 加えて、サヴィニーが所有権を「或る物に対して或る人が有する無制約な排他的権利」という一物一権主義において定義していたことも忘れてはならないだろう。

(47) RdB, §. 6, SS. 48-49.

(48) Vgl., Braun, Besitzrechtsstreit, a. a. O., S. 93, Becchi, a. a. O., S. 149.

(49) RdB, §. 5, SS. 43-44.

(50) Vgl., Becchi, a. a. O., SS. 148-149.

(51) 船田、前掲書、三七一―三七三頁参照。又、船田享二、『羅馬法』刀江書院、一九三〇年、三〇四―三〇六頁も参照。

(52) RdB, §. 2, SS. 30-31.

(53) Vgl., Braun, Besitzrechtsstreit, a. a. O., SS. 93-94.

(54) Vgl., Becchi, a. a. O., S. 150.

(55) 真偽は兎も角として、ベッキは古代ローマの法制度に即した彼の理論において、当時のドイツに存在していた分割所有権等の前近代的な法制度を正当化したいとの政治的意向が、やはりサヴィニーにはあったと述べている。Vgl., Becchi, a. a. O., SS. 153-154.

(56) 例えば、彼の研究著作として最初のものである*Über Römisches Obligationenrecht, insbesondere über die Lehre von den Innominatcontracten und dem jus poenitendi*（Heidelberg, 1819, Rep. Goldbach, 2000）においてそれは顕著に見られると言う。だが、それは又ティボーやフーゴーをも含めた当時の法学の規範的見解に従って研究を行なったと考えることも可能である。孰れにしても、この著作の執筆に取り組んでいた時期は、いまだガンスにおいてヘーゲルの法哲学に本格的に取り組む以前と考えられる。彼がローマ法の研究で学位を取る為にハイデルベルク大学へやって来た時、それはベルリン大学へ赴任するヘーゲルと丁度すれ違うようにしてであり、しかも博士論文執筆当時のヘーゲル哲学の知識は、ローマ法研究の傍にある数多くの学問の中の一つにとどまるものであった。彼のヘーゲル主義が前面に現れるのは、ハイデルベルクからベルリンへ戻った一八一九年の初夏以降のことである。Vgl., Reissner, SS. 44 f.

(57) 前註の内容も含め、この間の詳しい経過については、vgl., Braun, Schwan und Gans, a. a. O., SS. 75-90. insbes., SS. 77-81.

(58) Vgl., *Hallische Jahrbücher für deutsche Wissenschaft und Kunst*, 11, October, 1839, S. 1950 f.

(59) Vgl., Braun, a. a. O., SS. 85-89.

(60) Gans, Über die Grundlage des Besitzes–Eine Duplik（1839）, in: PS, S. 342（本書においては以下Grundlageと略記して引用）.

(61) System, S. 211.

(62) Grundlage, SS. 341-342.

(63) Grundlage, S. 360.

(64) Grundlage, S. 339.

(65) System, S. 212.

(66) Vgl., Braun, Besitzrechtsstreit, a. a. O., S. 95.

(67) System, S. 214. 既にガンスは最初の著書*Über Römische Obligationenrecht*で、確定物の不当利益返還請求訴権に関して、単なる歴史的事情やそこでの「効果」において、権利の学問的客観性を見出そうとする試みが困難であることについて言及している。Vgl., *Über Römische Obligationenrecht*, SS. 44-46. 但し、これは註釈学派等の理論における問題点を指摘する文脈であって、この時期のガンスが歴史法学派（サヴィニー）に対する明確な批判を意図したものではない。

(68) System, S. 215.

(69) 因みにヘーゲル自身、少なくとも『法哲学綱領』においては、承認のエレメントは出発点となる「占有」や「所有権」の理論よりも、その次に位置して他者の介在が——ヘーゲルの理論において——より明確となる「契約」理論の箇所において、その前提になるものとして扱われている。例えば、『法哲学』七一節参照。因みにベッキは、この点に関してヘーゲルの所有権が客観的な権利ないし規範であるのならば、他者の承認は必要であり、その所有者が孤立した個人的存在にとどまっていることについて疑義を表明している。Vgl., Becchi, a. a. O., S. 151.

(70) ドイツ語の表現としてのoderには同じような事柄を換言する意味合い、「即ち」「つまり」の含意があることに注意されたい。

(71) System, S. 211. 傍点は原文ゲシュペルト。

(72) System, S. 215.

(73) System, S. 212.

(74) System, SS. 211-2.

(75) Grundlage, S. 360.

(76) 私見ではあるが、ヘーゲル自身の「ポジティーフ」なものへの批判、つまり既に精神性を失っているのに、依然「既存の制度」としてとどまり続けているものに対する批判、かかる硬直性に対する違和感が、この点に関してガンスに影響を与えていたとは言えないであろうか。

(77) 歴史法学派に対決する自分の立場についてガンスはこう述べている。「今日の哲学はカント哲学の批判的解消から始まったところに、自らのそれに対する意義を持っている。復古は革命に対して自身に固有の武器でもって戦い、又その諸原理によって豊かに力強くなってきている。そして、もしここで私が歴史法学派に反対して登場せねばならないとしたら、それは孰れにしても彼らに固有の洞察と仕事、業績によって生じたことなのである」(System, S. 167)。

(78) ヘーゲル主義者ガンスの立憲主義的国家理論については、第一章を参照。

(79) 本章におけるプフタの法理論についての記述は、言うまでもなく彼の法学全体を包括的に説明するものではなく、ただヘーゲル主義との関連で、且つガンスとの対比においてのみ行なうものである。それ故、ここでの叙述ではガンスの理論と対照的な点だけでなく、プフタのヘーゲル解釈にとりわけ関心が向けられている。ところで、プフタ以外で占有についての議論に参加した人としては、ミューレンブルッフ、ハッセ、フォン・ターデン、マイゼブーク、フシュケ、ベートマン-ホルヴェーク等々が挙げられよう。パンデクテン法学など、ここでは扱わないプフタの法理論における様々な論点については次を見られたい。Vgl., Thomas Henkel, *Begriffsjurisprudenz und Billigkeit. Zum Rechtsformalismus der Pandektistik nach G. F. Puchta*, Köln, 2004.

(80) ブラウンに依れば、師であるサヴィニー自身は、例えばプフタによる五つの法区分に必ずしも賛意を示さなかった。そして、少なくともこの意味ではサヴィニーとガンスは共通する面がある。だが、より重要なことは、ガンスに反対する目的で構想されたかかる五つの法区分が、後の彼の代表的著作においてその理論的部分を構成していることである。Vgl., Braun, Besitzrechtsstreit, a. a. O., S. 107, Anm. 112.

(81) これに対して、占有を事実と考える立場を歴史法学派の中で守った代表者としては、ルドルフ（A. A. F. Rudorff）が挙げられる。彼の占有理論については、vgl., Braun, Besitzrechtsstreit, a. a. O., SS. 99-101.

(82) 例えばプフタの主著の一つである『慣習法（Das Gewohnheitsrecht）』（1828/37）においての法発展史に関する彼の説明には、ヘーゲルの弁証法や歴史哲学の思考様式の影響が見出されるのは夙に指摘されるところである。これについては、手短かではあるが例えばフランツ・ヴィーアッカー『近世私法史』鈴木禄弥訳、創文社、一九六一年、四八三頁参照。ところで、プフタの民族精神に対するヘーゲルの影響については、古くはブリーの研究（S・Brie, *Der Volksgeist bei Hegel und in der historischen Rechtsschule*, Berlin u. Leipzig, 1909）から、最近のものでは例えばメールラインの研究（C. Mährlein, *Volksgeist und Recht*, Würzburg, 2000）等に至るまで、識者の注意が払われているテーマと言うことが出来よう。

(83) G. F. Puchta, Zu welcher Classe von Rechten gehört der Besitz?, in: *Georg Friedrich Puchta's Kleine civilistische Schriften*, hrsg. Adolph August Friedrich Rudorff, Leipzig, 1851, SS. 239-258（以下、Zu welcher Classe).

(84) このことはガンスが自然法思想の立場から占有の法的基礎づけを行なったとする我々の見解からすれば、或る意味で当然とも考えられようが、彼がそれをローマ法学者として主張したことで、この点が必ずしも明確に自覚されていなかった。その意味でプフタはガンスの占有理論にひそむ論理的矛盾を鋭く見通していたと言えよう。

(85) Zu welcher Classe, S. 245.

(86) A. a. O., S. 246. ここで「他在」が言及されるのだが、このようなプフタの批判に対しては、当然ながらヘーゲル哲学において「他在」は誤った論理を意味するものではなく、次なる真実の姿が現れる為の前提となる状態ないし段階であるとの考えに基づくガンスからの反批判を招くことになる。Vgl., Grundlage, SS. 361-365.
(87) Puchta, Zu welcher Classe, S. 246.
(88) A. a. O., S. 247.
(89) A. a. O., S. 250f.
(90) A. a. O., S. 250.
(91) Puchta, *Cursus der Institutionen*, Bd. 2, Leipzig, Zehnte Auflage, 1893, S. 162（以下、Cursus）.
(92) A. a. O., SS. 162-163.
(93) だが、やはりこのように意思を鍵とする所有権理解においてヘーゲル哲学の影響をも看取することはあながち誤りとは言えないのではないだろうか。
(94) Zu welcher Classe, S. 251.
(95) A. a. O., S. 250. ブラウンはこのようなプフタの歴史観が史実によって確証されていないと批判している（vgl., Braun, Besitzrechtsstreit, a. a. O., S. 99, Anm. 56）。しかし、たとえ歴史の客観的認識からすれば、これが問題であるにしても、それはプフタが法的事象を研究する際に採った観点、ないし彼の根本的な歴史観と考えるのであれば、物理的自然世界からの人格性の自覚という考え方は、さほど奇異とは思われないのではないだろうか。
(96) Vgl., Zu welcher Classe, S. 251.
(97) Cursus, Bd. 1, S. 49.
(98) Vgl., Zu welcher Classe, SS. 252-253.
(99) A. a. O., S. 255.
(100) Cursus, Bd. 1, S. 50.
(101) Vgl., a. a. O., SS. 3-9.

(102) Zu welcher Classe, S. 258.
(103) Cursus, Bd. 1, S. 50.
(104) A. a. O., S. 45.
(105) Vgl., Zu welcher Classe, S. 256.
(106) Cursus, Bd. 1, S. 49.
(107) Zu welcher Classe, S. 255.
(108) A. a. O., S. 258.
(109) A. a. O., S. 255.
(110) ここで占有意思（animus possidendī）ではなく、所有権者の意思（animus dominī）であることは、先のサヴィニーの場合と同様、釈然としないが、この所有権者の意思を伴った占有とは、プフタの説明に依れば、或る目的を実行する場合に限り、「他者の承認」において認められた占有のことである。それは又、無制限の全面的な意思を伴わない占有（Der Besitz ohne den totalen Willen）の権利性を想定することである（vgl., Cursus, Bd. 2, S. 144）。そして、かかる意味での意思は、我々が先に見た第一の分類にあたる所有権における意思とは確かに異なるものである。蓋し、第一分類の意思において他者からの承認は（少なくとも）直接には問題とはならず、物に対する各個人の全面的な支配の権利性に関わるものだからである（vgl., a. a. O., S. 162）。尚、プフタは窃盗など法的権利を持たない事実上の占有状態をも視野に入れて次のようにも述べている。「……現代の法学者達がanimus dominīの表現において、全面的な意思〔或るものを自分のものにする為、支配しようとする第一分類の意思のこと〕に対する表記として模倣することは、不適切ではない。但し、それは所有権者（Eigenthümer）であると思うことや、そうある意思を考えるのではなく、更に所有権者として妥当させる意思ですらない場合にのみ許されるのである。何故ならば、その為に或る法的理由を示さなく（従って又、自分は所有権者である、ということではなく）とも、そうした意思は占有することが出来るからである。換言すれば、ここで述べられる意思は、全面的な事実的支配に向けられてはいるが、必ずしも全面的な法的支配（所有権）に向けられてはいない。……従って事実上の（所有権へ向けられてはいない）所有権者の意思と想定されねばならない（a. a. O., S. 143）」。おそらく、以上におけるプフタの用語法はサヴィニーの占有論における animus domini（*Das Recht des Besitzes*, §9）を踏まえたものであろう。尚、前註35も参照。

(111) A. a. O., S. 144.

(112) Vgl., Zu welcher Classe, SS. 257-258.

(113) Vgl., Cursus, Bd. 2, S. 144.

(114) Vgl., ebenda.

(115) Vgl., Braun, Besitzrechtsstreit, a. a. O., SS. 97-98.

(116) Cursus, Bd. 2, SS. 143-144. 又、前註110も参照。

(117) Zu welcher Classe, S. 256.

(118) プフタ没後にものされたシュタールによる回想文においても、ローマの慣習と市民法が彼の法に対する哲学的把握を規定したと述べられている。Vgl., Friedrich Julius Stahl, Zur Erinnerung an Georg Friedrich Puchta's Leben und Wirken, in: *Kleine civilistische Schriften*, SS. VII-VIII.

(119) Vgl., Gans, PS, SS. 147-149.

(120) Vgl., Braun, Besitzrechtsstreit, a. a. O., S. 116.

(121) 占有を権利それ自体の概念と考える限りにおいて、ガンスは正しいとのプフタの評価については、次を参照されたい。Vgl., Puchta, Ueber die Existenz des Besitzrechts, in: *Kleine civilistische Schriften*, S. 265, Anm. a.

(122) Vgl., Gans, Grundlage, PS, SS. 364-365; Braun, Besitzrechtsstreit, a. a. O., S. 107.

(123) ハレ年誌に掲載された記事に依れば、ガンスは例えばプフタの占有理論における「精神の外化としての意思」の理念からして、既にそれはプフタがヘーゲル哲学から、ひいては自分から「剽窃した」と感じていた。だがこれと全く同じ言葉をプフタもガンスに返してやりたい気持ちであったという。Vgl., *Hallische Jahrbücher für deutsche Wissenschaft und Kunst*, 28-9. August 1839, SS. 1641-1653, insbes. SS. 1649-1652.

(124) 同じ歴史法学派の仲間として行なったシュタールのプフタ追悼においても、彼を擁護してギムナジウム時代におけるヘーゲルの影響はさしたるものでなかったと述べている。Vgl., Stahl, Zur Erinnerung, a. a. O., SS. III-IV.

(125) Cursus, Bd. 1, S. 5.

(126) Vgl., a. a. O., SS. 9-10.

(127) A. a. O., S. 7.

(128) Ebenda.

(129) Gans, System, S. 143.

(130) Ders., Grundlage, PS, S. 379.

(131) Puchta, Cursus, Bd. 1, S. 8.

(132) A. a. O., S. 3.

(133) 「理性」に対するプフタのこうした理解が、カント哲学における「悟性」の意味に近いことは既に指摘されているところである。Vgl., Walter Hellebrand, Zum metaphysischen Voluntarismus bei Schelling, G. F. Puchta und in der römischen Jurisprudenz, in: *Archiv für Rechts-und Sozialphilosophie*, 44, 1958, SS. 381-410, insbes. SS. 404-405. 又、プフタにとっての理性的なるものとは、ドイツ観念論（彼の理解した意味でのそれ。勿論、ここにはヘーゲルも含められる）におけるような形式論理性に限定されることから越え出て、法や文化等の生ける有機的存在のあり方に則さねばならないものである。Vgl., a. a. O., SS. 400-401.

(134) Cursus, Bd. 1, S. 5.

(135) A. a. O., S. 4.

(136) ヘレブラントに依れば、プフタにおいては「理性」ではなく、後に述べる意味での「意思」（理想としては「神的な意志」）が理性を使いこなしたところに、自由の本質はある。ところで、この点に関してプフタの反ヘーゲル主義は、シェリングと共通しているのであり、彼ら二人は、どちらもトマス・アクィナスに反対するドゥンス・スコトゥス達の主意主義に棹さしているのである。Vgl., Hellebrand, a. a. O., S. 403. 又、プフタに対してはヘーゲルでなく、シェリングこそが大きな影響を与えた点に関しては次を見られたい。Vgl., Alexander Hollerbach, *Der Rechtsgedanke*

bei Schelling. Quellenstudien zu seiner Rechts- und Staatsphilosophie, Frankfurt an Main, 1957, SS. 328f.

(137) Cursus, Bd. 1, S. 13.

(138) ここにおいてプフタの言う神の「意志」に対しては、今まで我々が人間的権利の基礎として使用し続けてきた合理的法律に関わる人格の「意思」という言葉づかいを改めざるをえない。やはり、その神の「意志」とは明らかに人間の「理性」とは対照的なものとして、且つこれを超越したものとして考えられているからである。

(139) A. a. O., S. 4. これと関連してプフタは、ヘーゲル哲学批判を暗示させる文脈で、その哲学における神の人格性の欠如、或いは汎神論、即ちヘーゲル哲学においては、神の人格性が世界に内在してしまっている精神性へと解消したことに対して論難している（vgl., a. a. O., S. 50）。

(140) A. a. O., S. 14.

(141) A. a. O., S. 6.

(142) Ebenda.

(143) 法学史においてシュタールを近代的な法実証主義の先駆と位置付けることについては、次の村上淳一氏による説明を参照されたい。前掲『法学史』特に一五五―一五七頁参照。

(144) ベルリン大学へのシュタール招聘について、その意向がサヴィニー達から皇太子（後のフリードリッヒ四世）へ上申されていく推移を、複数の人々の間で交わされた書簡のやり取りによって浮き彫りにしたものとして次が挙げられる。Vgl., Hermann Klenner, Stahls Berufung-Kein Briefwechsel. Kathederaufstieg eines christlichen Professors der Rechte, in: *Unzeit des Biedermeiers, Historischen Miniaturen zum Deutschen Vormärz 1830 bis 1848*, Köln, 1986, SS. 206-216. 又、法・国家理論における「神」の重視や反ヘーゲル主義において立場を同じくするプフタとシュタール、それにも拘わらず存在する両者の差異についてはvgl., Hellebrand, a. a. O., S. 407, Anm. 84.

(145) このフェリックス・エーベルティの言葉をきちんと引用すれば次の通りである。「それは二人の異なる意見と見解を持つ学識ある法学者というだけにとどまらず、寧ろ二つの異なる民族・人種による相互の対立が、それぞれの特徴的な代表者によって表現されていたのである。つまり、それはキリスト教的ゲルマン性とユダヤの東方性との対立である」。Vgl., Braun, Schwan und Gans, a. a. O., S. 75.

(146) アルテンシュタインの立場については次を見よ。Vgl., Kurt Rainer Meist, Altenstein und Gans, a. a. O., SS. 38-72, insbes. S. 49, Anm. 24. 更に、ガンス自身によるサヴィニーに対しての和解の試みについては、vgl., Braun, Schwan und Gans, a. a. O., SS. 85-89.

(147) Vgl., Gans, Einleitung zu Beiträge zur Revision der peußischen Gesetzgebung, Berlin, 1830/32, in: PS, SS. 317-333.

(148) Vgl., Stahl, Zur Erinnerung, a. a. O., S. XI.

(149) カーザー、前掲書、二五頁参照。

(150) Cf. Whitman, op. cit., pp. 123-124. カーザー、前掲書、一六―一七頁も参照。

(151) Vgl., Puchta, Cursus, Bd. 1, SS. 60-61.

(152) 勿論ここでプフタが考えているローマとは、キリスト教を公認した後の時代のローマ及びそこでの精神を顕現した法・権利である。

(153) ガンスはヘーゲルの自然法・法哲学を講義する際に（PS 37-154）、次のように述べている。「対外的な国法とはお互いが主権者である諸国家の関係である。それは、国家が独立のものであることによって、或る国家が別の国家によって承認される権利ないし法である。かかる承認に国家の名誉と汚点は基づく。〔しかし、各国が自らに対して感じている〕その自覚にだけ、これは妥当性の根拠を持つのである。こうした承認が純粋に抽象的な何かである以上は、その結果として独立した諸々の国家は承認されねばならない」（PS 139）必要に是が非でも迫られる。それ故、承認を目指しての闘争、ここでの文脈では国家による戦争が必然となるのである。彼はヘーゲル主義の立場から、カントの構想した「永遠の平和は、永遠に眠っている人々に等しきものである」（PS 137）と講義している。何故なら、国家間の条約を守るのも破棄するのも、それは独立した国家の権利に他ならないのであり、「永遠平和の契約は常に破棄される」（PS 139）からである。

(154) Vgl., Gans, Erbrecht, Bd. 1, SS. XXXI-XXXII.

第三章　ガンスとハイネ

——ヘーゲル主義から見たユダヤ性——

序

ハイネの詩に『或る変節者へ』というものがある。そこには次のような心情が吐露されていた。

「ああ　聖なるかな青年の意気込み／繋がれて抑えつけられることの素早いことよ／それで君は沈着冷静で／親愛なるお偉方と和解してしまった

そして十字架へと這って行った／蔑んでいたあそこへ／つい二三週間前までは／足蹴にせんと考えていた十字架のもとへと

ああ　多くの読書がそんな風にしたのだ／かのシュレーゲル、ハラー、バークのせいか／昨日は、まだ英雄だったのに／今日は、もう裏切り者になったとは[1]」

言うまでもなく、これはエドゥアルト・ガンスのことである。成程バークや他の人の名前[2]がここでは挙げられているが、既存のキリスト教的政治体制と何とか折り合って生活出来た――たとえ、その心の奥底では緊張するものがあったとしても――という意味では、ハイネにとってガンスや、そしてヘーゲルも何ら変わるものではない。

そして、そのような事情はヘーゲル主義者であるガンスにおいては、なおさら始末が悪いのである。というのは、ガンスはこのようにプロイセンの体制内部で上手にやっていくために、彼自身（ユダヤ名はElias）の出自を示すユダヤの信仰を捨てて、プロテスタントに改宗してまでかかる迎合的態度に出たからである。こうした振る舞いはハイネのデリケートな心に衝撃を与えるものであった。その怒りが彼にこの詩の執筆へと向かわしたものであろう。ガンスが改宗する以前の一八二五年一〇月八日、[3] 既にハイネはモーゼス・モーザーに宛てた書簡で次のように書いている。「僕はガンスの〔改宗した時のフランス旅行からの〕帰国をはらはらした気持ちで待ちわびている。じっさい洗練されたガンス（Eli-Ganz）になって戻ってくるに決まってる。又それにガンスの『相続法』第一巻は、ツンツの図書分類法に従えば絶対にユダヤ史の資料と考えられて当然だけど、彼のパリからの帰国のあとで刊行される部分については、サヴィニーや他の非ユダヤ人、反ユダヤ人達の著作と同じく、絶対にユダヤ史の資料にはならないだろう。要するにガンスはキリスト教徒になって、おまけにこの言葉の一番水っぽい意味でのキリスト教徒となってパリから帰って来るんだろうな。僕は、砂糖ブローカーのコーンがガンスにとってのカール・ザント〔つまり暗殺者のこと〕にならないかと危惧している〔或いは期待している〕。……」[4]。そして、この時以降ハイネは改宗ユダヤ人であるガンスに対して、まるで近親憎悪のようなやりきれない気持ちを、一生涯にわたって抱き続けることになる。だが、それだけではない。ヘーゲル主義者としての彼に対しても、このような非難は不可避となったのである。何故ならば、詳しい検討は後にゆずるが、ハイネにとってかかる批判は全人格的なもの（ということはヘーゲル主義の側面をも）にまで及ばざるをえないからである。こうした点を考慮するならば、ハイネ自身のヘーゲル哲学に対する関係も単純な肯定としてよりも、寧ろ一層微妙な問題を孕んでいたことは容易に推察されよう。

だが、そもそも従来の研究でハイネが詩人だけにとどまらず、政治思想家としても注目されたのは、そうしたハイネのヘーゲル解釈によってである。(5)成程、最終的には袂を分かったものの、ひとときはマルクス達ヘーゲル左派と共同戦線を張った者として（特に独仏年誌時代）、彼は社会主義運動の思想的先駆と位置付けられてきたのである。その際ハイネの反体制的言動はブルジョワ社会への批判と理解され、抑圧された人々の嘆きと憤怒はプロレタリアのそれとして限定された解釈がなされていく。(6)実際、ハイネ自身がヘーゲルその人から彼の哲学の秘められた（esoterisch）意味を打ち明けられた人間であることを仄めかしているのである。その隠されねばならなかったこととは自由の精神、即ち体制転覆的な含意、革命への端緒に他ならない。(7)「知識は言葉と成り、言葉は行為へと成っていく。そして僕達は、まだこの世に生きている間に浄福にさずかることが出来るのだ」(8)。そうして彼の使命は、かかる哲学の秘密（Geheimniss）をドイツだけでなくフランスを始めとする諸外国にまで知らしめるということになるのであろう。(9)これを実行したのが『ドイツの宗教と哲学について』におけるハイネのヘーゲル解釈である。そこには、よく知られた次の文章がある。「我々ドイツの哲学革命は完結した。ヘーゲルによって、その偉大な円環は閉じられたのである。その後は自然についての哲学」(10)におけるような課題を残すのみ、とされている。ところで興味深いのは、既に我々は第一章の「結」で見たように、ここでのハイネとまさしく歩を同じくするようにして、ガンスは師の追悼でヘーゲルによって終止符を打たれた哲学の歴史的発展、ならびにその後に続くべき歴史主義的な個別研究の課題を述べていたのである。無論、個々の点でニュアンスの違いは見受けられるにせよ、ユダヤ人の共通性だけにとどまらず、やはりヘーゲルの哲学に対しても両者の間にはかなり類似した関係が存在するようである。

更に二人の共通点は知仏派ドイツ人としての特徴においても明白となる。ハイネも七月革命に希望を抱いた人々の一人であり、又渡仏後まもなくしてガンスと同様サンシモン主義に大きな感銘を受けている。[11] その影響がハイネの社会主義的な姿勢だけでなく、彼の汎神論的な世界観を形成する際にも、他の哲学とならんでおおいに寄与したことは、夙に指摘されるところである。[12] そして、第一章におけるガンスのように、ハイネはフランス人に対してヘーゲルを始めとするドイツ思想の紹介者、もしくはその反対方向、つまりドイツへのフランス精神の手引きという歴史的役割にとどまらず、[13] 興味深いのは我々が第一章でサロンの中に見た諸身分の平等性を、ハイネは取引所における人々の様子に見出していることである。[14] しかし、二人の共通性が際立つのは、ハイネ自身が描き出したフランス的特徴である。彼はそれをポーランドという異国の地に於いて見出すのである。「僕はポーランドの女性達のこうした軽やかさ（Leichter Sinn）を軽薄だとか、まして浅薄などとは決して呼びたくない。それは、軽妙な当地のしきたり一般、それと交じりあった〔これ又〕軽妙なフランスの音、即ちここで好まれ、殆ど母語のように話される軽妙なフランス語、そして軽妙なフランス文学のおかげで、とても好ましく育まれてきた[15]」。それ以外でも、「必然的にフランス人、この社交的な国民（das Volk der Gesellschaft）は、社交の原理と最も度し難く衝突する不平等に、最も深く憤慨した。彼らはそうじて抜きん出ようとした者達の首を淡々と切り落として、力ずくで平等を追求していった。そして、革命が人間性の解放戦争に向けての合図となったのである[16]」。ここに見受けられる軽妙さ（leicht）や平等な社交性、或いは又、革新的な政治性は、我々が先にガンスのフランス理解において見たものと相通じてはいないだろうか。実際はその後の人生において疎遠になっていったにもかかわらず、両者の間には思想面での同一性が、謂わば共通の原体験のように深く刻印されているように思われないだろうか。

ところで、第二章ではガンスの歴史法学派に対する関係を考察したが、ハイネも歴史法学派に対する批判においては、ひけを取るものではない。寧ろサヴィニーやローマ法に向けられた強烈な言葉、その想像力溢れるレトリックや辛辣さではガンスを凌駕する勢いである。だが、彼においても、やはりガンスに代表されるヘーゲル哲学が何らかの形で思想的武器を供与したと考えることは間違っていない。「芸術の理念によってギリシャ人は偉大であり、最も崇高な神の理念によってヘブライ人が偉大であるように、ローマ人はその永遠なるローマの理念によって偉大なのである。彼らがこの理念に感激して戦い、記述し、建造した場所は、どこでも偉大である。ローマが広がってゆくにつれて、理念も大きくなっていった。それにつれて、個人はこの中に埋没した。それでも際立っている偉人達は、こうした理念の担い手にすぎないのであり、〔理念に比べれば〕小さな者はその小ささをよりいっそう目立たせることとなる(17)」。「彼らは小人になった。それ故に彼らの私的な生が言い表されているところ〔例えばローマ私法〕に、僕達は偏狭さを発見するのである(18)」。ハイネの死後残された断片では、サヴィニーに対してまるで反語的な言葉の強烈さ、ただそれだけを追い求めるかの如く、もっとあけすけに述べられている。それは次のものである。

「サヴィニー――ローマびと？　違う、ローマ精神の奉公人……サヴィニーの洗練された文体（Savignys Eleganz des Stils）――ナメクジが地面に這った跡に残る、銀色のねっとりした粘液に等しきもの(19)」。

後に検討するが、こうしたやけくそとも見受けられる彼の言葉づかいは過小評価されてはならない。寧ろ彼一流のレトリックによる、詩人の側からの学問一般に対する批判手法なのである。同じ学者という点では、ガンスもこうした手法による批判を免れるものではなかった。例えば、改宗後のハイネがアルプスで苛まれた法学オペラの悪夢という有名なエピソードがあるが、[20]それは相続法に関して三文文士と決めつけられたガンスが脚本を書き、スポンティーニの通俗的な音楽に合わせて、高名なローマ法学者等々の面々が奇怪な法廷の舞を演じるというものである。だがここには又、ハイネがゲッティンゲン大学まで行って、気乗りしない法学の勉強を漸くにしてやり遂げ、法学博士号を取得したにも拘わらず、そのユダヤ人出自の故に職にもありつけない不遇な境遇という背景も、やはり与って力あったのである。歴史法学派に対する批判という点では、ガンスと共同戦線を張ることも確かに可能であったのに、改宗後の二人はお互い距離を置き続けたままであった。実際のところ、率直にハイネがガンスに共感して一緒に活動していくことが出来たのは、「ユダヤ人文化・学術協会」（おおよそ一八一九年から一八二三年まで。以下では主に協会と略記していく）の活動が続いていた間だけである。そこで目標とされたのはユダヤ人として（つまり、改宗せずに）当時のキリスト教的ドイツの国家市民となって、そこにおいて豊かな個性を包含した共同性を形成することであった。その為には時代に即応した新たなユダヤ人像が必要となってくる。それを探求することが協会の学問的課題と考えられたのである。そして、まさしく改宗前のガンスは、この協会の会長であった人物なのである。その姿こそが、初めに掲げた詩の中で「まだ英雄」とハイネに言わせたものであろう。これを投げ捨ててプロテスタントに改宗し、自己保身をはかったのが、両者（とりわけハイネの側）における不和の直接的原因に他ならない。成程、確かに社会史的な意味ではこの見解は正しいし、おそらく決定的でもあろう。しかしながら、二人の思想上の関係においては、先で見たような裁ち切りがたい共通性——歴史法学派への反対、フランス性の特徴、ヘーゲル解釈における革新的性格、そしてユダヤ性にまつわる問題——も頑として存在しているのであり、このような歴史的及び情勢面での理由だけで、すべての問題が説明出来るものではない。[21]これらの背後にある彼らの思想的特徴、その決定的差異を明らかにすることは、歴史的脈絡も考慮しながらも、心の奥底にあるものまで分け入り、それぞれの独自性をも顧慮した上で、漸く微妙な両者の関係には十全な光が当てられるのではないだろうか。

しかしながら、先に触れたようなヘーゲル左派的傾向に棹さすハイネ研究において、彼との共通性が看取されるガンスもろとも等閑に付されがちなのが、彼らのユダヤ人としての側面である。(22) 本章では、抑圧されたプロレタリアートよりも、寧ろ被抑圧者としては彼らと同様であるユダヤ人、その観点からハイネに照明を当ててみよう。というのも、その際やはり重要になってくるのがガンスならびに彼のヘーゲル主義に対するハイネの態度だからである。我々はこれを両者の思想及び歴史的脈絡を辿っていくことで明らかにしていく。先ず、若かりし時分、ベルリンのユダヤ人文化・学術協会時代（第一節）にハイネがガンスに共感していた側面、又ガンスによる新たなユダヤ性への模索におけるヘーゲル哲学の適用を考察し、次に両者の後半生（第二節）における感情のもつれ、二人の愛憎入り交じる緊張関係を惹き起こした哲学者と詩人、それぞれの思考の特質を析出していくことで、二人の根本的差異の有無を検証していきたい。孰れにしても本章では、ガンスを考察の軸に据え、彼を通して状況や時代的文脈に応じて様々に変化しがちであり、一見支離滅裂で、ひとときの感情のほとばしりに過ぎないとさえ見えかねないハイネの言動に何らかの筋道を与え、或る程度の一定像を浮き彫りにすることが目標の一つとなってくる。翻って、これを明らかにする試みが、ヘーゲル哲学に依拠したガンスのユダヤ性における或る種の偏向（それは又、彼の哲学的及び宗教的特色でもある）をよりよく理解させるという、もう一つの目標と不可分であることからも、それは為されねばならない。

第一節　共感――ユダヤ人解放と「同化」の時期において

フランス大革命以降のドイツにおける「上からの改革」期は、啓蒙主義的な考え方に基づくユダヤ人の社会的解放が本格的に推進された希有な時代でもある。そこにおいても、やはり政府主導による解放政策、より具体的には立法的措置が中心となったが、それだけにとどまらない動きもあった。即ち、他でもないユダヤ人自身からその意義が看過されえないような活動が行なわれたのである。それは、一八世紀半ばにモーゼス・メンデルスゾーンが故郷の町デッサウからベルリン市に入場したことで、象徴的にその始まりを表現するユダヤの啓蒙主義時代「ハスカラ（Haskala）」[23]が次の世代に受け継がれる過程において、若きユダヤ人達による活動として行なわれたものである。まさしくガンスはレオポルト・ツンツ[24]達と共に、こうしたベルリンにおけるユダヤ人の解放活動[25]で中心的位置にあった人物である。[26]一八二一年の春にベルリンにやってきたハイネがそのガンスと出会い、お互い意気投合して活動したのも、まさしくこの時期であった。[27]それは二人が共感していたと看做すことの出来た唯一の時期でもある。しかも、この時期においてハイネ自身のユダヤ性とヘーゲル哲学に対する理解は目覚ましく深まっていく。こうした事情を鑑みれば、やはりハイネがガンスのどこに惹かれ影響を受けていたかを、我々は考察せねばならなくなる。やはりこれを抜きにしては、それぞれにおけるユダヤ性とヘーゲル主義の関係ならびにその特徴は十分明らかにはならないが故にである。しかし、その前にかかるユダヤ人解放活動を可能にした当時の歴史的背景について、特にプロイセンを中心に一瞥しておこう。

宰相ハルデンベルクが一八一二年に公布した「ユダヤ人解放勅令」によって、キリスト教社会の中では厳格にゲットーに押し込められた身分であり、法律的にまったく無権利同様であった彼らユダヤ人に新たな可能性が開かれた[28]。今まで一部の宮廷ユダヤ人を除いて、おおよそ政治的意義を持たなかったプロイセンのユダヤ人に対して「ドイツ国民、及びプロイセンの公民」の資格が与えられ、権利の平等と政治的活動へ展望が拓けたのである。これを受けて様々な具体的施策が行なわれたが[29]、とりわけここでの文脈で重要なのは、大学での教職といった（広い意味での）公職への就任に際して、ユダヤ教及びユダヤ人であることが障害にならないとされたことである。この規定によってガンスにはベルリン大学法学部に就職する途が開かれ[30]、又ハイネなど他のユダヤ人に対しても弁護士等々の職業を通して社会的に広く活動する展望が与えられたのである。ところで、こうしたユダヤ人解放政策に理論的支柱を与えたのがヴィルヘルム・フォン・フンボルトである。この問題に関する彼の考え方を些か図式的に示せば、次の通りである。例えばユダヤ人といった社会的少数派やその他非キリスト教徒集団に対しても、その宗教にかかわらず、すべての人間は個人として扱われるべきであり、個人として評価される権利を有する。加えてその人間性の尊厳は、或る種類の住民や集団のすべてに対して、一括りに否定的判断を下すことを禁じる。個人の価値は、その属する集団についての社会的評価によっては決して左右されないのである。そして、国家がとりわけ宗教について教育的役割を積極的に果たす必要はなく、あくまで法的機関にとどまって行政的施策を執り行なうのが望ましい。こうしたリベラルな考えに基づき、フンボルトはユダヤ人に対しても分け隔てなく、完全に平等な権利をただちに与えるべきだと提言する。彼の狙いはユダヤ人を周囲のキリスト教社会と融合させ、中世以来双方からはりめぐらせた壁を取り払うことにある。フンボルトのあるべき将来像に従えば、ユダヤ教ないしユダヤ性はやがて純粋な個人の信仰告白の一つにすぎないものとなるべきであった。

このようなドイツ政府からのユダヤ人解放の動きに対して、ユダヤ人として応えたのが、先にも触れたモーゼス・メンデルスゾーンである。彼は自らのユダヤ教信仰をあくまで堅持しつつも、同時に中世以来のゲットーからのユダヤ人解放やラビ的な因習の打破に努めた。その際、従来とは異なったユダヤ人のあり方、より一般的に言えば近（現）代的なユダヤ人像の理想が求められた。その課題は彼の場合、ユダヤ人でありながらも、又ライプニッツ—ヴォルフ学派の哲学徒、所謂通俗哲学者として遂行される。かかる哲学の特質である合理性が、他の伝統的宗教におけると同様に、ユダヤ教においては中世的神秘主義に対して、非歴史的で抽象的な悟性でもって突破していく推進力を与えたのである。こうした彼の努力は、政治社会的意味では自らが住まう周囲のキリスト教社会に対するユダヤ人達の同化運動（Akkulturation 或いはAssimilation）[31]として表現されている。メンデルスゾーンはベルリンで暮らし始めてから漸くにしてドイツ語を学び、商人として日常業務に追われながらも並はずれた努力の甲斐もあって、これを自家薬籠中のものにした。否、そのレベルを遥かに越えてドイツ啓蒙期の文筆家達を賞賛せしめた、あの平明で美しい近代ドイツ語の模範的文体を確立した一人と目されるまでになる。[32]こうしたあり方を通して、あくまで個人的レベルではあったが、彼においてドイツ・ユダヤ人同化の理想に具体像が与えられたと見ることは十分許されよう。やがて、この形態を越えて、より本格的な集団的規模でのユダヤ人「同化」の試みが、後のガンス達ユダヤ人世代の課題になるのである。

だが、メンデルスゾーンと後の世代との繋がり、もしくは彼ら世代間における思想的推移を見る際には、歴史と理性に関するメンデルスゾーンの考えに眼を向けねばならない。歴史のうねり、事実が持つ流動性にそなわっている理性的法則性が発見されたことは、言うまでもなく先行する一七世紀の幾何学的合理主義の時代に対して、啓蒙主義哲学の重要な特徴の一つであり、思想史的には最も重要な変化とも看做し得るものだが、[33]ドイツ啓蒙主義の最重要人物の一人でもあるメンデルスゾーンの場合には、かかる意味での歴史性の意識が稀薄なように思われるのである。(34) 彼において理性とは、神の摂理と同様なものとして、あくまでも永遠不変の同質性ないし客観性として考えられており、これに対して歴史的世界の現実は、不確かな偶然や儚く流転する諸々の事実が支配するものであり、結局それは矛盾や誤謬の危険に充ちたものとして認識されている。両者は峻別されねばならず、摂理の真理は、このように理解された歴史的事実に不可避に伴う不確定性を完全に払拭した後に獲得される「純粋な理性の同一性」によってのみ認識可能なのである。(35) こうした考え方が、彼において中世ラビのユダヤ主義の因習からの脱却において、おおいに寄与したことは容易に推察されよう。だが、そこにおいて歴史性とは克服されるもの、端的に否定されるべき対象に他ならず、ユダヤ人であり且つ啓蒙主義者である自分自身も又かかる歴史性の刻印を帯びたものとして、独自の個別性を省察していくことは看過されがちとなる。実際の思想史上の流れにおいては、歴史的発展性の概念やそこに内在する理性は、レッシングの歴史的に「進歩する人類の概念」を経て、ヘルダーに至って漸く、歴史の固有性と民族・国民精神の脈絡において十分な関心が払われることになる。孰れにせよ、メンデルゾーンに代表される近代ユダヤ人の第一世代においては、彼らユダヤ人の固有性（民族性や共同体独自の文化）に関する歴史的認識の自覚はいまだ取るに足りないものとの印象が否めない。依然として抽象的合理性と不変的な神的真理を護持し、社会的活動の様態としては、メンデルスゾーンのような例外的な教養能力を持つ「個人」が努力する次元にとどまっていたのである。やがてこのような性格をおびたユダヤ人解放の試みは、後の思想潮流の変化を受けたガンスら次の世代によって継承され発展していく。それは同時に、より時代に相応しい姿を採ることが要求される過程でもあった。

ウィーン体制成立後の復古的風潮の中、反ユダヤ主義の大衆暴動としては近代ヨーロッパでも最も初期のものであるヘップ・ヘップ騒動（Hep-Hep Judensturm）が一八一九年の夏からドイツ全土にわたって広く巻き起こる。[36]ベルリンでこうした反ユダヤ主義に対抗し、キリスト教徒側の卑俗な宗教的・民族的な偏見を打破する為、同じ一八一九年の一一月七日、当地に居た七人の若いドイツ・ユダヤ人達（ガンス、モーゼス・モーザー、レオポルト・ツンツ達）が「ドイツの連合諸州に居住するユダヤ人達の境遇を改善する」目的の下に集まった。[37]その翌一八二〇年には、その恒常的な組織として「ユダヤ人文化・学術協会（Die Verein für Cultur und Wissenschaft der Juden 尚、Cultur は当時の綴り方）」が彼らによって設立される。[38]やがて先にも述べたように、ベルリンにきたハイネがガンスの斡旋を通じて少し遅れて協会に加入する。ところで、この協会の活動目的はドイツ人キリスト教徒による差別や蔑視を払拭するだけではなかった。こうした偏見を惹き起こしている原因でもあるユダヤ人側における古い中世ラビ的な思考と生活様式の克服、つまりユダヤ人自身の自分達に対する啓蒙活動、[39]加えて将来的にはプロイセンのドイツ人社会の内部で、彼ら若きユダヤ人がより広く社会的に活躍する為の環境整備も目的とされたのである。要するに、周囲のキリスト教徒ドイツ人と彼らユダヤ人の祖先、それら両方に対する政治的革新が企図されていたといえよう。その為に様々な社会改革の方策が提案され、実行が試みられたが、[40]しかし本書との関連ではその根底にある基本的思想の如何が問題である。これを検討する素材としては、ガンスがユダヤ人文化・学術協会の会長として一八二一年から三年間、毎年行なった講演が好都合である。[41]というのは、そこにおいて協会に集まった若き世代に一般的な考え方が表明されているからである。又、次節においては、かかる考えに基づいて執筆されたユダヤ研究と看做すことも可能な『世界史的観点における相続法』のユダヤ人を扱った部分にも視野を広げていきながら、協会を支えた思想を検討していこう。

協会の思想的特徴としては、先ず第一に「学問」に対する意味の変化を挙げねばならない。嘗てのモーゼス・

メンデルスゾーンやマルクス・ヘルツの時代は、商人として本業に従事しながらも、その余暇を見出して学問研究に向かうのが通常であった。[42] その際、関心の中心にあったのは、如何なる人間においても持つべき（不変的）徳性、個人としての内面的規範、及び同じように人間的尊厳を持つと考えられた他者に対する振る舞い方であった。そして政治や社会的問題に対する方策においても、かかる普遍的人間愛と客観的価値に従って行為すべきである。寛容で人間的平等に基づいた民主的制度も、こうした考え方から推奨されたのである。自分達がユダヤ人としてその信仰を堅持する者であること、その歴史的固有性や特色は、こうした抽象的な客観的価値の中で埋没しないとしても、それぞれが折り合い調和的に整合していくことが求められる。これは十分可能であり、その為にも学問は役立てられねばならない。ユダヤ教は唯一無二のものとして他の宗教から区別された存在ではない。その本質は神から啓示された「律法」にあり、それは近代ヨーロッパがもたらした理性による「法則」と矛盾するものではない、との考えが要請されたのである。そもそも神やその信仰は広く存在する事実であり、それは揺るぎなき不変的価値に他ならない。ユダヤの信仰と近代ヨーロッパの理性はそれぞれお互いに相俟って、全きものへと高められねばならないのである。[43] ところでガンスなどの次の世代においては、無論このような考え方はメンデルスゾーン世代の遺産として受け継ぎ、共有財産になっていた。しかも彼らはギムナジウムなどで高等教育を受けた知的集団として、より専門的に学問へ従事することが出来たのである。しかし、その際に問題となったのが、嘗ての世代の考え方における不変性と画一的法則性に他ならない。これと対照的に、とりわけ彼ら世代が着目したのが、既に啓蒙主義において見出されていた歴史に内在する理性、その力動的な発展の概念であった。時代の精神的あり様は、既にヘルダー以後に移行していたのである。かかる歴史的・精神的活動を彼ら若きユダヤ人は自らの現実に引きつけて、学問的課題にしていったと言えよう。その課題とは、自分達ユダヤ人の周囲でキリスト教が支配的力をもつ理由に関して、この宗教がドイツ人社会といった近代ヨーロッパに普及させた価値を世界史的観点から歴史的に考察することで、この理由を探求することである。翻って又、キリスト教的ドイツの中で、現実に存在して生を営んでいる自分達ユダヤ人とその宗教の固有性（とりわけ集団的なそれ）を問うことである。[44]

彼らの結論を先取することになるが予めそれを示せば、次のようになる。つまり、彼ら若きユダヤ人において新たに発見され獲得されたユダヤ人の歴史的個性において、ヨーロッパの共同性の中で自分達の住まうドイツとそこでのキリスト教徒と共に生きていくことは可能であり、更にこの共生によって、より発展した歴史的に豊かな段階に踏み出すことが出来るのである。その為にはユダヤ人の側も従来からのしがらみと血縁、伝統にまつわる閉鎖性を打破せねばならない。協会の会長としての講演で、ガンスはこう話す。

「個別性を要請する者が全体性を最も力強く要求する者であることで、より良き洞察はおこなわれるのです。皆さんが御自身を限定された、その瞬間から忽ち皆さんは誤った規定に達しているのです。あなた方の総合〔ここでは中世ラビ的風習の全体性のこと〕は、結局このような制限から始まっているのです[45]」。

かかる固有性を歴史的豊かさの根底から精神的に把握する課題を遂行するものが、彼らにとっての学問であった。何故なら「一般的なものが生（生活）の中で現われて個体化し、それぞれの個体の中において再び登場した理念を示している[46]」からである。これを学問的に確かなものとして捉えることで、彼らにとって学問は時代の精神的価値そのものとなり得るのである。又、こうした学問に従事することが社会的・政治的実践と不可分であることは、既に協会の具体的施策が示す通りである。後にハイネは協会に参加していた当時を振り返って、次のように述べている。「あの協会の秘めたる目的（der esoterische Zweck）は、歴史的なユダヤ教ないしユダヤ性（das historische Judentum）を、やがて世界制覇を達成するだろうと予期された近代的学問・科学（die moderne Wissenschaft）に仲介することに他ならなかった[47]」のだ、と。協会の中心的人物であったイマヌエル・ヴォールヴィルも、協会員共通の考えを述べた講演『ユダヤの学問の概念について』で次のように述べている。今やユダヤ民族も周囲の時代精神に相応しい姿で調和的発展を行なおうとしており、ユダヤについての学問だけがユダヤ人の固有性（その宗教ならびに民族性）を時代の精神的な力に相応しい姿へと導く手段となり得るのである[48]、と。他の協会員と同じく、そこでもユダヤ人における歴史性の自覚は自らの固有性を自覚させるのであり、しかもそれは周囲から孤立することで成り立っていた静謐な中世ラビ的な共同性[49]においてではなく、周囲の世界全体と調和していこうとする躍動的な姿で為されるのである。蓋し、歴史的世界の全体はその根底において流動的で変化に満ち、その活き活きとした精神的力に即応しようとしない静態的な制度や慣習は、やがて全体性の観点から破棄されてしまう。我々ユダヤ人は周囲で歴史的に生成してきたキリスト教社会と共にあらねばならないのである。ガンスは言う。「数千年来、お互いに触れ合わずに傍らを歩んで来たことを、双方から和解へと導くように望みましょう[50]」。

これこそまさしく我々が先程見たフンボルトのユダヤ人同化政策に対するユダヤ人の側からの応答に他ならない。当時は一般にユダヤ人の「同化」の時代と呼ばれるが、かかる同化には、以上のような考えが根本に存していたのである。ガンス達の世代の課題は、メンデルスゾーンら啓蒙主義世代の継承を通して生まれたことは、次の言葉からも窺い知ることが出来よう。「さながら自然の中で個が類へと高められて、それ自体が総体性の中へと吸い込まれるように、人類の課題も次のようになる。期待された人類の完全性が、目的地点となる究極の境界である一般性へと向けて、特殊性を自身がますます広汎に拡大して崇高にしていくのである」[51]。そうして又、彼ら若きユダヤ人の協会は、このように先輩世代の理念を継承しつつも、その克服を次のように宣言するのである。

「正当にも口の端にもたらされた言葉、啓蒙主義という言葉に対して異議申し立てをすることは躊躇されており、いまだ飾り立てられているが、これも又、深化していくことが明らかに不可能な場合には、不十分な護符として斥けられねばならない」[52]。

彼らにとって、かかる啓蒙主義を深化させ克服していくことは、学問を通じてユダヤの歴史的固有性を自らが問い、且つこれを明らかにする――近代ユダヤ史上初めての――試み（即ち、Die Geburt der »Wissenschaft des Judentums«）[53]によって果たされる。ユダヤの学問とは、以上の意味における同化を達成しようとする歴史的文脈の中で開始されたのである。先の講演でヴォールヴィルが、ユダヤについての学問を具体的に述べている。「ユダヤ性（教）がどのようにして時代と共に発展し形成されてきたかを、先ず歴史的に解明することであり、次にユダヤ性（教）をその内面的な本性と概念に従って哲学的に解明することである。そして、これら二つを明らかにする為には、ユダヤ性（教）に関する文献についての言語学的知識が必要となる」[54]。つまり、歴史、哲学、言語学ないし詩などの文学的研究、これらに対して協会員達は、それぞれの関心に応じて携わらねばならない。そしてここからレオポルト・ツンツを端緒とするユダヤの学問は、現代にまで影響を与えるものとして成長していくのである。そうして又、孰れも最後まで成し遂げられないまま終わった、二つの未完成の作品、即ちハイネの散文詩『バッハラッへのラビ』[55]とガンスの『世界史的観点における相続法』第一巻——これはユダヤの相続法を扱う章を含むものである——は、もともとは協会が設立したユダヤ関連資料館に収めるものとして、着手された仕事であった。

しかしそれにしても、彼ら若きユダヤ人が近代ヨーロッパで培われた学問に傾倒して、従来からの伝統的生のあり方、古来からの宗教的共同性を破棄することは[56]、やはり自らの歴史的固有性、それがもつ個人を繫留させる力を解消してしまう危険は存在しないのだろうか。直截に言えば、同化とは所詮キリスト教ならびに近代ヨーロッパの政治社会に対する迎合に他ならず、ユダヤ人の自己否定ないし自己破壊以外の何ものでもないのではなかろうか。この当然の疑問に対して、ガンスは力強く反論する。

「ユダヤ人は、ヨーロッパ社会に完全に同化すべきであるという現在のヨーロッパの要求は、とどのつまりヨーロッパの概念の必然性からもたらされる。このようにユダヤ人社会がヨーロッパ社会に同化することを如何に解釈すべきかの問いに対する答えも又、今述べた概念から導き出されてくるのである。〔近代的欧州への〕上昇は（aufgehen）は没落（untergehen）ではない。我が身のことしか念頭にないような自治は廃棄されねばならない。しかしながら、全体性に従属した自治はこれに該当しない。そして全体性に奉仕する必要の為に、自己の本質性までも捨てねばならないことではない。同化を受け入れる側は、同化された分だけ豊かになるだろうし、同化せず対立のままであるならば、その分だけ貧しくなるだけにとどまらない。加えて、今日ヨーロッパと呼ばれる概念にも矛盾することになるであろう[57]」。

つまり、概念としての自らの本質に乖離するということである。このような普遍性の理念をガンスは自らの根幹とし、かかる概念からの必然性に基づいて、キリスト教的ドイツに対するユダヤ人の和解と融合を目論んだのである。ユダヤ人が周囲に広がるヨーロッパ世界の一員となることは、自らの破壊ではなく、その本質及び固有性をより豊富に発展させることに他ならない。翻ってそれはヨーロッパ全体に対して多様性を刻印することでもある。よって次のように提唱される。「ユダヤ人はそこへと吸収されるべきであり、それはこうした概念の必然性からもたらされるのである」[58]。しかし、このような考え方には、ユダヤ性を歴史的概念の必然性でもって確かなものにしようとの努力とは裏腹に、やはり流動的な歴史過程の中に位置付けたことで、自分達のユダヤ性の価値を相対化してしまう危険も伴うであろう。実際のところガンス達若き協会員に、この危険がさほど切実に意識された様子は見受けられない。だが、以前のあり方を変革することは、このような歴史的経過においては自分達の価値を相対視するよりも、それ以上にユダヤ人が受けてきた過去のくびき（ゲットー内部からの、或いは外部にあるドイツ封建制の束縛）から解放され、他の諸国民と同等の諸権利を持つべきという政治的自由化を促進する方向に作用したのである。中世伝来の生活慣習を固持しているユダヤ人は自らを神聖なものとして特別視しているが、実際のところ頑迷に時代の発展を拒絶することは「未だにただ素朴な植物的生を素っ気なく外化」させているだけである。結局「彼らは全体の関連性から孤立することによって萎え衰え死んでしまう」に違いないだろう[59]。この危険の方こそ、ガンスや他の協会員達には、寧ろより差し迫った危険と考えられていたのであった。ところで、確かにその言葉づかいや思考方法は異なるが、晩年のハイネも少なくともこの点においては、ガンスと考えを同じくしている。つまり、ユダヤ人と周囲のドイツ人との協調を次のように述べているのである。「彼ら〔ユダヤ人〕の事柄はドイツ民族のものと同じである。そしてユダヤ人は、とうの昔に自分達がドイツ人として与えられて当然なもの〔つまり解放と自由〕を、ユダヤ人としての立場で欲しがるまでもない」[60]。これに加えて、「しかし、ドイツに一五〇〇年前から住み着いているドイツのユダヤ人と、キリスト教徒のドイツ人との間に、国民として現実にそんな大きな違いがあるだろうか。絶対に否である。興味深いことに、既に最も古い時代においてユダヤ人とゲルマン人との間には、とても大きな親和力が支配していた」[61]のである。以上のような共通の考えに基づいて、協会ではユダヤ人のキリスト教的ドイツとヨーロッパに対する接近と和解、それらの融合が提唱されたのである。協会の会長が代表して述べていることは「皆さんがキリスト教徒とユダヤ教徒とを、ヨーロッパ世界とユダヤ世界とを分断したままにしている、あの隔壁（Scheidewand）を引き倒す手助けを要求すること」[62]であった。そして、それは究極の理想として次のような姿にまで達するのである。

「この機会に祖国ドイツで最も高貴な人々の一人であり、そこでの最も偉大な神学者と同時に詩人でもある方の言葉を思い起こして頂きたい。即ち『ヨーロッパにおいて、もはや誰がユダヤ人であり、或いは又、誰がキリスト者であるか問われることのない時代、その時は来たるであろう』、と。〔改行〕こうした時は、その時が皆さま方すべての力と努力を伴って導かれるほうが、どのみちそれが到来するよりも、より間近にもたらされるのです。これが〔我々の〕課題であり、……皆さまの団結によって定められることは、これであります」[63]。

ところで或る論者の指摘に依れば、このドイツの高貴な神学者である詩人とはヘルダーとのことである[64]。であるならばヘルダーのヨーロッパ共同性がこの時のガンスの念頭にあったものということになる[65]。確かにこれはその通りであろう。実際、我々が今までメンデルスゾーン達のユダヤ人第一世代にまで遡り、そこから辿ってきた思想の流れで顕著なものとは、まさしくヘルダーを始めとする歴史主義の諸特徴に他ならない。かかる思潮の変化が一八〇〇年前後を区切りにした新旧ユダヤ人両世代においても、彼らそれぞれのたたずまいの中に、反映していたのである。しかし、やはりここで問題にされねばならないのは、ガンスと彼に代表された協会で支配的影響力を持った思想とは、ヘルダー以上に、寧ろその後を担ったヘーゲル哲学であったことである。キリスト教的ヨーロッパの共同性にしても、かりにヘルダーのそれが具体的なキリスト教の神を頂点として中心で君臨し、その下において様々な国民・民族の普遍的共同性が考えられていたとすれば、確かにそれは多くの協会員にとって受け容れ可能な考え方ではあろう。だが、講演においてガンスの説明するヨーロッパ共同体の普遍性とは——たとえ名前は出されないにしても——実際のところヘルダーよりもいっそうヘーゲル哲学の語彙で彩られているのである。それは先の講演において、ヨーロッパへの同化はユダヤ性の解消ではなく上昇であり、より豊かな全体性の中で、具体的多様性がユダヤ人のあり方を通してヨーロッパにもたらされる、とガンスが述べたことからも看取される。つまりヨーロッパが近代（彼らからすれば現代）に至る歴史的発展とそこで実現された普遍的共同性は、ガンスの考えるところでは、ヘーゲルの絶対精神が顕現していく過程に他ならず、彼らユダヤ人の新たな姿も又、このヘーゲル哲学から時代に相応しい形で教示されるのである。次に、この哲学の影響力を検討することに移ろう。

ガンスは現在の姿に発展してきたヨーロッパについて次のように述べている。ヨーロッパの歴史的発展は、例えば、喜怒哀楽をもった全能の人格神による自由な決定、或いは反対に、単なる偶然的出来事の集積によってもたらされたのではない。それは「世界史の只中において、自らを開示する理性的精神（der vernünftige Geist）が[66]

何千年にわたって努力した必然的結果（das notwendige Ergebniß）である」[67]。「実際のところ、その企図は計画において思惟を試みるのであり、偶然に生成してきたものではなく、意思していく力を知っているのである」[68]。世界史における他の時代と同様に、我々の時代においても、理性的精神は「自らについての意識を獲得しようとしている。更に、それは単に存在することを欲するだけでなく、自身を知ろうとしているのである」[69]。ここで注意されねばならないのは、ヨーロッパの精神が自らを意識していく過程の特徴として、常に自らに対して反対する状態（Widerstand）を見出すことを要請されている点である。つまり、否定性ないし反措定が行なわれているのである[70]。これが克服される試みの中で、かえって敵対する様々な個別性が発見され、ひいてはそれらがあるべき形で保存されることへと向かっていく。このようにして、より豊かで多様な分肢を具えた高次の有機的統一性が生み出される。これを歴史発展において実現しつつあるのが、まさしく現在のヨーロッパに他ならず、その独自の価値は「多数に分肢した有機体の豊かさに基づいている」[71]。かかる意味での理性的精神の意思が自らを意識し、自身を知ることを欲することで、ヨーロッパ近（現）代は他の時代以上に個別性を包含した、より高次の有機的統合体となり得るのである。ガンスはそれを「様々な身分と関係性における多様性、常に近くにあって背後を支える精神の完成された業績」[72]であると述べている。そして、ここで意義を持つ概念は「全体性の裡にのみその統一性を持つ多数性」[73]の中に見出されねばならない。ヨーロッパの共同性へのユダヤ人の統合、つまり全体に対するユダヤ人の参加は、その個性を解消してしまって没落を招く（Untergehen）ことではなく、より高次の存在になる（Aufgehen）というガンスの楽観的な見通しは、このようなヘーゲル哲学に倣った具体的普遍性に裏打ちされていたのである。

そして、ハイネも又、この協会の活動が最盛期であった一八二二年の秋に執筆したポーランド紀行文の中で、彼にしてはめずらしく率直にヘーゲルの名前を出して肯定的な考えを述べている。それは、ポーランドでこの哲学が普及していく様子を賛意を交えつつ伝えるくだりにおいてであった。「彼ら〔ポーランドの若者〕は気高き知識欲と模範的な熱心さでもって、学問のすべての分野に邁進し、とりわけ哲学をその源泉において、即ちヘーゲル哲学が教えられる様々な講堂の中から汲みとっている。……まさに最も奥深い意味を持つ、このドイツ哲学者に興味を持ちえたこと、……それは好ましさを示している。このことは、我々の時代における精神を把握したこと（den Geist unserer Zeit begriffen haben）を明らかにしており、学問はその時代の刻印、その趨勢なのである。」(74)。そして後においても、現代ヨーロッパの特徴として、まさしくヘーゲル主義者ガンスと同じような見解を――無論彼やヘーゲル自身の名前は挙げないで――表明している。つまり、「国民性にまつわる愚かな偏見は、日々ますます消え去りつつあり、顕著な特殊性は、すべてヨーロッパ文明という一般性のもとへと下っていく(75)」のだ、と。又、モーザーに宛てた一八二三年八月二三日の書簡では、ハイネは自らの信条を率直に明らかにしている。

「僕がユダヤ人の宗教に対して熱狂した者だという妄想は、もう彼らからは始末した。熱狂的になるのは、ユダヤ人の諸権利と彼らの市民的平等に賛成すること、このことを僕は告白する。そして避けられない苦難の時代に、僕の声が響きわたるのをゲルマンの下衆どもは様々なドイツの酒場や宮殿で聞くことだろう。しかし、すべての既成宗教に対する生来の敵たる人間としては、現在こんなに多くの痛みを惹起させた、あのせせこましい人間性を初めてもたらした宗教に賛成する王者などにはならないのだ。それにもかかわらず、或るやり方でこのことが起きているのは、優しい気持ちや頑迷、そして解毒剤を用意する備えといった特殊な理由があるからなんだ。……(76)」。

ここには堅固な伝統に縛られた既成宗教であるユダヤ教を盲信しない、というハイネの決意とともに、新たなユダヤ性に向けた期待の念——政治的な権利・平等と、その模索——が明らかにされている。少なくともこの点では、確かに両者の性格や思考様態には違いがあるにせよ、ガンスとの共鳴を察知することは誤りではないだろう。[77]

協会においては、こうしたヘーゲル主義の観点に従って、学問やユダヤ人にまつわる問題状況も解釈されていく。協会員達から見れば、伝統的なラビによって継承されてきたユダヤの学問は、「ユダヤ性を大きな全体性の部分〔分肢〕として考察せずに、寧ろ他のすべての枝々との連関性を持たないままに、閉鎖的で孤立した〔ユダヤ性の〕学問として考え、取り扱っているのである」[78]。こうした形での孤立は概念的に誤った独立性に過ぎず、これに対して主張される協会の学問とは、ラビ主義の伝統からの「研究の完全な自由を要求する。と同時に、全体性における個々の部分〔分肢〕が又、部分〔分肢〕としてもあることで独立性をも主張するのである」[79]。協会において目指される学問とそれを背後で支える理念において「我々は〔伝統的なユダヤの〕分立主義やそこでの実利性よりも高く立たねばならない。その理念はそれが自身を規定し、外化された様々な分肢と差異の中でもたらされるのである。そして、それが産出者であるところでは、孰れにしても産み出されたものは育まれて守られねばならない」[80]。このようにして、有機的な全体性に属する分肢としてユダヤの学問と、理性的なヨーロッパの時代に相応しいユダヤ人の歴史的存在は定められたのである。しかも、これは「嘗てはまったく実在しそうに見えなかったものが、巨大なあり方の進歩を伴いながら開かれ、学問と認識が対自的になることで力強い構築物となる」[81]といった歴史的全体性の運動が必然的にもたらしたものに他ならない。

そして又、協会においては、従来からの伝統的ユダヤ教徒とその神が孕む問題性に対しても、批判的考察が行なわれる。ここでもヘーゲル哲学の規定に従うかのように[82]、ユダヤ人とその宗教の神は歴史的に「未だまったく多数性へと至らない統一[83]」として述べられる。ヘーゲル自身において伝統的なユダヤ性は、自らの内部に様々な具体的個別性を持たない抽象的存在にとどまるものとして特徴づけられる。こうしたユダヤの抽象的特徴が――次節では後の時代においても、再びかかる特徴を見ることになるだろう――古代において宗教、法律、国家の人倫性がそれぞれ十分な個別的規定へと発展出来ないまま、未分化に終わった理由である。確かにこれは、ヘーゲルの宗教哲学において、ユダヤの神が世界史上初の精神性を具えた唯一神「一者（Einer）[84]」であった、その肯定性の反面でもあろう。孰れにしても、こうした問題をかかえる伝来のラビ主義のくびきからは脱却せねばならない。まさしく、これを彼らの時代において初めて全面的に行ない、精神の主観性を自由なものとして解放せしめた点に、メンデルスゾーン達先輩世代の功績があった、と協会では考えられる。そして次なる世代の課題は、解放によってもたらされた自由をより発展させる為に、その限界を乗り越えていくことである。ここにおいて、協会の使命と思想の特徴は顕著となる。それをガンスは次のように説明している。メンデルスゾーン達の第一世代の努力によって獲得されたもの、確かにそれは「その桎梏から自由になった主観的精神、その個体として否定的に振舞うことの中にあった個人性は、自身に強いられたものではなく、自ら望むものとして還帰していくことの出来る力強さ、これを獲得する目的で、長きにわたって固持されねばならなかった[85]」。だが、彼らにおいて「本当に自由になったもの、そして本当の意味で対自的にあるものは、再び自らを結び付けて、確固とした実在性へと差し戻されることによって自らを解消するのを通じて、こうした解放を祝福するのである。しかし、還帰しないものは、その個人性が飽和するほどに力強くなった後は、孤立したものへと衰弱していく。それは死であり、その外化は抹殺へとゆだねられる[86]」。つまり、解放された主観性の自由は再び現実性に還帰せねばならない。さもなくば、フランス革命期のジャコバン派独裁の恐怖政治、ならびにそのドイツ哲学版、つまりフィヒテの自我課題に他ならない。

哲学の轍を踏むことになる。(87) そうでなければ、伝統を重んじるラビ主義ではお馴染みの孤立性・分立主義に陥るだけである。こうした自由をより良き真の現実性の上に定礎するのが、ガンスら若きユダヤ人達における時代的課題に他ならない。

かくして時代とその思想は移り行き、新たに自覚されたユダヤ人の課題は嘗ての啓蒙主義の哲学は言うまでもなく、それに続くヘルダーの歴史思想にも、彼らは十分に満足するものではなかった。以前におけるように、「如何にして優れた内面的徳を具えられるか、或いは個人としての実践的あり方はどうあるべきか」を考察することから、「現実の社会制度内部におけるユダヤ人集団としての歴史的固有性は何であるか、そこでの自由の現実性はどうあるべきか」に問いが移動したのである。(88) しかも、これはユダヤ人としての政治的問いと不可分であり、キリスト教徒だけが優位にある具体的普遍性の共同体（ヘルダー）でなく、その下でユダヤの信仰を持つ人々とも新しい関係が保たれる至高の絶対的精神が要請される。こうした問題への対処にすぐれて現代の哲学として意義を見出されたのがヘーゲルである。ハイネは、当時の協会で支配的であった脱啓蒙主義的な雰囲気を次のように回想している。「ラーツァルス・ベンダーフィトは……こちこちのカント主義者であった。そして僕はこう述べたことで、彼の精神の限界も示唆したのである。僕らがヘーゲルの哲学について話すと、彼は禿げた頭を振って『それは迷信だ』と言うのであった」。(89) とりわけ、ヘーゲルの国家概念が彼ら協会員のユダヤ人達に新たな展望を与えたのである。そして、ここにおいてガンスのヘーゲル主義は最高潮に達する。つまり彼の果たした歴史的役割は、現代のユダヤ人にとってヘーゲルの国家哲学が最も相応しい、と説いたことで鮮明となるのである。(90) 講演でガンスは人々に次のように呼びかける。

「諸君が国家に対して、それぞれ人倫の中で同胞となることを最高度に思い描かれるのであれば、それぞれ個々人の気持ちの中でも、馴染みあるものになるだろう。今では夜半のイスラエルに、もう火の柱はありませんが、日中においても暗雲は群れをなしております。このような雲はかき散らしてしまいましょう。一族が衰退をこうむって、もはやより高きものへ懸命に努力することが考えられなくなった時代には、過ぎ去った頃の過ちが往々にして力を持つものである。……我々は、純粋にして最高の思考——その名誉を失わない手段で——を懐に抱き育んでいこう[91]」。

このようなユダヤ人のあり方に共同体という現実性の姿を与えたのが、ヘーゲル的理性の国家概念である。成程、新しい故郷となるべきヨーロッパは、未だあるべき国家として十全なる姿を現わしていない。しかし嘗てあったユダヤの故郷は、古来からのラビ主義の弊害にまみれて支持しえないものとなってしまった[92]。「学問」という時代精神によって陶冶された新しい世代は、自らに相応しく知性的手段によって、共通の人間性や神聖な関心を共有する仲間達との絆を現実性に即して見出していかねばならない[93]。確かにヨーロッパの共同性の中で、現代のユダヤ人は伝来の閉鎖的共同体から——ならびに、これを強要したキリスト教的封建制から——解放された。だが単なるヨーロッパ市民ではありえない。かかる理念が具体的な現実の紐帯、つまり祖国の制度として顕現されない限りは、それはあまりに抽象的なのである。素朴な概念に過ぎないヨーロッパ共同性は、現実性を与える国家という裏付けのない統合性にとどまる。一般性からいったん抜けだした主観的自由（ユダヤ第一世代の功績）は再び折れ返って、現実内部にある連関を普遍性としてもう一度獲得しなければならない。つまり十分に具体的な個別性——ユダヤ性も又その一分肢である——を包含しながら、自身もより大きな全体性（欧州）の中にある統合性（国家）が要請される。そうではなく、より高き全体との繋がりなき統合性（中世ユダヤ的な分立主義）にとどまるのならば、結局はそれも又ラビ主義と同じような閉鎖性や、そこでの独善という誤りに陥ることになろう。これを克服する為には、我々は祖国という現実性へと還帰せねばならない。他でもないガンス達の世代にこれを果たす使命が課せられていると考えられた。というのも、「変革へのそうした戦いは統合への必要から生じるし、嘗ての時代においてかかる統合は為されなくても構わないに違いなかった(94)」のだから。

ところでガンスの言う「祖国（Vaterland）」は、自然的要求の必要によって結び付けられた（fesseln）共同体とは区別されるべきものである。ここで区別されている自然的共同体とは、家族のような物質的欲望の充足、ないし血縁や出生、仲間関係に基づく集団である。同信者達の共同体も、これに該当する。「自然的な福利――これはとりもなおさず、一般的にそれぞれ粗悪になった人間達の階級（Menschenklasse）、不良化した同胞においても要求される――が、我々を同信者達（Glaubensgenossen）に結び付ける(95)」のである。これに対して、祖国とはより良き意味での教育と人間の陶冶（Menschwerdung）のおかげで結び付いた共同体に他ならない。この目的の為に彼らユダヤの学問が貢献することは当然である。そして、より関心を引くのは祖国、とガンスに呼ばれた国家は、同じ一つの真実の愛によって、自然的共同体との対立や矛盾に陥ることがないと考えられていることである。両者それぞれにおける義務や敬虔な感情は、お互いに不可欠なものとして把握されている。「忠実に自らの義務へと敬虔に献身する市民であるそのあり方が、殆どいつも同時により良き愛情に満ちた家庭の父親でもあるのである。国家――この国家として［これは又］より大きな家族である――に対する生き生きとした熱意や奉仕のやり方は、妻や子供達に対する特殊でそれぞれ個別にある福祉を解消した状態なのではない(96)」、とガンスは述べる。即ち、ここでもヘーゲル的な人倫の立場が看取されるのである。

更に興味深いのはガンスのこの講演と同時期（つまり改宗以前のユダヤ教徒でもあった頃）に属す——次節ではそれを後の時代に行なわれた講義と比較しながら検討しよう——『世界史的発展における相続法』第一巻で、モーゼの律法時代のユダヤ人とその国家の特徴として、ヘーゲル的な特殊性への還帰が述べられていることである。古代のユダヤ人は、他の近東アジアの諸民族から際立たせる点として「すべての特殊性から解放された純粋な抽象性が、その特殊性へと還帰したもの。一人の神は、選び抜かれた存在であるユダヤ民族の神となるのである。彼らの外部にある世界に神と法はないし、世界はこの一民族に奉仕するだけでしかない。この民族はオリエント世界の諸形態に対してはまったく意義を持たず、異なる段階〔つまりヨーロッパの段階〕にある」[97]、とヘーゲル的概念を用いながら、それは高く評価されるのである。成程、こうした特殊性の発展には留保が付けられる[98]。しかし、古代ユダヤでも国家において特殊性への還帰が行なわれ、現実性が獲得される、とガンスが考えていることに変わりはない。しかも、こうした国家が完全に実現される近（現）代ヨーロッパの歴史段階より以前に、モーゼ時代のユダヤにその萌芽が見出されているのである。ところで又、このような発展の顕現する国家だからこそ、義務と愛情に価するのであろう。そして、こうした意義を持つ国家だと考えられたユダヤ人解放勅令当時の「祖国」ドイツに対して、ガンスは忠誠を誓っている。協会に集った人々に対して、こう言うのである。我々ユダヤ人は「祖国を持っているのであり、この国家の喜びが許されている。我々は知性ある国家の市民であり、穏和な支配者の臣民である。そしてこの喜びは認められたのである[99]」、と。かくして、少なくともガンスの見るところ、ヨーロッパの歴史過程においてだけでなく、更には祖国と呼ばれた理性的ドイツ国家の中においても、新しいユダヤ人像とその歴史的固有性は、一分肢として定礎されたのである。それは又、後の検討でより明白となるが、ユダヤを他の諸民族の一つと相対視させることにも繋がっていくヘーゲル的世界史の観点によって、可能となったものでもある。ハイネも同様に――やはりヘーゲルの名前を殊更持ち出さずに――彼一流のレトリック、その反語的逆説の言葉づかいでもって、こうした普遍的全体性の中における特殊性を、新たなキリスト教的ドイツの友愛として讃えている。「……それ〔死闘〕を通して、死から生がもたらされ、異教的な国民性（die heidnische Nationalität）からキリスト教的な友愛（die christliche Fraternität）が立ち現れるであろう。ここで僕は、愛が一番愛らしく映しだされている、美しき特殊性まで全部捨て去ることを考えている訳ではない。そうではなくて、それは、僕達ドイツ人が最も頑張って追求し、僕達における最も気高き国民的語り部であるレッシング、ヘルダー、シラー、或いはそれ以外の諸々の人間が、優れた言葉で表わした全人類同胞の融和、その本来の意味におけるキリスト教のことである[100]」、と。

しかしながら、その際に絶対必要な前提であった、ユダヤ人の解放勅令は、既に以上の如きガンスの言葉が発せられていた一八二二年には、王自らによって無効と宣言されることとなる。そして当時の宰相ハルデンベルクは、ガンスにベルリンでなく他の土地――例えばフランス――でポストに就くことを推奨して奨学金を供与するのである[101]。協会のほうも、会長を中心とした人間的な軋轢に加えて、一八二三年以降は財政的困難等々が原因となって、さながら自然死のような運命が避けられなくなっていく。こうした厳しい現実によって、夢想的とも言えた彼ら若きユダヤ人の理想主義は、あっけなく潰えたのであった。ところで、ハイネはどうしていたのだろう。繰り返しになるが、ガンスに対して彼が素直に共感を抱き、内心では思うところがあっても一緒にやっていくことが出来たのは、協会での活動が何らかの形で実践されていた期間だけであった。ここでは、書簡に見受けられた彼の言葉を紹介するにとどめ、詳細は次節にゆずることにしよう。

「こんな僕の辛辣さを許してほしい。あの勅令の取り消しによる痛打を、君はこうむらなかったのだから。それに全部をそれ程本気で言っているのでもない。昔でさえ、そうでもなかったけど。僕も、髭を垂らしてみたり、ユダヤの輩めと後ろから叫ばれたり、はたまた断食等々をする力もない。過越の節のパンを、きちんと食べる力が僕にはないのだ。いまのところ僕は或るユダヤ人のもとに住んでいて（モーザーの一家とガンス）、いま普通のパン（Brot）の代りに、過越の祭りのパン（Mazzes）に手を出してみると、自分の歯をばきんと折ってしまった。だけど、僕は自分を慰めて、そうして思うんだ。まさしく僕達はディアスポラの渦中にいるのだと。……[102]」。

第二節　反感――改宗と「疎外」の時期において

一八二五年の六月と一一月にハイネとガンスは、ユダヤ教徒としてキリスト教的なドイツ社会でやっていく希望に見切りをつけ、当時のプロイセンで正教と位置づけられていたプロテスタントにそれぞれ別々に改宗していく。[103] これによって、彼らに対する形式的障害は完全に取り払われた。自嘲をまじえてハイネが吐いた有名な科白である「ヨーロッパ文化への入場券（Entreebillet zur Europäischen Kultur）」は、協会によるあくまでユダヤ人としての「同化」ではなく、迎合的な改宗という厭うべきやり方で手に入れられたのである。これは又、ユダヤ人が自らの信仰を持つものとして、或いは独自の歴史的存在としてドイツ国家と融合し、そこで普遍的共同性を形成するとの理念が重大な危機に陥ったことをも意味する。時代を表現する言葉は、ユダヤ性の「同化」からその「疎外」へと移っていたのである。だが孰れにせよ、ガンスにとって改宗は期待された効果を生み出すこととなった。彼は改宗後、師及び庇護者でもあるヘーゲルの支援もあってベルリン大学法学部の準教授、正教授と順調にプロイセン国家の階梯を昇って行き、第二章で議論したように、歴史法学派に対抗しえた当時唯一の反対者として一世を風靡する存在になってゆく。ここで留意しておかねばならないのは、その際彼のヘーゲル主義が、以前から同じく一貫して――たとえ周りにいた昔の仲間達がどうであったにせよ――変わるものでなかった点である。実際彼にとって、この哲学者によってドイツ社会で活躍するチャンスが開かれたのだし、少なくともヘーゲル哲学に関しては、疎外された他のおおくのユダヤ人とは異なって、協会の時分からの変節を強いられず、「例外的なユダヤ人」となりおおせることが出来たのである。では、その彼の揺るぎなきヘーゲル主義において、ユダヤ性に対する考え方や彼の態度はどうであったのだろうか。そこでも、以前と同じ立場を堅持しえたのだろうか。これが本節で問題とされる主題の一つである。我々がそれを明らかにするためには、彼がベルリン大学で行なった講義録が良い手懸かりとなるだろう。更に、この講義録と改宗前に執筆していた『相続法』第一巻の古代ユダヤ人を扱った部分とを合わせて考察することにより、改宗、及びより一般的な意味におけるユダヤ性が、ガンスにとって如何なる意味を持ったか（或いは持たなかったか）が明らかになってくるだろう。

ところで、改宗後のハイネは「疎外」の時代に見合った辛酸を舐める運命にあった。ガンスと同じくベルリンやミュンヘン、各地の大学で文学関係の教授職に就くことを試み、或いは又、法学博士[104]として弁護士になることも試みたが、孰れも悉く失敗に終わった。豊かな商人である叔父の援助で商売――これもやはり彼の希望ではない――に手を染めたりもしたが、やはり芳しい成果をあげられないまま頓挫する。改宗によっても、キリスト教的ヨーロッパ社会への入場券は獲られなかったのである。それは丁度、先に引用した書簡にもあった通り、嘗ての伝統的なユダヤ人の生活を――ガンス達と一緒に――捨て去った後も、ドイツ社会の中であるべき居場所は見つからず、まさしくディアスポラと言ってもよい状態であった。結局彼は在野の詩人、又は政治評論家として、しかもユダヤ人の誹りを拭い去れないものとして[105]、彷徨っていくのである。一八二五年の改宗後、叔父の援助でイタリアやイギリスへと幾度も外国旅行を行ない、遂には一八三〇年ひとときとの思いで七月革命後のフランスへ渡ったのを最後に、生涯そこに住まうことになる。この間、ガンスをはじめとする協会時代の仲間達の状況が彼の心から離れなかったことは想像に難くない[106]。とりわけガンスに対する気持ちが他の人間以上であったことは、鵞鳥（ドイツ語ではGans）のレトリックでなされた喩えや皮肉、当て擦りがハイネの書いたものに頻繁に見受けられることからも窺い知られよう。例えば、彼の代表作として名高い『ドイツ、或る冬のメルヘン』の時代に至っても、それは変わらない。一八四三年のフランスからの帰郷で再会した母に、ドイツとフランス、どちらがいいかと聞かれ、彼は次のように答えている。「愛するお母さん、ドイツの鵞鳥はうまいことはうまいですよね（Ist gut）。だけどフランス人のほうが我々ドイツ人よりも、体裁良く鵞鳥を詰める（stopfen）ことが上手ですよ。それにあそこにはもっと良いソース〔見栄えを良くするというレトリックか〕もありますし[107]」。今までの検討を念頭におけば、ここにおけるハイネの言葉は、同じ知仏派としての対抗意識——つまりフランスかぶれのガンスは見栄えだけのにわか仕込み野郎——の所産と見ることも出来よう。それに改宗後まもない頃では、先にも触れた『ハルツ紀行』（一八二六年公表）における所謂アルプスの悪夢が挙げられる[108]。他にも、イタリアのルッカへの湯治旅行記では、その地でドイツの歴史法学派とガンスの率いる哲学的法学派との論争を尋ねられて、こう答えている。「貴方は事実無根の嘘を教えられていたのですよ。ガンス氏はダンスなんてまったくいたしません。地震が起きませんように、という人類愛からの理由だけからしても踊りはしないでしょうよ[109]」。そして興味深いのは、このようなハイネの中傷は専らガンス一人に向けられた個人攻撃の形を採ったことである。そうさせた彼の内面では、一体何が起きていたのか。彼自身にとって他の協会員ではなく、ガンスはどのような存在として映っていたのであろうか。この点を理解し、それを踏まえたうえで、ガンスの講義録を検討することによって、二人の個性とユダヤ性に対する両者の考えの差異が明確となろう。そして、やはりここでも鍵となってくるのが、ヘーゲルに対するそれぞれの態度なのである。

　多くの研究者が一致しているところに依れば、ここでハイネにおける所謂「やはり、それでも（quand même）」のモメントというものが指摘されている。それはたとえ実際の現実が、こうでしかありえないとしても、やはりそれでも内心ではかかる現実とは折り合い難い感情のわだかまりが存在し続ける、というものである。その際ガンスは、ハイネの謂わばアルター・エゴ、もう一人の自分自身と看做される。何故そのようなことが可能なのか。それは似たような考え方と志を持った二人が、これ又同じような経緯を辿って改宗したことに起因する。つまり、ハイネはユダヤ教を捨て去った罪悪感に苛まれ、その結果ガンスをスケープ・ゴートにして、実際は自分自身を罰したと考えられているのである。[110] そこではガンスの精確な人間像からというより、寧ろ改宗で傷ついたハイネの内面的事情の故に、そうせざるをえなかったとされている。実際それはただの月並みな私怨として片付けるには、あまりにも微妙で複雑すぎる感情である。現実に彼がガンスを憎んでいなかったと完全には言えないし、単純にその逆でもない。専らハイネの側だけを問題とする限りは、確かにそういうことではあろう。それで心理学的な背景や歴史的事実の説明がつくからである。だが、ここでの関心からより注意を向けられねばならないのは、こうしたハイネの感情が、たとえ代償行為や単なる近親憎悪だったとしても、ガンスとの間にはその感情につきまとう何らかの人間性のくい違い、ひいてはそこに見られる思想上の差異が存在し続けることである。それをハイネは直感的に気付いていたのではないだろうか。孰れにせよ我々は虚心坦懐に、彼ら自身の言葉に立ち返らねばならないだろう。しかし、この問題についてガンス自身の踏み込んだ考えを記したものは現在殆ど残されていない。そもそも最初から彼はこの点に関する発言を慎重に差し控えた様子すら見受けられる。だが幸い「やはり、それでも」の解釈を裏付けるものとして、必ずと言ってもいい程引用されるハイネの幾つかの書簡がある。その一つは、現在でも入手可能な改宗後のガンス自身に宛てた手紙である。書かれたのは一八二六年五月二六日、協会が破綻をきたし、二人が改宗した後、暫く経った時期にあたる。

「親愛なるガンス　大切な学問上の友

学問上の友というのは法律学についてであって、神に関わる学問に対してではない。『親愛なる』との言葉は僕の心に関してだけど。いまでも内心ではいつにもまして好意を抱いている。そして真心を込めて——やはり、それでも（quand même）——そう思ってる。もしそうでなかったら、やはりこんなにしてさえ（quand même）君に宛てて書いたりなどしなかっただろうに。僕が自分の魂の奥底で、僕達の執筆した本がもう〔改宗のせいで、ユダヤ研究にとってかけがえのない〕資料にならないことを怒ってるのが君には理解出来ないだろうね。僕が君に対して、従って又、僕自身に対して憤懣やるかたないことも君にはわからないんだろう。そしてまさしくこんな怒りのせいで、それにも拘わらず僕は君に好感を持ってる、こんなでもやはり（quand même）——好意を抱いてると言わなきゃならないんだ。……」[111]。

ここでは、やはりガンスに対するハイネの怒りが単純なものではないこと、それは親近な者への感情と分ち難いこと、そして改宗した後でも、やはりそれにも拘わらず抱いてしまう気持ちであることが露わになっている。しかもそれが以前の協会におけるような仲間意識ではもはやないことも明らかである。そして、それが抜きさしならないものであることは、わざわざ三度も（quand même）を用いることによって示唆されている[112]。ところが、この手紙を書く直前の四月下旬、モーザーに宛てたものではかなり様子が違っている。それは、こうである。

「……当時は今よりずっと暖かだった。僕の思い違いでなかったら、あの頃ガンスは洗礼をまだ受けておらず、『協会』のために長い講演草稿を練っていた。そして『勝利が神のお気に召すものであれども、敗北はカトーの喜びなり』というモットーを抱いていた。〔改行〕……勿論君は、ガンスがきっかけでも、敢えてそれを試みない程に自立している。そして、僕に対しては、僕のせいで君が気兼ねすることは絶対に不要だから。〔改行〕ソロンの言うように、誰も自身の死の前に幸せだとすることが出来ないのであれば、又、次のように言うことも出来る。誰も自ら死ぬ前に勇敢な人間だと呼ばれるべきではない、と。〔ガンスへの当てこすりか〕……〔改行〕僕の不機嫌を許してほしい。そのおおかたは僕自身に向けられているんだ。夜中によく僕は眠らずに鏡の前に立ち、自分を罵る。多分、今はこんな鏡で友達の魂を見つめているのだけど、彼はもう僕にとって昔のようには、はっきりとしないんだ。〔改行〕僕がこんなであるからといって、不愉快にならないでくれ。君はまったく正しいのだから。僕が誤っていると言うのなら、その通りだよ。否、非があるどころか、もっと性質が悪い。おまけに僕は主観的ときている。こんな誤った主観性に陥った時は、良い天気やガンスについて中傷するんだ—。……〔改行〕僕達の「員外（außerordentlich）」の友人によろしく。彼に好意を抱いていることを伝えてほしい。そして、これは僕の心から真剣なことなんだ。未だに彼は僕には好ましい姿だよ。たとえまったく聖徒の像でなくてもね。まして尊敬すべき奇跡を行なう者なんかじゃないとしても。僕はよく彼のことを考える。だって、自分自身のことは考えたくないんだから。例えば昨晩こんなことを考えていた。我らが師モーゼが、もし突然に再び地上に現われたのならば、いったいガンスは、どの面さげて歩み出るのだろうかと。やっぱり、モーゼは、生ある限り最も偉大な法律家であるし、それは彼の立法が今日までも続いているからなんだよ。……」(113)。

ここでもアルター・エゴ、つまりもう一人の自分として誹謗され、身代わりとして貶められるガンスの姿が看取される。ここで表現されている、ひどく複雑で繊細なハイネの内面性や、その前に引用した書簡との関係について、なんらかの整合的且つ決定的な定式化は、実際のところ殆ど不可能のように思われる。だが、少なくとも明らかなのは、ハイネにとってこうした感情が否応なしに存在することである。成程、専らハイネの内面だけから析出されたガンスとは、結局このようなものでしかありえないように思われる。しかし、当のガンスの側からすれば、こうした事柄（改宗、ユダヤ、そしてもう一人の自分、昔の同志）はどのように理解されるのであろうか。彼から見て、こうしたハイネのユダヤ性や自己理解はどのように映ったのだろうか。それは是認し得るものだったのか。このことを理解する為には、単にハイネの「それでも、やはり（quand même）」の契機を指摘するだけにとどまらず、更に我々は考察を進めなければならないだろう。

先にも述べたが、改宗後のガンスは、ベルリン大学で教鞭を執るようになってから、講義等で古代ユダヤもしくは広くユダヤ性について屢々触れている。それは、ドイツ国法を主題とする講義であったり、又ヘーゲルの歴史哲学を講ずる文脈、或いは彼自身が相続法だけでなく、世界史規模で比較法的な研究を試みたことの中に見出すことが出来る。既に改宗前の一八二三年にはかなりの部分が仕上がっていた『相続法』第一巻の中の「ユダヤの相続法」では、ヘーゲルの宗教哲学と歴史哲学を参考にしつつ、これについての研究を行なっていた。ここでは単純にそれら資料を時代順に並べて、個別的考察を一々列挙することはせず、そこで要となる思考を明らかにすることを――些か恣意的になることは否めないにしても――主眼に検討していくことにしたい。孰れにせよ、ガンスがユダヤ性を扱う際に実質的な手引きとなったものは、はっきりしている。つまり、ここでもやはりヘーゲルの哲学体系である。第一章でも見たように、彼にとって哲学の思想内容はヘーゲルでもって歴史的発展を完遂したのであり、従って後に続くべき学問の課題は、彼の法史研究も又そうであるように、歴史的な個別テーマを明らかにすることのみ、と考えられた。これと同じように本章の文脈でも、ヘーゲル哲学の意味でユダヤ教の神は人格的精神による唯一神、そしてその民の性格は排他的な選民として、ガンスは特色付けを行なっている。即ちユダヤの神とはオリエント（或いは世界史上）において初めて自然的な感覚が完全に払拭され、思惟が十分に昂進した抽象的精神性にまで達した存在である。[114]神は感覚的世界の具象性から精神的人格の抽象性へと高まり、その姿は不可視であり偶像崇拝は堅く禁止される。一八三二／三三年の普遍法史を扱った講義でガンスは、こうしたヘーゲル哲学に依拠して、殆どそのまま話している。「……不可視の神が王である。従って偶像崇拝は謀反である。初めて偶像崇拝が犯罪となった。何故ならばここにおいてのみ、他が並び立つことなき抽象的な神の思惟（der abstrakte Gedanke Gottes）が存在するからである[115]」。一八二八／二九年の自然法講義でもユダヤの特徴に対して次のように言う。「イラン〔の宗教〕における光はまだ思惟ではない。それはいまだに外面的なままにとどまる。ユダヤにおいて、光が思惟として産み出されたのである。ここにおいてオリエント的な生の統一は神の統一へともたらされるであろう[116]」。

こうしたヘーゲルの影響は、既に我々も見たように、協会の時代から始まっていたのである。『相続法』では、ユダヤ人の歴史的特質を述べる文脈で、古代ユダヤ、「ここにおいて、宗教の抽象的思惟とその価値は、自然的なものを対立したものとして扱い、ヒンズーがそうしたのと同様に、自然的なものにおいて規定される確たる特殊性を、彼岸の霧の中へと消失させるのである[117]」、と述べている。「ユダヤ人において純粋な思惟としての唯一者は発展して、他のすべてのものに対して、対立者として振る舞うのである[118]」。つまりガンスにおいては、協会の時代からユダヤ教は至高の精神的価値を独占した神が、それ以外の対立する自然的世界のすべてを貶めながらも君臨している「崇高の宗教」として考えられていたのである。ここでは改宗によってユダヤ性に対する思考及びその学問的立場の変化は見受けられない。

ユダヤ的な人間や古代における民族性も、ガンスにおいてはヘーゲルに従って論ぜられる。オリエントにおいて初めてユダヤの間で「今や神が王となったからであり、そしてこの民族（das Volk）は選ばれた民族であり、他の諸民族からは区別される。それら他民族と彼らとは絶対に結び付くべきでない[119]」。だが、そのユダヤ人が構成する「国家」については、些かヘーゲルとは様相を異にしてくる。我々は第一章でヘーゲルの哲学体系自体がガンスによって近代民主的に解釈されたのを見たが、これと平行するようにして彼はここで古代のユダヤ人に対して似たような性格付けを行なっている。即ち、ユダヤ人の国家は近代のヨーロッパで発展する民主的制度に引きつけられて理解され、これと相似した歴史的特徴がユダヤ国家に見出されるのである。又、これに呼応するかのように家族や古代ユダヤの法律も近代の人間主義的特徴が強調されている。無論、それは一つの可能性として、モーゼ時代における歴史的萌芽にとどまると留保が付けられるが、現実の歴史において確かに存在したと講義されるのである。一八三二／三三年の講義でガンスは次のように話している。始源的にユダヤ人の「世俗的世界における統治国家は共和主義的であり、又歴史において初めて政治的決議を行なう議会が見受けられるのである[120]」。確かに農奴身分や賦役は古代のユダヤ国家でも存在したが、古代の他の民族よりも穏やかな扱いを受けていたし[121]、法律学的見地からは「ユダ〔イスラエルと分離後のユダヤ人〕において初めて帰責の概念が、たとえ最も粗野な仕方であったにしろ現れた[122]」と評価するのである。ローマ法と同じく、確かに古代ユダヤにおいても父権は強大であり血の復讐が行なわれ、第一子の価値に基づいた長子相続制であったが[123]、そのようなユダヤの家族は「素朴で自由な人間的関係の純粋な描写[124]」との可能性も示唆される。というのも家族は「無論、神の法律によって定められたものだが、……こうした法律それ自体は人間的なものとして定められる[125]」からであり、人間性の発展に従って改善される可能性があるからである。ガンスに依れば、要するに古代のユダヤ人において「総じて行なわれていたのは、すべてを人間的に取り扱おうとする努力であった。人間的なものが初めて宗教によって、法律の内容に持ち込まれたのである。確かにそこには宗教からの留保があった。しかし法律の内容は人間的なものなのである[126]」。

そして、こうした近代的人間主義の立場からする古代ユダヤの解釈（或いは読み込み）を可能にさせたのが、まさしく彼のヘーゲル主義であった。こうした改宗後の特徴付けは既に『相続法』の中で、こうしたユダヤ像をヘーゲル哲学の語彙でもって説明されている。ユダヤとは「……すべての特殊性から解放された純粋な抽象性の唯一者が、その特殊性へと還帰したもの。一人の神は選び抜かれたものであるユダヤ民族の神となり、そして又ユダヤの国家は神政政治の国家となるのである。彼らの外にある世界の中に神と法はなく、世界はこの一つの選ばれた民族に奉仕するのみである。〔こうしたユダヤ的特徴は〕オリエント世界に対してまったく意義を持たず、異なる段階に存する[127]」、と述べ、ガンスはこの箇所にヘーゲルの『法哲学』第三五八節[128]――それは歴史哲学体系におけるユダヤ人の位置の説明――を参照との脚注を付けるのである。後の時代の講義において、こうしたユダヤ人の説明を補充するかのように、「こうしたモーゼ的な法・権利はアジアに対して本来の働きを為しえなかったし、アジアでは衰退せねばならなかった。それが意義を有したのはヨーロッパに対してである。というのもユダヤからキリスト教がもたらされたのだし、モーゼの法をカノン法は自家薬籠中のものにしたからである[129]」とその意義を指摘し、更にこうしたユダヤ人の国家は「神政政治的ではあるが、神政政治〔そのもの〕ではない[130]」と断るのである。それは、彼の考えるところ神政政治とはあくまで宗教的表象の下にとどまって、これに固執する静態的政体に他ならないからであろう。こうしたユダヤの特徴付けにおいて明らかとなるのは、改宗以前（『相続法』）と改宗後（講義録）における彼の思想的一貫性である。そして、これを可能にさせたのは他でもない彼のヘーゲル主義であろう。ガンスはあくまでヘーゲル哲学の内部でユダヤ性を考えることで彼自身の内面的一体性が保たれ、改宗で惹起されるはずの心の分裂を回避出来たのである。よって彼の場合、ハイネのように切迫した内面の不一致、心が引き裂かれて苦しみ「やはり、それでも」と思い悩む必要はなかった。確かに嘗てイニシアティブを執ったユダヤ人解放運動を頓挫させることにはなったが[131]、改宗し且つヘーゲルの世界史的規模の宗教哲学に専心した今では、もはやユダヤ人だけに限定された実践活動は放棄され、しかも改宗によって少なくとも我が身ひとつは守ったことで、精神的分裂の危険を未然に防ぐことが出来た[132]。

加えて又、より広い視野でユダヤ人の世界史的価値を突き詰めていく可能性も開かれた。その為には正確なヘーゲル解釈をも——おそらく無意識に——踏み越えることをも辞さなかったのである。というのも、ヘーゲル自身は彼の歴史哲学で、古代のユダヤ人において国家が十分な形で発展することはなく、ユダヤ人にとって人倫共同体は族長的制度の内部にある家族にとどまっていたのだから[133]。このことをガンス自身が知らなかったとは考えられない。彼その人がヘーゲルの歴史哲学を纏めたのだから。つまりガンスは純粋な学究にとどまるには、あまりにも実践を志向する政治的人間でありすぎたのである[134]。ヘーゲル自身とは異なって、ベルリン大学の講義ではこうした踏み込んだ解釈が、近代ヨーロッパ国家に対して歴史的意義を持つユダヤ人像——より正確にはその萌芽——を発見させたのである。しかも、そうした肯定的ユダヤ人像について大学の場で講義することは、無知故のユダヤ人に対する偏見を打破する啓蒙的効果も伴わざるをえない。この意味では嘗てのユダヤ人解放活動の志に、彼なりにではあるが寄与したと看做すことすら出来よう。協会時代に最初は構想されたもので、ベルリン大学時代に論文集の中の一つとして、ドイツの広い層に公表された論文には、次のような一節がある。ユダヤ人、

「彼らが神に対する固有の崇拝形態を持つことは、彼らに対して祖国の祭儀〔ここでは古代ローマのこと〕が存在することの障害にはならなかった。しかしながら不確かにも真理を有すると称して支配する教会の存立にとっては障害となる。寧ろ……より優れた偉大なローマ人は、深い意味を持ちながらも素朴なユダヤの宗教的戒律を前にして高く尊敬していたのである」(135)。この文章は比較的寛容であった古代ローマ国家とそこでのユダヤ人に対する法律的処遇をテーマにした論考からのものだが、そこで模範とされ政治的に希求されたのは、ガンスの祖国ドイツおける宗教的ないし文化的共生の可能性である。我々はこのような彼の言動の中に、単なる転向者や裏切り者の姿だけではない、改宗の以前と以後も奥底に変わらず存在する心情をも垣間見るのである。以前と異なるのは、嘗てはユダヤ人だけに重点が置かれていた解放と寛容が、より広い時代的視野で観察されて、他の諸宗教にまで拡大したことである。それは近代的政治制度や、自由な人間としての権利を求める彼の政治的活動にも表現されていく。だが、それと反比例するように、ユダヤ人の独自性やその歴史性に対する関心は、次第に後景へと追いやられてしまうのである。今ではプロイセンという「理性的近代国家」の市民として十分な資格を認められたガンスに、以前にもまして相応しい考え方は、「ドイツ国法」の講義録にもあるように、次のようなものである。即ち、近代の発展につれて、宗教はあくまで個々人の主観性の事柄となっていき、そうした宗教ないし主観性に対して、国家が立ち入ってはならず、しかもより固有の意味における国家的関心は各信仰ごとに——当然ユダヤ人だからといって——差別的待遇を行なってはならないのである。結局、国法の原則は次の二つと講義される。「一 法律の下での平等。これによって身分と人間的特質が抹消されてはならず、それらは永遠に残り続けなければならないが、国家において各人はその参加者として前提されているのであり、国家そのものである法律は、彼らを同一のやり方で守らねばならない。今では対立する諸特権は消え去り、この原則だけが支配している。二宗教の自由。これが今では殆ど普遍的に世界を支配している原則である。宗教は主観的事柄になったのであり、国家の事柄ではなくなったのである〔スペインにおける寛容政策〕[136]」。

だが、どのようなやり方でガンスはヘーゲル主義に依拠してユダヤ性を取り扱い、哲学的にこれを定礎せしめるのであろうか。それはヘーゲルの歴史哲学体系の内部において、その一モメントとして位置付けたことに尽きる、と言えるだろう。このことによって、古代ユダヤに見出された民主的な近代的特徴は、ヘーゲルの哲学的体系の論理でもって、その意義が確定されたのである。ガンスに依れば、現在の我々が歴史的に存在しているのは「キリスト教がその内面性を外化して、国家において教養と自由が精錬されている時、即ちこんにち[137]においてである。そしてユダヤ人はかかる発展の母胎としての意義を獲得するのである。「ユダヤにおいてオリエント的性質は比較的希薄であり、寧ろ我々〔ガンスを含むキリスト教的近代国家の市民としての我々〕に近い。神は人間達の間でうろついているのでなく、彼岸の存在としてある[138]」。ここで歴史的にキリスト教の姿を採った精神の発展は、既に『相続法』の時代からガンスにとって自明である。つまり彼はユダヤの歴史性について、「思惟と精神性の持主として、それはヨーロッパに対峙しながら、それと共に一部は学び得るものとして、別の一部は敵対しながら、触れ合ったのである。ユダヤとイスラムはこうした〔歴史的〕状態にあった[139]」と述べ、ヨーロッパに先行しつつも、ユダヤ性の利点を彼らキリスト教的ドイツに対して学び得る遺産として規定していく。逆にそのユダヤ人も古代のヨーロッパ世界から影響を受けることで発展したのである。つまり古代のローマやギリシャ的アジアとの接触のおかげで、ユダヤでは「内的な把握について、かなり民主的な要素を発展させることに対して、……〔こうした接触のないインド等〕よりも障害が少なかったのである[140]」。そして、こうした思惟の歴史的発展を現代の人間的精神にまで拡張して十全に描き尽くしたことが、ガンスにとってヘーゲル歴史哲学の秀でた点に他ならない。彼はこう述べている。「自由や人間精神の所産を永久のものとして説明すること、それだけがこうした堅固さを具えて、その常なる変転の中でより豊富により発展していくのである」[141]。言うまでもなく、こうした自由はヘーゲル哲学の論理性と矛盾するものではなく、両々相俟って真価が発揮される。それ故、自由が顕現する歴史とそこでの諸事実は恣意的に決定されたり、不自由なものではなく、しかも偶然的で不確かなものでもない。或いは各人の思いつきや主観的な信念に由来するのでもない。それは必然的な論理でもって客観性を自らの属性とするのであり、これを見出すのが歴史哲学である。無論それは経験的事実を無視するものではなく、かかる事実の只中においてそれが看取されるのである。こうしたヘーゲル的歴史をガンスも又自らの立場として述べていく。「理念を論理的発展の中で理解するのと丁度同じようにして、とりとめなく見える歴史の物語の中でも把握するのである。しかし論理的発展は歴史において〔経験的事実を押しのけるように〕露骨になってはならない」[142]。その課題は「必然性と自由の間にある『広い溝』を埋めること、……そして精神が自然と同様に神から見放されていないことを理解することは、既に思考の意義ある進歩に属しているのである」[143]。かくしてヘーゲル哲学に範を仰ぐことで、彼において自由なる精神と必然性の歴史体系の中にユダヤ等々の宗教的モメントは組み入れられた。そうやって各々のモメントに相応しい形で確たる意義が獲得されたのである。だが、こうした試みは、やはり〔嘗ては公けに擁護し推進していた〕自らの宗教性を歴史的に相対化してしまう危険をも孕んでいたのではないだろうか。

まさしくヘーゲル的な歴史におけるこうした理性の体系性や論理性が、たとえ人々を解放するヘーゲル的精神の自由には強く惹かれながらも、ハイネの嫌悪する点であった。彼の見るところ、やはりそれでは歴史における活き活きとした生が損なわれてしまうのである。しかも理性的な歴史体系に対して人間は手段に貶められてしまう。そして他でもない、この点においてヘーゲル主義者ガンスとどうしても折り合えない不一致が明白となる。つまり改宗という事実的理由の背後にあるハイネとガンスとの思想的不和が顕わになっているのである。歴史を考察した論考でハイネは、確かに名指しこそしないものの、ここで我々が見たヘーゲルの歴史哲学、というより寧ろガンスによるその特徴付けの要約と見事に一致する歴史について、次のように述べている。「これによれば、この世のすべてのものは美しき完成に向けて成熟していく。そして偉大なる英雄達と英雄の時代は、人類がより高い神の如き状態へと進歩する際の諸段階に過ぎず、人類による様々な道徳的ないし政治的戦いは、最終的には最も神聖な平和、最も純粋な友愛の団結、最も永続的な至福をもたらすという。……このような考え方に帰依した者達においては、長きにわたって『文明』がそのモットーであった。ドイツでこの考えを信奉しているのは、主にヒューマニズムの学派である。所謂、哲学派（philosophische Schlen）が、断固それに向かって目指していることは、よく知られたところである[144]」。又、ガンスの言う「歴史のロゴス（Logos der Geschichte）[145]」を叙述する要求に対して、ハイネはこう言うのである。「どうも僕達の活き活きとした生の感情（unsere lebendigsten Lebensgefühle）には、ぴったりと響き合わない[146]」、と。更にハイネは、次のように述べる。

「現在にはそれ自体の価値があること、そして現在がただの手段としてだけ意味を持つのではなく、又その目的は将来でもあることを望む。実際、僕達は自分達がもっと価値あると感じているし、自らが或る目的に対する手段でしかないとは考えたくない。……いかなる創造されたものも、自分自身が目的だし、出来事はどれも自らを条件としており、世界それ自体と同じように、すべては自分自身の為に存在するのであり、そうして生起していくのである。――生とは目的でなければ、手段でもない。生は権利なのである[147]」。

別の所でもハイネは、自らの考えを述べている。「そうはいっても、僕は生きている。たとえ僕も夢の中での影絵にすぎなくても。そのほうが、死の冷たくて真っ黒い空虚な無存在よりかは、ましである。生とは最高の賜物であり、そして最悪の災厄が、死なのである[148]」。「しかしながら、生ほどには、死は詩的ではない[149]」。

こうした彼の言葉に表明された歴史的現在における生の神聖視は、ガンスが標榜する歴史過程の発展性や論理性とは相容れない。何故ならば、その歴史的過程においては、或るモメントはやはり他のモメントの一つとして手段とならざるをえないからである。そして、そうしたモメントが持つ価値は相対化の危険を孕むのである。とりわけガンスのヘーゲル解釈は現在における進歩の推進に力点が置かれるだけに、尚更そのように言うことが許される。加えて先にも触れたように、ガンスはユダヤ等々のモメントを含むヘーゲルの歴史体系を自分の世界観とすることで、精神の安定と一貫性とを確かにしたが、ハイネはこうした意味のヘーゲル主義の世界観とは、およそ程遠い。何故ならば、（おそらくは詩人としての自分の）生を絶対的に主張するハイネの根本的世界像は、嘗て宗教性で保障されていた全体性を拭い去った近代市民社会の分裂状況を反映しているからである。つまり、そこには安定した不動なるものや、歴史的に辻褄の合った一貫性が見当たらないのである。ハイネは、自らの人格の支離滅裂さ等々の批判に対して、次のように反論する。世界がいまだ確実な全体像を成していた古代や中世では詩人もまったき姿をしていた。だが、現代（近代）世界で一貫した完全性や体系を模倣することは、虚偽に他ならない。たとえ哲学によって全体性に還帰しようとしても、結果は同様の模倣に終わることになろう。「だが、その完璧さを真似ようとすることは、すべて虚偽である。ちゃんとした眼識を持った人はこれを見抜きますし、故に嘲笑を免れえない[150]」。そして、ついには自ら内面の状態を、こう告白するのである。

「……あの分裂した傷心〔ハイネの心中のこと〕を嘆いてもらえるくらいなら、寧ろこの世界がそれ自体まっぷたつに裂けてしまっていることを悲しんで下さい。というのも、詩人の心は世界の中心であるからこそ、現在という時代においては惨めに引き裂かれざるをえないのです。自らはまったき心を保持していると誇る人は、散文的で矮小な意固地な心を持っていることを暴露するにすぎません。だけど僕の心は違います。そこでは世界の大きな亀裂が貫いてしまっているのです。だからこそ僕は、偉大なる神が、他の多くの人間にもまして、僕に気高き恩寵を与え、詩人の受難を受けるに相応しい価値を持つことを知るのです[151]」。

かくのごとく傷ついた詩人の心の分裂――それは改宗後の苦況とも共振していたことだろう――が、ガンスのヘーゲル主義、つまり国家に表現された体系の内部にいることで確固とされた安定性と、正反対なくらいに異なっていることは明白であろう。

ところで、ハイネの歴史についての論考は、次のように続いていく。「生とは権利なのである。生は、硬直していく死、即ち過去を向こうにまわして、かかる権利の妥当性を主張する。そして、こうした妥当性の行使が革命なのである[152]」。こうした既存の制度、つまり国家体系を転覆する革命運動の担い手は、ここでは彼にとっても、他の社会主義者と同じく、プロレタリアートである。その将来の戦いは、次のようであろう。中世キリスト教的なドイツの復興というアナクロな理想を護持しようとする愛国者、「この過去を後から遅れて求める者どもは、まもなく敵達に出くわすであろう。この敵達が、奴らのゲルマン、ロマンス、スラブの民族性に関する、すべての幻想に恐怖の終焉をもたらし、そうしてユダヤ人のドイツ性に文句をつけようとすることは、もはや奴らの意識にのぼらなくなるだろう。つまり、ここで僕が述べているものは、あのすべての諸国における労働者達の同胞的団結、即ちヨーロッパすべてに共通する目的の追求の為に、すべての民族性にまつわる制度を根絶しようとする、猛々しいプロレタリアートの群れのことである」[153]。ここでは被抑圧者であるユダヤ人の解放と同時に、所謂ヘーゲル左派論客としてのハイネ、即ち既存のすべての国家体系に対する破壊を願ってやまない、彼の側面が顕著となっている。そして、やはりここでも、ガンスとの差異が明らかとなる。第一章ではガンスのフランス社会主義者に対する異同を検討したが、ハイネとの間でもかかる検討結果のおおくが当て嵌ってくる。確かにガンスもヘーゲル国家哲学の「貧民（Pebel）」をプロレタリアートに該当すると見たし、その対処策を真剣に模索した。だが、それをヘーゲルの国家体系に包含したことで、逆にこの国家を十全な形体（具体的普遍性）にすると考えた点、まさしくその点において彼ら初期社会主義者達と袂を分ったのであった。それは、革命や立憲制度の体系を転覆するドラスティックな変化を結果的に否定することにつながっていく。だが、これこそハイネが政治において目論んだことに他ならない。ハイネの批判がヘーゲルの国家至上主義を焦点にしたことは、広く知られたところである。「既存のものを正当化する為に、様々な根拠を求めた。彼らは、そこに存在しているものの弁護者となった。……現在の哲学者達は、眩いばかりの権力のお仕着せを着込んだ。彼らは、国家哲学者となった。要するに、彼らは、自らが任用されている国家のあらゆる利益を正当化するものを、哲学的に案出したのである。例えば、プロテスタント的なベルリンの大学教授であるヘーゲルは、すべての福音的・プロテスタント的ドグマですらも、彼の体系の内部に受け入れたのである」[154]。勿論、ハイネが革命の起動力を汲みとった源泉は、そのヘーゲルに他ならない。しかし言うまでもなく、それはヘーゲルの弟子達——その秘密（Das Schulgeheimnis）を知る者の一人が、まさしくハイネその人[155]——が急進的に研ぎ澄ました思想の姿によって、それは果たされたのである。

だが、より関心を引くのは、ヘーゲルの哲学体系と福音的教義ならびに国家体系とが、ハイネにとって同列に目されていることである。そもそも彼において既存制度の「体系」に対する批判が、ガンスなどよりも遙かにラディカルになることは、今まで検討されてきた二人の相異点から必然的ともいえよう。ハイネの場合、世界は分裂し、その在りようを繋留するものは（おそらくは神以外には）何も存在せず、この分裂した世界の現状で肯定出来るものは何もない。しかもその痛みは、そっくりそのまま自らのものとしてある。それ故、世界に対する破壊と革命が切迫したものとならざるをえない。結局、彼が求めるヘーゲル主義とは『ドイツ、或る冬のメルヘン』における、次の一節が表現していよう。理念なるものがハイネに語りかけている。

「たとえ歳月が経ようとしても、俺は君の思惟することを現実性へと持ちいたるまでは、止むことがない。君は考える。そして俺、俺はやるのよ。／君は裁判官で、俺は死刑執行人。そうして君の好む判決を、俺はただ唯々諾々と執行するまでさ。たとえその判決が正しくなかったとしても、ね(156)」。

ガンスからすれば、こんなヘーゲル主義は不必要であり、且つ害悪以外の何ものでもない。やはり彼は改宗後も一貫したヘーゲル哲学の体系性の中にとどまることで、正しい真理とそれがもたらす安定性を見出しえたのだから。判決の正しさが問題ではない、とはハイネの科白ではあっても、ガンスにとっては、あってはならぬことであろう。その際ガンスにおいて中心になるのは言うまでもなく、法律や芸術そして宗教を分肢として包含している哲学体系と国家体系である。先にも触れたベルリン時代の論文集の序文で、ガンスはローマ法や文芸等々の様々な領域におよぶテーマの諸論文を結び付ける哲学的根本関心が、国家である旨を表明している。即ち、「この国家がそのような連関である。国家の哲学と歴史が、私の法律的学問の出発点、展開点、帰着点を形作るのであり、それ故に一見すればそれがまったく属さない対象の場合でも、かかる哲学と歴史を疎かにしたり忘れたりすることなど私には不可能[157]」なのである。これとは反対にハイネの希求するヘーゲル主義とは、分裂し困窮する世界像とその表現に他ならない既存の体系すべての止揚、より正しくは、それらを完全に抹消させる力以外にはありえない。国家は、世界と内面性の分裂を十分満足に包摂することも解決することも出来なかった。現在の生を尊重するならば、すべてがこの国家の体系的な制度もろともに、全部いったん破壊されるべきなのである。「あの深淵なる世界抹殺の理念（eine tiefe Weltvernichtungsidee）[158]」が、そこで標榜されるイデーである。しかしながら、既存の制度体系すべてを抹消する彼の革命的政治性が目指すのは破壊の為の破壊ではない。それでは生とは反対の空虚な無、即ち死にとどまるからである。そうではなく、ここで希望されているのは（ハイネの意味での）人倫性なのである。これは感情の所産であり、国家とは関係なしに、現在ある倫理として考えられている。「倫理性とはドグマや立法とは関係ない。それは健やかな人間の感情からなる純粋な所産である。そして真の倫理性、つまり真心からの理性は、たとえ教会と国家が破滅しようと、永久に生命を保ち続けるだろう[159]」。しかも、かかるハイネの意味における倫理は、歴史的にもたらされた習俗（Sitte）に尽きるものではない。「たぶん、これは概念では捉えられないだろうし、（我々がモラルと呼んでいる）あの倫理の戒律は、弁証法が行なうお遊びにすぎないのである。倫理性は、もろもろの行為の中で自らを開示している。そして、その倫理的意義は、行為のモティーフの中にだけ存するのであって、その〔伝統的な〕形式や傾向にあるのではない[160]」。

そして、こうした政治性においてハイネ一流の詩的レトリックが十全に発揮されていく。政治的な対象を誹謗し罵る、或いは逆に、誉めそやす言葉に具わる強烈な力が、皮肉や揶揄、反語ないし対語的な言葉の用法の中に溶け合って補強しているのである。はじめに見たサヴィニー＝エレガント／ナメクジの言葉づかいも、こうしたレトリックの一例と考えられる。反対に、そのレトリックはハイネが賛意を示す際にも自由に駆使されている。それはヘーゲルその人を（基本的には）支持する際にも用いられるのである。「その偉大な思想家はシェリング氏のお弟子さんであった。けれども、この弟子は哲学の世界において、師匠のあらゆる権力を少しずつ横領して、支配欲に燃えながら一層頭角を現わして、遂にはこの師匠を忘却の闇へと追放してしまった。この弟子とは、ドイツがライプニッツ以来で輩出した最大の哲学者、偉大なるヘーゲルなのである。」[161]。「彼ら〔ヘーゲルとシェリング〕は根本では一つの同じ教説を教えておりました。つまり貴方のよく御存知の同一哲学をですよ。彼らはただその叙述の仕方において異なるに過ぎません。ヘーゲルが彼の哲学の根本命題を措定する際には、練達した学派の先生というものが、総じて数えられるものを人為的な連結性へと形成していくことを知っておりまして、そうしたものを可愛い姿に見えるように信じさせる。……抽象的なヘーゲルの記号が、僕達にとって余りにもおぞましくて冷たく、しかも死んで硬直している中に、こうした叙述の仕方によって、ずっと多くの好ましくて明るく、そして活き活きと暖かく脈打っているすべてを見出させるのです」[162]。そして、彼が望む世界抹殺の理念は、次のごとき言葉――確かに晦渋であり奇異な印象を与えるものだが――でもって表現されていく。「この理念こそが、アリストファネスのすべての喜劇の根底にあって、又、それは花咲く思想に飾り立てられ、歌うナイチンゲールの住処や、枝々をよじ登る猿どもを伴いながら、屹立している幻想とイロニーの魔法のような木（ein phantastisch ironischer Zauberbaum）の如きものに存している。殺戮の歓呼や破壊の煌めきと一緒にある、こうした理念」[163]。ここには、ホフマン達に見られるドイツ・ロマン主義者のグロテスクなものに対する嗜好性も看取されえよう。だが、ここでの関連では、花々やナイチンゲールの詩的美しさに直ぐさま続けて、それとは調和しないお猿さんの滑稽さとイロニーが出てくる点に注意が向けられねばならない。そして、以上のような清と濁、誉貶が混淆する強いレトリックを用いて、ユダヤ人の解放も提唱されるのである。「そうだ、国家がどんなに不敵に頭をもたげて、幅広い胸でもってあらゆる嵐に抗しようとも、胸のなかの心や、その高慢な頭すらも、足の小指がウオの目を患っていたら、その痛みも同じように感じるに決まっている――ユダヤ人が負わされた様々な制約は、ドイツ国家の足に付いた、そのようなウオの目なのである。」[164]。

　だが、このような用法よりましてヘーゲル主義の革命思想の脈絡で重要となってくるのは、ヘルダーリンを想起せしめる次の言葉である。

「……この想像する者達（den Phantasten）を笑うんじゃない！　彼は現象界において精神の領域で起こった革命を待ち受けている。稲妻が雷鳴に先立つように、思想は行動よりも先にやって来る。ドイツの雷鳴は、勿論いかにもドイツ的で、そんなに融通が利かないし、いくぶん間延びして鳴り響いて来る。だけど、そいつは必ずやって来るのである。いつか君達フランス人が、嘗て世界史で決してなかったような軋み音を聴かれたならば、遂にその時ドイツの雷鳴が自らの目標へとたち至ったことを知るだろう。この騒乱において、鷲〔ドイツ帝国の象徴〕は大空から墜ちて死ぬし、ものすごく遠いアフリカの砂漠にいる獅子は怯えて、這って獅子王ご用達の洞穴に隠れることだろう。こんな風な見せ物が、ドイツでは上演されるであろう。この芝居と比べたら、フランス革命は、さながら無害で牧歌的なものでしかないように見えるでしょう。……寧ろそのアリーナ〔闘技場〕には、生死を賭して戦う〔古代ローマのごとき〕闘士達が群となって到着する、そんな時が現れよう。〔改行〕そして、こうした時は来るのだ。……」[165]。

そして、ヘーゲルから学んだ革命思想で脅威となり得るのは次のこと、即ち「現在生きている詩人を怒らせますな。彼らには焔と武器があります。それは嘗ての詩人〔アリストファネス等々〕が確かに創作したユーピテルの稲妻よりも恐ろしいものだ」[166]。そして、ヘーゲル主義が詩的に擬人化された姿をとった俺、

「俺は君のリクトール〔古代ローマで判決を実行する鞭と斧の担ぎ手〕なのさ。そうして始終こうやってギラギラした首斬り斧を担いで君の後ろからついて行く――俺は君の思想によって行動するもの（Die Tat von deinem Gedanken）なのだよ」[167]。

つまりハイネにおけるヘーゲル主義とは、首斬り斧を哲学として表現したものに他ならない。又、ここでの言葉づかいに行為の哲学（Die Philosophie der Tat）の文学的倒置、つまり弁証的哲学に対する詩人の当てこすりまで見て取ろうとすることは、やはり勇み足の解釈であろうか。しかし孰れにしても、ここで看取されるのは、ガンスが標榜する概念の論理や一貫性、ないし体系性といったものとは程遠い、もう一人のヘーゲル主義者の言葉に他ならない。ハイネの政治批判は真理であるとされた哲学の体系で行なわれるのでなく、又その必然性でもって相手に強要する論理の言葉によるのでもない。そこで動員されているのは、熱情的な言葉と力まかせの破壊的パトスのみである。そして、このようなハイネの姿がガンスに対して、どのように映ったかは容易に推察することが出来るのではないだろうか。参考までに、カール・アウグスト・ファルンハーゲン・フォン・エンゼに宛てたガンスの私信における文章を引用して本節を終えよう。そこでは、改宗後のガンスがめずらしくもハイネに対する評価にまで踏み込んで、自分の立場を述べているのである。

「……ハイデルベルクで、自分は旅中の読み物としてハイネの『サロン』第三巻を購入しました。ですが、その創作物すべての連関性のなさに、私は驚かさせられました。そこでは強烈なフモールのみを通じて実体性が獲得されております。風刺の効いた機知によっては、全体的な効果がまったく欠如している弛緩に対しては、無力です。奥底で苦渋している機知が、総体的目的の代替物として映ったことは、以前の作品にもまして稀になったと私は言いたいのです。……私はそのような自由〔ガンスの政治的言動を容赦なくからかう詩人ハイネの自由〕を悪くは受けとりませんし、又それについては心から笑うものです。しかしながら、それによってこれが文学と呼ばれるべき書物とされることは、あってはならない……」(168)。

この手紙において用いられた言葉、「全体的効果」、「連関性」、「総体的目的」、これらが芸術を含むすべての領域について、ガンスの価値観がはっきりと表明された言葉に他ならず、しかもハイネの芸術性に対する返答であることは、もはや言うまでもないことであろう。

結

本章で検討してきた二人のユダヤ人が、もはや生前十分に見とどけることのなかった、次なる思想の展開、つまり一九世紀後半の世界で活動したユダヤ人達は、次の三つのタイプに概ね分類される。先ず、第一のタイプとしてヘーゲル左派や青年ドイツ派が発展させた、政治的進歩主義ないし社会主義運動である。しかし言うまでもなく、マルクス主義の「宗教は阿片」との考えに従えば、歴史的ユダヤ像はおろか、自らの宗教性に対する真剣な問いかけ自体がそこでは不必要となろう。実際、積極的なユダヤ人のあり方、新たな歴史的ユダヤ像の模索はこうした政治的革新派においては行なわれず、例えば後期のブルーノ・バウアーから攻撃されたように、ユダヤ性は市民社会の害悪、ないし醜悪なるものの象徴と看做されていく。理念像としてのユダヤ人は否定されるべき対象とされたのである。ユダヤといった古き宗教性は払拭されねばならないものでしかなかった。これと正反対なのが、第二のタイプ、伝統的なラビ主義の復興である。しかし、それは外部のキリスト教的世界における政治性や社会的な現実から、またもや可能な限り遮断すること、しかも自らの内部に対しては、宗教的祭儀でもって共同性を創造し（或いは捏造し）保持することに、専ら関心が集中していく。言うまでもなく、そこで犠牲にされたのは、自らの外部に存在する世界に対して積極的に働きかけていく政治的関心である。かかる意味でのユダヤ的政治性は、等閑に付されたのである。そうして最後の第三の選択肢は、あくまでユダヤ性を護持しながらも、こうしたユダヤ的政治性を同時に追求すること。即ち、一九世紀末に始まったシオニズムである。そこにおいて政治性は、自らのユダヤ性を相補うものとして捉えられるのである。[169]

だが、夭折したガンスよりも生きながらえたハイネにしても、既に一八四八年の革命より以前から長らく病床に臥しており、生前そこから外部の政治的世界に立ち現れることはなかった。それに伴ってか、反体制的な運動から距離を置こうとする、ハイネの非政治的性質も目立ってくるようになる。彼の心の裡からすれば、そもそも最初からそんな政治活動に深入りしたせいで政治犯として牢屋に繋がれるのはまっぴら御免だし、ましてそれを他のヘーゲル主義者や革新派の面々に対して吹聴するなど嫌だ、という訳である。「そうだ、告白するが、あの仕立屋〔ヴァイトリング〕がこんな風に彼の不快きわまりない馴れ馴れしさで鎖のこと、彼が穴部屋〔政治的危険分子を入れる牢獄のこと〕の中で座らされて、ドイツの鍵番から時折悩まされた鎖の話をした途端、僕は二、三歩あとずさりしてしまった。――『穴部屋！ 鍵番！ 鎖！』まったく監禁された者達にとって運命的な徒党言葉じゃないか。これと一緒に、僕は怖ろしくも親密だとされていた訳だ。……僕を寧ろ怖れさせたのは、一緒に並んで絞首刑にされることだった」[170]。そして又、本来ハイネが有していた美的エリート主義、及びそれと表裏一体にある反民衆的な心情も露わとなる。「……だが、既にずっと昔から正統な主権を宣言されていて、或る者が民衆（Volk）、他の者は賤民（Pebel）と呼ぶ、あの多くの粗野な大衆（Masse）が現実に支配するようになったら、すぐさま僕達はどんなに強要されることになるのか。これは、もう決して秘密にしておけない。まったく詩人というものは、こうした粗暴な主権者が政権に就くことに、とりわけ薄ら寒い恐怖を感じるものだ。僕達は民衆の為には、喜んで自らを犠牲にしよう。というのも、自己犠牲とは最も洗練された僕達の喜びの一つだから――民衆の解放は僕達の生における大きな使命だし、そして故郷でも流浪の境遇においても、僕達はその目的で戦い、言いようのない悲惨な目に堪えてきた――。だけど、詩人なるものの純粋で感じやすい本性は、民衆の各々と個人的に接触することに対しては、身の毛もよだつ。それにもまして、民衆からの愛撫など考えるだけで、怖れおののく。僕達は、それだけは御免こうむりたい」[171]。こうした側面が、社会主義陣営において、ハイネをマルクス達の同志、ないし先駆と評価しながらも、やはり不十分な段階にとどまる美的エリート主義の詩人と看做される所以に他ならない。

これと平行するようにハイネの有神論、人格神に対する信仰が、この晩年の思想的特徴として顕著となっていく。言い換えれば、かかる時期のハイネにおいてユダヤ的神の信仰と反ヘーゲル哲学的態度とが、それぞれ最高潮に達するのである。実際ハイネ自身が、こうした事情を明らかにしている。「僕は、長きにわたってヘーゲル学派のところで豚の番をしてきたあげく、そう神の許に放蕩息子のように舞い戻ってきた。……天への郷愁に僕は突然襲われ、それが僕を森や谷に駆けめぐらせて、弁証法という酷い目眩をさせる小径に彷徨わせた。その道すがら汎神論の神〔つまりヘーゲル哲学〕にも出会いはしたが、だけどそれは僕の役には立たなかった。この哀れな夢の如き実体は、世界と縺れ合って絡まり、その中へと謂わば幽閉されたのであって、意志がなく〔人格神の意志のこと〕無力にも口を開けて、君に向けて広がっている。一つの意志を持つ為には、一個の人格でなければならない。そして、これを開示しようと欲すれば、自由に手を伸ばせるものでなければならない。救いを行なう力のある神――そして、これが何といっても大切なこと――を求める以上は、彼の人格性ならびに彼の超越性と、彼の神聖な属性である大きな慈悲、全智全能、完全なる正義、等々を認めなければならない」[172]。こうした次第は、他の革新派や社会主義者に対する否定的態度においても察知することが出来る。「理性批判は、カンタベリーのアンセルム以来よく知られた類の神の存在証明を行なうことを撲滅したが、しかしそれが神の存在そのものまで終焉させたなどとすることは、真実ではない。……〔神は〕死んでおらず、まして最新のドイツ哲学が神を殺したなどということは、断固としてない。この蜘蛛の巣を張ったが如きベルリンの弁証法は、暖炉の焚口から犬をおびき出せず、猫一匹殺すことも出来ないでいる。まして神ともなれば、殺せるどころの相手じゃないだろう。弁証法の殺傷能力が、どんなに危険のないものであるのか、このことを僕は身をもって確かめてきた。弁証法はいつでも殺しまくっているそうだが、その際も〔信仰を欲する〕人々は変わらずに生き続けている。……ああ、哀れで真面目なルーゲさんよ。僕がここパリで、『かの怖ろしき殺人雑誌、ハレ年誌なんか全然お目にかかったことがないよ』と白状した時、彼自身があとで率直に認める苦笑を洩らさざるをえなかった(173)」。遂には、この生ける人格神を希求する詩人の感情、それと手を携えるようにして増大した彼の反哲学・反政治の昂まりは、ヘーゲルその人だけにとどまらず、以前は同じく革新を標榜した他のヘーゲル主義者達とも、乖離させる結果になったのである。

ところで、ガンスのほうはどうであろうか。彼は既に一八三九年に亡くなっている。従って、ここで一瞥した、後のユダヤ人世代の思想的課題の変遷も、ハイネの内面における遍歴も知るところではなかった。これ以上考察を進めることは、やはり憶断の危険を免れないだろう。しかし、少なくともハイネとの関係については、以上の検討を補う資料として最後に見ておかねばならないものがある。それは、晩年のガンスが直接ハイネ自身に宛てて書いた、数少ない（唯一の？）現存している一つの手紙である。これが書かれた経緯としては、「アルプスの悪夢」でガンスとならべて揶揄されていた音楽家のスポンティーニがハイネと知り合いになりたいので、ガンスに紹介状の執筆を依頼したという事情があった。その際、ものしたのが次の文章である。時期としては、前節の最後で我々が見たガンスのファルンハーゲン宛書簡で、彼がハイネに辛辣な評価を下してから一年も経っていない頃にあたる。

「親愛なるハイネ

僕らは、君がポツダムで僕の大きなわめき声を聞いたとか言って以来(174)、お互いに連絡のないままだった。そして、このことで昔の近しい絆がまったく解消されることはないし、君にここで二、三の言葉をかける自由はあるだろう。つまり、音楽の総支配人様スポンティーニ閣下が、君に紹介してもらうことを希望しているんだ。……彼に親切に仲良くしてやってくれないか。そして君の文学的才能に援助してもらいたそうなら、君が望み、且つ可能な範囲内で便宜をはかってやってほしい。その見返りについては喜んで用意するつもりだよ。

古くからの友達よ、おって君からもう少し連絡をもらえないか。そして、もし僕達二人が会うことで受諾の意に代えるのならば、まもなくパリでそれを聞くことを許されたい。

親愛と敬意をもって　君へのガンス(175)」。

ここでのうち解けた様子を見る限り、案外二人の間には、哲学や政治に関する深刻な考えの不一致とは別に、深い人間的繋がりに由来する親密な感情も存在していたのかもしれない。それはハイネの絶ちきり難い「やはり、それでも（quand même)」という引き裂かれた想いに、ガンスの気持ちも近かった、或いは少なくともそれを深刻に受けとめていたからではないだろうか。

（1）この詩ならびにハイネの書簡等の解釈に関しては、木庭宏氏の翻訳及び諸業績を参考にさせていただいた。又、翻訳のあるものについては、木庭氏を始め先行研究者の方々から多くを教えられ、活用させてもらったが、本書における訳文では特に断わりのない限り筆者の変更が加わっており、よって責任は自らが負うものである。又、ハイネの全集からの引用は基本的に比較的入手の容易なクラウス・ブリーグレーブ編集のもので表記することにする。Heinrich Heine, *Sämtliche Schriften*, hrsg. Klaus Briegleb, Bde. 6, München, 2005（Bと表記）. 但し、筆者がハイネの原文に一番最初に接し、又参照もしたものが、今ではハイネ関連の歴史的文献となっている感もある、かなり以前の全集版であることも、言い添えておきたい。*Heinrich Heines Sämtliche Werke in vier Bänden*, hrsg. Otto F. Lachmann, Leipzig, 1921.

（2）ところで、このバーク、ハラー、シュレーゲルの三人が少なくとも思想において歴史的文脈を重視するという意味では、ヘーゲルと共通してくることは、後の考察で重要となってくる。

（3）ガンスの改宗は一八二五年一二月パリに於いて行なわれた。

（4）ハイネのプロテスタントへの改宗は、いち早く同年の六月ハイリゲンシュタットでなされていた。つまり、既にこの書簡を書いていた時点で彼もプロテスタントになっていたのであり、後にも触れるが、ここにハイネのアンヴィバレントで複雑な心情が垣間見られるのである。ハイネの改宗の経緯については、木庭宏『ハイネとユダヤの問題——実証主義的研究——』松籟社、一九八一年、一二七—一三四頁参照。尚、ここでの「水っぽい」云々は洗礼のことを暗に示唆しているという。

（5）ハイネのヘーゲル主義に着目する研究は数多いが、例えば比較的最近のものとしては次が挙げられる。Vgl., Jean Pierre Lefevre, *Der gute Trommler. Heines Beziehung zu Hegel*, 1986, Hamburg. ところで、ハイネの中にヘーゲル—マルクス主義的特徴を見出していく研究傾向が主流であったのは、やはり戦後ドイツのハイネ研究が旧東ドイツにおいて——量だけでなく質の面でも——進展した事情も関係していると思われる。ここでは例として、次のシンポジウムの研究成果を挙げておこう。Vgl., *Heinrich Heine. Streitbarer Humanist und volksverbundener Dichter*, Veranstalter National Forschungs- und Gedenkstätten der klassischen deutschen Literatur in Weimar Zentralinstitut für

Literaturgeschichte der Akademie der Wissenschaften der DDR in Berlin Sektion Literatur- und Kunstwissenschaft der Friedrich-Schiller-Universität Jena, Weimar, 1972.

（6）その際、例として好まれるものの一つは、名作『シュレジエンの職工』であろう。

（7）ル・グランというフランス軍の鼓手が、かかる革命を推進する文学的象徴である。Vgl., B, Bd. 2, insbes. SS. 270-282.「イデーエン ル・グラン書」『ハイネ散文作品集』木庭宏他訳、第二巻、松籟社、一九九〇年、特に七二一—八三頁参照。

（8）Die Romantische Schule, B, Bd. 3, SS. 401- 402.『ドイツ・ロマン派』山﨑章甫訳、未來社、一九九四年（新装版）、七〇頁。

（9）以上のようなエピソードをハイネ自身が回想したものは幾つかあるが、例えば「告白（Geständnissen）」の次の箇所、vgl., B, Bd. 6, SS. 471-474.『ハイネ散文作品集』木庭宏他訳、第三巻、松籟社、一九九二年、一七九—一八一頁を参照。そこには——些か文脈を無視することになるが——次のような言葉もある。「正直に言えば、僕には殆ど彼〔ヘーゲル〕のことが理解出来なかった。後でじっくり熟考して、漸くにして彼の言葉の理解に達した」（B, Bd. 6, S. 471. 同上、一七九頁）。そして、やっと獲得したかかる理解をフランスなど諸外国に流布させることを、自らの使命にしたのである。

（10）Zur Geschichte der Religion und Philosophie in Deutschland, B, Bd. 3, S. 636.『ドイツにおける哲学と宗教の歴史について』邦訳『ドイツ古典哲学の本質』伊東勉訳、岩波書店、一九五一年、一三五頁。

（11）Vgl., Werner Suhge, *Saint-Simonismus und junges Deutschland. Das Saint-Simonistische System in der deutschen Literatur der ersten Hälfte des 19. Jahrhunderts*, Berlin, 1935（Rep. 1967）, SS. 60-72, SS. 97-108.

（12）Vgl., Michel Espagne, *Federstriche. Die Konstruktion des Pantheismus in Heines Arbeitshandschriften*, Hamburg, 1991, S. 114 f.

（13）Vgl., Adolf Strodtmann, *H. Heine's Leben und Werke*, Zweiter Band, Berlin, 1869, S. 250 f.

（14）B, Bd. 2, S. 59.「ベルリンだより　第三信」『ドイツ・ロマン派』全集　第一六巻、大澤慶子他訳、国書刊行会、一九八九年、二一五―二一六頁。但しこれはベルリンにおけるものである。加えて、次の箇所においては、封建的身分のないフランスの社交界等に関して、注目すべきフランス人の特徴が報告されている。「いつもフランスの作家は社交界の中（in der Gesellschaft）で活き活きとしている。しかもとりわけ大きな社交界で〔活き活きとした生を営んでいる〕。彼がまだみすぼらしくて、称号を持たない（*titellos*）〔原文はイタリック表記〕でも、である。楽譜を書き写したジャン・ジャックに侯爵やその夫人がお世辞を言い、又パリのサロンの中では、大臣は「ムッシュー」、公爵夫人は「マダム」と呼ばれている。それだから、フランス人の小説には、あの軽やかな社交の調子（leichte Gesellschaftston）が、人々との交流の中でだけ手に入れることの可能な、あの躍動性や精妙さ、都会性が息づいているのである。そして、このようにして、その会話のやりとりが、いつも同じに見えてしまうフランス小説の家族的類似が現われてくる。何故ならば、まさしく会話こそ社交的なものだからである」（B, Bd. 2, SS. 67-68. 二二七―二二八頁）。ところで、この「ベルリンだより」が執筆された時期（一八二二年頃）は丁度ハイネがベルリン大学の講義でヘーゲル哲学を学び、ガンス達と知り合った時代にあたっている。

(15) B, Bd. 2, S. 85.「ポーランドについて」『ハイネ散文作品集』第二巻、二九頁。

(16) B, Bd. 2, S. 377.「ミュンヘンからジェノバへの旅」『ハイネ散文作品集』第二巻、一八七頁。傍点は引用者。

(17) B, Bd. 2, S. 364. 同上、一七四頁。

(18) Ebenda. 同上。

(19) B, Bd. 6, S. 623; Vermischete Schriften. Gedanken und Einfälle, in: *Sämtliche Werke*, hrsg. Lachmmn, Bd. 4. S. 750.「雑録」『ハイネ散文作品集』木庭宏他訳、第五巻、松籟社、一九九五年、二三三頁。先に引用した書簡でガンスを揶揄したのと同じレトリック（Eleganz、つまり優雅に洗練された）を、ここでサヴィニーに対しても用いていることは興味深い。この誇り高い詩人からすれば、ガンスとサヴィニー、どちらも洗練されてはいるが些末な学問とやらにかかずらう矮小な存在にすぎないという意味なのであろう。

(20) Vgl., B, Bd. 3, 153.「ハルツ紀行」『世界文学大系　78　ハイネ』井上正蔵編、舟木重信訳、筑摩書房、一七〇頁参照。これについての解説と解釈については、vgl., Braun, Doktor Eli und Monsieur Ane, in: a. a. O., SS. 198-217, insbes.

SS. 198-199. 更に堅田剛、前掲書、第七章参照。

(21) ガンスが死去した後、晩年になっても依然ハイネは彼について次のように述べているのである。「苦々しい気持ちと一緒に自分は、ここで先に触れたユダヤ人文化・学術協会について、ガンスの行為は有徳さとはかけ離れたものであり、どうしても許し難い背信の罪に自らを貶めたことに言及しておかねばならない。ガンスの裏切りは、彼がアジテーターとしての役割を演じて、会長として定められた義務を引き受けてきたのだから、尚更いっそう嫌悪感をもよおさせたのである。船が難破すれば、いつも船長は一番最後に船を去るものだ、それが受け継がれてきた責務である。——それなのにガンスは我が身を最初に救ったのだった」。B, Bd. 5, SS. 182-183.「ルートヴィヒ・マルクス回想記」『ハイネ散文作品集』第五巻、一七九—一八〇頁。

(22) ドイツ語圏のハイネ研究において消極的であったこの側面について、いち早く全面的に重視した先行研究が既に邦国では存在する。先の註で挙げた木庭氏の業績がそれにあたるが、残念ながらその成果が他の研究者にまで十分受け継がれているとは言い難いのが現状である。ところで、近年になって海外でハイネのユダヤ性に関する研究は着実に業績が蓄積されつつある。ここでは一例として近年イスラエルで開催された共同研究の成果を挙げておきたい。Vgl., *Das Jerusalemer Heines-Symposium. Gedächtnis, Mythos, Modernität*, hrsg. Klaus Briegleb und Itta Shedletzky, Hamburg, 2001.

(23)「ゲットーからヨーロッパへ」という標語で表現される近代ドイツ・ユダヤ人史は、一七四三年のモーゼス・メンデルスゾーンのベルリン入場をもってその開始と考えられている。それは、メンデルスゾーン自身の人間的徳性によって、——『賢者ナータン』としてよく知られたように——レッシング、ニコライ達ドイツの啓蒙主義者を賞賛せしめ、ひいてはドイツ人社会に対するユダヤ人の高いポテンシャルを認知させたことにとどまらない。反対に又、ユダヤ人達自身の中に近代ヨーロッパ的な理性や人間性を持ち込み、後の世代にユダヤ人社会の改革運動を推進させるきっかけとなる意味を持っていた。即ち、「ハスカラ」と呼ばれるユダヤ人自身の啓蒙主義的運動が始められたのである。「ハスカラ」、及び広くドイツユダヤ人の啓蒙主義については、vgl., Christoph Schulte, *Die jüdische Aufklärung. Philosophie, Religion, Geschichte*, München, 2002, insbes.I, IV. メンデルスゾーンの果たした意義と以上のような事情については、山下肇『ドイツ・ユダヤ精神史　ゲットーからヨーロッパへ』講談社学術文庫、一九九五年、第二部第一章参照。ところで又、良心の自由や寛容等々といったメンデルスゾーンの啓蒙主義的諸徳性が、多文化（宗教）の社会に対して、いまだ意義を失わないことを示唆したものとしては次も参照。Vgl., Cord-Friedrich Berghahn, *Moses Mendelssohns >Jerusalem<. Beitrag zur Geschichte der Menschenrechte und der pluralistischen Gesellschaft in der deutschen Aufklärung*, Tübingen, 2001.

(24) ユダヤ学の確立者であり、モーゼス・メンデルスゾーンにつぐ近代のユダヤ史の重要人物であるレオポルト・ツンツについては、やはり以下の文献を参照されるべきであろう。Vgl., Nahum N. Glatzer (Hrsg.), *Leopold Zunz. Jude-Deutscher-Europäer. Ein jüdisches Gelehrtenschicksal des 19. Jahrhunderts in Briefen an Freunde*, Tübingen, 1964.

(25) ところで、こうしたガンス達ユダヤ人による活動がベルリンで始められる以前から比較的大きなゲットーを有し、ユダヤ人の文化的中心として主導的地位にあったのがフランクフルト・アム・マインである。

(26) Vgl., Reisssner, a. a. O., insbes. SS. 59-83.

(27) 実際ハイネはベルリンで暫くガンス達と同じ住宅棟に居を構え、学問だけでなく生活をも共にしていたこともあったのである。Vgl., Braun, Doktor Eli, a. a. O., S. 201.

(28) 以下の記述は主にH・キルヒャー『ハイネとユダヤ主義』小川真一訳、みすず書房、一九八二年、二〇頁以下参照。

(29) この勅令によってユダヤ人に対し一般的にキリスト教徒と同等の権利ないし自由が与えられたが、それは又、ドイツ人相手の社会的活動でイディッシュ語ならびにヘブライ語が禁じられるといった条件付きでもあった。又、ユダヤ人も兵役等の義務を負うとされたが、士官並びに一部の公的職務への門戸は依然として閉ざされたままであった。

(30) しかし、そのベルリン大学に対するガンスの就職活動がサヴィニーにより執拗に拒絶された歴史的経緯を明らかにした研究には次のものがある。Vgl., Braun, Die "Lex Gans"–ein Kapitel aus der Geschichte der Judentum, in: a. a. O., SS. 46-74. その際、拒絶の理由としては二人の個人的軋轢だけでなく、ガンスのユダヤ出自に対するサヴィニーの躊躇がある。というのは、当時の法学部は教授達が民間の法的係争に関して諮問を受け、それについて権威ある意見を述べる役割があったからである。つまり、こうした社会的に影響力のある合議制諮問機関にキリスト教徒のドイツ人以外が参加することへのサヴィニーの懸念も、ガンスに対する拒否の理由となったように思われる。やはり彼においても、当時一般的であったユダヤ人に対する偏見があったことは否定出来ないだろう。

(31) Assimilation とAkkulturation との違いについては木庭宏、前掲書、一三三頁参照。それに依ると、Akkulturation とは、単なる適応や同調を越えて、祖先伝来の風習や慣習、文化の固有的存続いっさいを完全に放棄するというラディカルな含意があり、その意味で通常の同化Assimilation とは異なる。私見ではあるが、後の世代は兎も角として、モーゼス・メンデルスゾーンに対してAkkulturationの言葉を使うことは、やや行き過ぎと思われる。というのは、確かに彼は中世以来の伝統的ラビ主義を否定したにしても、あくまでユダヤ教の信仰を生涯最後まで保持しえた人物だからである。ところで、Akkulturation の言葉にはメシア的救済のニュアンスも指摘されているが、それは今まで生きてきた周囲の現実や伝統のいっさい合切を、いったん完全に、すぐさま一挙に、否定し転覆せしめようとする意味合いがあるからであろう。しかし同時に、それが現実の行動における一つの様態としては、自分達がユダヤ人であることを否認して（例えばキリスト教への改宗）、なりふり構わず支配的民族とその文化に迎合しようとする屈従的行動の姿を採り得ることも付言しておかねばならない。蓋しそれは、ガンスやハイネ達の「同化」努力の挫折を経た後に続く世代の特徴と考えられるからである。

(32) 山下肇、前掲書、七二—七三頁参照。

(33) カッシラーの研究に代表される啓蒙主義哲学における歴史性の重視は、近年の研究においても例えばコンディリスの詳細な啓蒙主義哲学の研究に受け継がれているように思われる。確かに哲学史の常識に属することではあるが、ここで改めて確認しておきたいのは次のような思想史的推移である。コンディリスの著にイェルン・ガルバーが寄せた序文を踏まえて説明すれば、おおよそ一七五〇年頃を境として機械的カルテジウス的な初期近代合理主義は衰退し、「感性の復権」つまり感覚に対する新たな関心、及びそれに対して合理的基礎づけが本格的に為されるようになる。そうして一八世紀全体を通して、精神と物体の峻別ならびに構築的理性が神聖視されたことから、自己生成的な有機的実体性や物質に関する発展的概念への移行が行なわれていくのである。嘗て抽象的で形而上学的だった近代合理主義は、具体的生が織りなす緊張に満ちた変転を科学的に扱う実証主義の特色に取って代わられ、新たな学問ないし科学（歴史・民族学・文化史・自然史）がその後の一九世紀後半に精緻に発展するための思想的素地が育まれ始めたのである。Vgl., Panajotis Kondylis, *Die Aufklärung im Rahmen des neuzeitlichen Rationalismus*, Hamburg, 2002.

そして我々がこれから検討していくように、以上のような近代ヨーロッパの合理主義における大きな転回が、一九世紀に入る前後の近代ドイツ・ユダヤ人において、それぞれの世代間にわたる思想的推移の中で謂わば凝縮された形で表現されているのである。

(34) こうしたメンデルスゾーンの特徴を、同じくドイツ啓蒙主義者であるレッシングとの対比において明らかにしたものとしては、やはりカッシラーの研究が最初に挙げられるべきだろう。エルンスト・カッシラー『啓蒙主義の哲学』中野好之訳、紀伊国屋書店、一九九七年（新装復刻版）、二三九―二四〇頁参照。

(35) メンデルスゾーン達のユダヤ人第一世代（例えばマルクス・ヘルツ、ザウル・アッシャー、ラザルス・ベンダフィット、ザロモン・マイモン等）におけるカント哲学の愛好とその影響については、vgl., Schulte, a. a. O., SS. 157-171.

(36) 因みに、その折に暴徒が叫んでいた「ヘップ・ヘップ、くたばれユダヤ人」のHepとは、十字軍時代以来のユダヤ迫害からあったユダヤ人嫌悪の合言葉 "Hierosolyma est perdita"「イェルサレムは滅ぼされた」の略語という。山下肇、前掲書、一一四頁参照。

(37) Vgl., Reissner, a. a. O., SS. 49-50.

(38) この協会の全般的活動についての社会史的研究であり、以下の記述において歴史的事実の関連で負ったものとして、vgl., Braun, Eduard Gans und der Verein für Kultur und Wissenschaft der Juden, in: a. a. O., SS. 9-45: Reissner, a. a. O., SS. 59-83. 彼ら若きインテリが、当時の一般的ユダヤ人おおぜいの中で少数の比較的に恵まれた社会階級に属しており、ユダヤ人解放運動も又そうした性格を帯びていたことについては、cf.Steven M.Lowenstein, *The Berlin Jewish Community. Enlightenment, Family and Crisis, 1770-1830*, Oxford, 1994, p. 126f. とりわけ協会についてはpp. 144-146. 例えば、ガンスの父親はハルデンベルク御用達の商人、つまり所謂「宮廷ユダヤ人」であったし、ハイネの伯父ザロモン・ハイネも豊かな商人であった。

(39) 協会の主要メンバーであり、同じくヘーゲル哲学に傾倒していたモーゼス・モーザーは協会の課題について次のように述べている。「タルムードに反対する公然の戦い、我々の時代に対するその腐敗した影響を根絶する」必然性「が有益なユダヤ人改革の本質的な条件である」。Vgl., Reissner, a. a. O., S. 51. そして、このような前近代的性格を持つ古きユダヤ性をヘーゲル哲学的意味合いの用語（必然性、本質的）でもって批判し克服することが、ガンス達ユダヤ人世代の支配的傾向となっていった。ガンスがヘーゲル主義者として協会内部の（様々な脱会者を生じせしめた）政治的抗争に打ち勝ち、一八二一年以来、協会会長として活動することが出来たのも、そのような思想的風潮の変化に助けられた部分もあったと思われる。

(40) より具体的には次の四つが先ず提案された。（一）学術研究所（二）学術雑誌（三）例えばガリチアといった東方からベルリンに来たユダヤ人を主に対象にした教育機関（四）他の地域の仲間との通信ならびに長期的プログラムの為の資料収集。因みに、この（四）は後にユダヤ学に関する包括的文書館となることが期待されたものである。Vgl., Reissner, a. a. O., S. 64.

(41) ところで、ガンスが協会の会長として行なった三回の演説において、正会員としてハイネが承認されたことが報告されたのは、協会末期の一八二三年である。Vgl., Gans, Dritter Bericht im Verein für Cultur und Wissenschaft der Juden,（以下では、Erste Rede、Zweite Rede、Dritte Redeという略記で全三回の講演の順番で示すことにする）in: *Gans*, SS. 55-85, insbes. S. 82. しかし、ハイネは実質的にその前年の一八二二年にはガンスと知り合って協会に加入しており、講義などを通して協会の活動に貢献している。

(42) シュルテの研究は「前書き（Vorwort）」において、当時の様子を描いた木版画を紹介している。それはメンデルスゾーンの自宅で、ユダヤ人に対する当時の偏見から未だに免れないキリスト教徒のラヴァターと、更にレッシングを加えて、ユダヤ教徒である彼が私的な勉強会を催し、宗教について議論している様子を描いたものである。勿論これは歴史的に正確な事実の報告ではなく、彼の死後、人々の間に所謂「メンデルスゾーン神話」が——多少理想的な形でもって——流布していた当時の思想的雰囲気を示す具体例としての意味を持つ。それがここで関心を引くのは、メンデルスゾーンが商人や家長としてと同時に、哲学者（ユダヤ信仰を堅持した）として存在する姿に、彼ら啓蒙主義世代のユダヤ人の社会的あり方（或いは社会的限界）が表現されているからである。Vgl., Schulte, a. O., SS. 7-12. メンデルスゾーンの親友であり継承者とも目されるマルクス・ヘルツは、医業を営みながらも私的な講義を行ない、カント哲学等の普及に寄与した人と伝えられている。

(43) 但し、山下肇氏も指摘するように、モーゼス・メンデルスゾーンその人は決して理性の能力を絶対視していたわけではなく、テーテンスによる知・情・意の三分説（認識・感情・意志）に従っていた。彼は又「人間は理性だけでは生きていくことは出来ない」と述べ、個人としてはとりわけ心情に存する価値、「感受性（Empfindung）」の能力に強く惹かれる人であった。山下肇、前掲書、八五―八六頁参照。私見ではあるが、実際そうした内面的能力の支えなしには美的感性だけでなく、彼個人の信仰自体も成り立たなかったように思われる。

(44) Vgl., Siegfried Ucko, Geistesgeschichtliche Grundlagen der Wissenschaft des Judentums（Motive des Kulturvereins vom Jahre 1819), in: *Zeitschrift für die Geschichte der Juden in Deutschland*, Jg. 5, 1934, SS. 1-34.

(45) Zweite Rede, S. 68.

(46) Zweite Rede, S. 62.

(47) B, Bd. 5, S. 183.「ルートヴィヒ・マルクス回想記」『ハイネ散文作品集』、第五巻、一八〇頁。因みにルフェーブルは、ここでハイネが協会で新たに提唱されたユダヤ人像について「秘められた目的（der esoterische Zweck）」という言葉づかいをしていることの中に、ヘーゲル哲学の影響を見ている。Vgl., Jean Pierre Lefebvre, a. a. O., S. 74. 確かに、それはハイネにおけるヘーゲル的要素を示す証拠の一つとしてではあろう。しかしながらヘーゲルで「秘められた、ないし隠された（esoterisch）」という言葉をハイネが用いるのは、ヘーゲルの国家哲学の体系性に覆われてしまって直接には見えないが、その中に内在し体系もろともに突き破ってしまいかねないような革新運動の意味においてである。この限りで、近代的学問と歴史的ユダヤ教徒を媒介させようとする協会の「秘められた目的」とは、やはり区別しておくべきだろう。但し、これら二つが、孰れも隷従させられた人々を表現するユダヤ人やプロレタリアート、それぞれの全面的且つ即時の解放が底意にある点では共通している。だが、そうしたラディカルな特徴はハイネ個人のものではあっても、協会員全体の考えとは言い難い。孰れにせよ、ここで確認しておかねばならないのは、ヘーゲルの影響云々――これは本章で後に改めて考察されるテーマである――ではなくて、ユダヤ人における歴史的なものを近代の学問と精神に仲介して発展させることが協会の目的、とハイネが正しく理解していたことである。これは協会に結集した者達に共通の考えであり、少なくとも協会の活動に参加していた当時のハイネも惹かれた彼らの時代の支配的理念であった。

(48) 木庭宏、前掲書、二二六頁参照。
(49) 所謂中世的ラビ主義やゲットーでの固陋なユダヤの伝統性の特徴に対しては、vgl., Zweite Rede, S. 69.
(50) Zweite Rede, S. 67.
(51) Erste Rede, S. 57.
(52) Dritte Rede, S. 81.
(53) ライスナーの前掲書、第八章の表題より。
(54) Vgl., Strodtmann, a. a. O., Erster Band, 1867, SS. 237-290, insbes. S. 250f.
(55) これが未完に終わったのは、ハイネ自身のユダヤ性に対する問いがその当時あまりに緊迫したものとなり、かえって行きづまったせい等々幾つか理由が考えられる。しかし、ショルシュは、一つ確かなこととして歴史的なユダヤ性に関するドイツ語文献が当時余りにも貧弱だったことを指摘している。Vgl., Ismar Schorsch, Das erste Jahrhundert der Wissenschaft des Judentums（1818-1919), in: *Wissenschaft vom Judentum. Annäherungen nach dem Holocaust*, hrsg. Michael Brenner u. Stefan Rohrbacher, SS. 11-24, insbes. S. 12. ここからも、本章で扱われるドイツ的教養で育ったユダヤ人が自らの出自や固有性について問う際、そこで不可欠となるべき歴史的信憑性のあるユダヤ関連資料ないしその学問性の必要性が明らかになる。
(56) ここでの同化は、やはりよりラディカルなAkkulturationの特色が濃いと言えよう。
(57) Zweite Rede, SS. 66-7.

(58) Zweite Rede, S. 66.

(59) Vgl., Dritte Rede, S. 78.

(60) B, Bd. 5, S. 189.「ルートヴィヒ・マルクス回想記」『ハイネ散文作品集』第五巻、一八六頁。

(61) B, Bd. 5, S. 185. 同上、一八二頁。

(62) Zweiten Rede, S. 67.

(63) Ebenda. 尚、ここでの引用文の部分はガンスの原文ではイタリックで表記されている。又、たとえ同じ若いユダヤ人同士の講演であることを顧慮しても、この当時のガンスが「まもなく時は至ろう」というメシア的救済のレトリックを使用していたことは、興味深いし心に留めておいてもよいであろう。

(64) Vgl., Norbert Waszek, Aufklärung, Hegelianismus und Judentum im Lichte der Freundschaft von Heine Gans, in: *Aufklärung und Skepsis*, hrsg. Joseph Kruse, Stuttgart und Weimar, 1998, SS. 226-241, insbes. S. 230.

(65) ヘルダーの言葉を引用すれば、次の通りである。「次のような時代がやって来るだろう。そうなれば、ヨーロッパにおいて誰がユダヤ人であり、或いは誰がキリスト者であるかは、もはや問われなくなる。というのは、ユダヤ人もヨーロッパの法則に従って生きているのであり、国家に対して最もよく貢献するからである」『人間性についての歴史哲学の諸理念』(Herder, *Sämmtliche Werke*, hrsg. Bernhart Suphan, Berlin, 1909, Bd. XVI, S. 284)。

(66) こうした具体的なキリスト教的人格神はヘルダーだけでなく、既に第二章で検討したプフタがこの考え方に近いと言えよう。ところで、興味深いのは、ガンスがフリードリッヒ・シュレーゲルについて、これと同様の考えを指摘していることである。ガンスの晩年にあたるヘーゲル『歴史哲学講義』の序文においてであるが、そこでシュレーゲルの歴史哲学について、人格神の世界創造や原罪を背負った人間本性による善悪の選択を、その特徴として挙げているのである。彼は次のように述べる。「人間は自由なものに創造されている。つまり、その前には二つの道がおかれ、一方は高きほうへ、もう一方は下賤な深淵へとあり、それらのあれかこれかを選ぶことが可能なのである」(G. W. Hegel, Vorlesungen über die Philosophie der Geschichte, a. a. O., Vorrede, S. 7. 前掲邦訳『歴史哲学』、六—七頁)。要するに、ここにおいても当時のヘーゲル主義的進歩派とキリスト教的保守派、両陣営の対立が垣間見られるのである。

(67) Zweite Rede, S. 64.
(68) Zweite Rede, S. 63.
(69) Dritte Rede, S. 77.
(70) Zweite Rede, S. 63.
(71) Zweite Rede, S. 64.
(72) Zweite Rede, S. 65.
(73) Zweite Rede, S. 64.
(74) B, Bd. 2, SS. 86-87.「ポーランドについて」『ハイネ散文作品集』第二巻、三二頁。
(75) B, Bd. 2, S. 376.「ミュンヘンからジェノバへの旅」『ハイネ散文作品集』第二巻、一八六頁。
(76) Heinrich Heine, HSA, Bd. 20, S. 107. 尚、木庭、前掲書、八頁も参照。訳文は一部変更させていただいた。
(77) ところで、ハンナ・アレントは、ここにおけるハイネの言葉がラーエル・ファルンハーゲンの「パリア」としての自覚を促したことを指摘し、ハイネが彼女の良き後継者となることを期待させることになった、と述べている。ハンナ・アレント『ラーヘル・ファルンハーゲン――あるドイツ・ユダヤ女性の生涯――』寺島俊穂訳、未來社、一九八五年、二一八―二一九頁参照。そして、当時におけるこうした人間像の希求が、ガンス達の協会員による新たなユダヤ性に対する探求と、時代の中で同じ流れに棹さしていたと考えることは許されよう。
(78) Zweite Rede, S. 69.
(79) Ebenda.
(80) Dritte Rede, S. 85.
(81) Dritte Rede, S. 79. 因みに、ここでガンスのヘーゲル国家哲学の解釈におけるキーワードである「建築術」を想起せしめる「構築物」の語が使われているのは注目に値する。後にも見るように、ヘーゲルその人と同様、彼にとっても国家と宗教の学問は同一の思惟によって、直截に述べれば国家によって宗教（ユダヤ信仰）のあるべき姿は顕現されると考えているのである。

(82) ヘーゲルにおいて、ユダヤの神は絶対的な力を持った抽象的精神であり、これに対して「ユダヤ人は、その主体が自らの独立性を意識していないから、そのせいで魂の不死を信じることがない。未だに主体が即自且つ対自な存在ではないのである」（前掲邦訳『歴史哲学』二七四頁）。つまり主体が具体的な個や主観としては自立しておらず、自由の意識が希薄であることが――少なくともヘーゲル哲学においてガンスの見たところ――ユダヤ性にまつわる問題点なのである。

(83) Gans, Zweite Rede, S. 65.

(84) ヘーゲル『宗教哲学講義』山﨑純訳、二〇〇一年、創文社、四四四頁。

(85) Dritte Rede, S. 80.

(86) Ebenda.

(87) ハイネも又（ガンスやヘーゲルの名を挙げずに）フィヒテ哲学に対して同じような認識を共有している。「ところが、後にフィヒテが体系を構築する時には、熱心に我意〔或いは我が儘〕を構想した。そして頭の中で世界それ自体を巧みに構想してしまうと、次に同じく我が儘な熱心さで、自分の行なったこの構想を上から下まで論証に取りかかった。所謂抽象的情熱を彼は自分の構想と論証でもって表現したのである。そして、まもなくフィヒテの哲学体系そのものに、又彼の講義にも主観的な態度が強まってきた」（B, Bd. 3, SS. 607-608.『ドイツ古典哲学の本質』一八七頁）。又、フィヒテの問題点として、哲学の名における彼の無神論の嫌疑がとりわけ重視されている（vgl., B, Bd. 3, S. 615f. 同上書、二〇一頁以下参照）。

(88) ウッコはこの点に関して、講演におけるガンスの言葉も用いつつ、時代が変遷する中でユダヤ人とその固有性に対する問いが、「Wie」から「Was」への問題の転換として説明している。Vgl., Ucko, a. a. O., SS. 26-7.

(89) B, Bd. 5, S. 180.「ルートヴィヒ・マルクス回想記」『ハイネ散文作品集』第五巻、一七七頁。

(90) ここでヘーゲル『法・権利の哲学』における、ユダヤ人についての最もポピュラーな定式を見ておこう。「ユダヤ人とは、とりもなおさず先ず人間であること、このことが単に浅薄な抽象的特質ではないこと。……〔国家からの〕

ユダヤ人締め出しの主張が最も愚かであることは経験において示されたのであり、これとは反対の〔フンボルトに代表される〕諸政府の施策のやり方のほうが賢明で尊敬に値することが証明されたのである。ヘーゲル『法哲学』第二七〇節のヘーゲルによる註解。

(91) Erste Rede, SS. 61-62.

(92) ラビ主義に対してガンスは次のように攻撃している。「所謂ユダヤ的生のあり方〔或いは端的にユダヤ人的生活»Das jüdische Leben«〕は、普通信じられているように、オリエントの古代にではなく、騎士道中世の残り滓」として説明され、「今日においても、いまだに……二重の貴族政、つまり、おカネとラビによる貴族制度に奉仕している」のである。Reissner, a. a. O., SS. 76-77. 又、木庭氏の前掲書三二頁註一八では、ラビ主義に対して同様の攻撃を表明するツンツの書簡が引用されている。

(93) Vgl., Erste Rede, S. 59

(94) Zweite Rede, S. 66.

(95) Erste Rede, S. 58.

(96) Erste Rede, SS. 58-9.

(97) Erbrecht, Bd. 1, SS. 243-244.

(98) Vgl., Erbrecht, Bd. 1, S. 268 では、神その人に法は定礎されており、その具体的特殊性つまり個別的法律的取り決めは十分に規定されていない、と留保されている。

(99) Erste Rede, SS. 57-58.

(100) B, Bd. 2, S. 80-81.「ポーランドについて」『ハイネ散文作品集』第二巻、二五頁。但し、ここで述べられている異教的な国民性とは、ユダヤ人と同じ被支配民族であるポーランド人が直接的には念頭におかれていると考えるのが自然ではある。尚、文章の傍点は引用者によるもの。つまり「それ以外の諸々の人間（usw.）」の言葉の中に、現在ではハイネやガンス達の協会員達がいることが示唆されているようにも読めるからである。

(101) Vgl., Reissner, a. a. O., SS. 92-3.
(102) 一八二三年四月一日ヴォールヴィル宛。HSA, Bd. 20, S. 72. 木庭、前掲書、一〇頁参照。
(103) 先行研究では、一八二五年ガンスの渡仏への旅中、ハイリゲンシュタットのハイネのもとを訪ねた際に、おそらく改宗のことが話題にのぼったであろうし、そして二人の間の亀裂は更に深まったに違いないと推測されている。Vgl., Reissner, a. a. O., SS. 108 -109. ところで又、この改宗によってハイネのユダヤ教信仰は些かも揺るがなかったとの議論は、木庭、前掲書参照。
(104) 弁護士を志望したのは本来の希望でなく、単に生活の糧を獲る目的にあったことは、既に一八二三年九月二七日モーザー宛の書簡の中で述べられている。Vgl., HSA, Bd. 20, SS. 112-113.
(105) 一八三六年一一月八日モーザー宛の書簡を参照。そこでは又、キリスト教徒だけでなく、ユダヤ教徒からも「解放」に対するハイネの裏切りとして誤解され、誹謗と中傷に苛まれている、と彼は書きとめている。「〔ユダヤ教徒に対して〕ああ、なんて狭い視野なんだろう。カルタゴはローマ人の門の前でだけ味方についたのに。君〔モーザー〕も僕のことを誤解しているのか。……僕は人生においてと同様、詩についてもキリスト教徒の如き嘘を憎んでいる。」HSA, Bd. 21, S. 170.
(106) 因みに、ガンスと同じくヘーゲル信奉者であったモーゼス・モーザーに対しては生涯親交を維持していたし、実際のところ本音を打ち明ける格好の相手になっていたようである。
(107) B, Bd. 4, S. 622.『冬物語—ドイツ—』井汲越次訳、岩波書店、一三〇頁。
(108) 堅田、前掲書、一八〇—一八二頁参照。Vgl, Braun, a. a. O., SS. 198-199.
(109) B, Bd. 2, S. 411.「バーニ・ディ・ルッカ」『ハイネ散文作品集』第二巻、二二九頁。これはアルプスの悪夢と同じ主題を再び繰り返したものともいえ、歴史法学派に対抗したガンスが、いつもハイネの念頭から離れなかったことの傍証ともなろう。これから検討するように、それは或る意味で彼の心の傷を癒す行為でもあったのである。ところで、ここでガンスの人類愛云々というのは、やはり協会での理想主義的態度を指すものと考えるのが妥当であろう。このエピソードについての詳しい歴史的事情と登場人物等の説明は、堅田、前掲書、一九五頁以下参照。

(110) こうした解釈の代表例としては、vgl., Siegbert Prawer, Der Komet als Licht des Exils. Heines Porträt seines Zeitgenossen Eduard Gans, in: *Goethezeit. Studien zur Erkenntnis und Rezepzion Goethes und seiner Zeitgenossen*, hrsg. Gerhart Hoffmeister, Bern, 1981, SS. 347-367. その他のReissnerやWaszek等々の研究もこれと同じ解釈である。

(111) 尚、傍点の資料（Quellen）はハイネの文章ではゲシュペルトで表記。HSA, Bd. 20, S. 248.

(112) Vgl., Waszek, Aufklärung, Hegelianismus und Judentum, a. a. O., SS. 235-236.

(113) 一八二六年四月二三日モーゼス・モーザー宛書簡。HSA, Bd. 20, SS. 240-241. 省略したハイネの原文では、四月を「いつもの或いは正統な（ordentlich）」の形容詞と対照させてガンスをaußerordentlich（当時はベルリン大学員外教授）としている。私見であるが、このaußerordentlichには非正統的な異端者ガンスという誹謗の含みもあったように思われる。又、四月の変わりやすい天気をガンスの変節に喩えているように見受けられるのである。

(114) ヘーゲル自身の宗教哲学においても、ユダヤ教への高い評価が最高潮にまで高まったと考えられている一八二七年講義で、その理由としてユダヤの神における感覚や具象性を越え出る純粋な精神的価値の昂揚が挙げられている。それは彼の宗教哲学史上の発展において唯一ユダヤ教がギリシャ宗教の後に位置する、ということはギリシャより高次の存在として評価されているのである。ヘーゲル『宗教哲学講義』二六二―二七九頁参照。「ギリシャの神の顕現は美の顕現である。けれどもその現れは自然的な物質であって、感性的で外的な素材ないしは感覚的な表象を地盤とする。ギリシャではまだ純粋な思想が地盤とはなっていなかった。この点に美の宗教から崇高の宗教へと高まる必然性がある。……〔ユダヤにおいて〕純粋な主観性は精神的で主観的な単一性であり、従ってこれがわれわれにとっては初めて神の名に値するものである」（同上書二六三頁）。このような高い評価と反比例するようにして、ヘーゲルの青年期におけるユダヤ評価、即ち律法主義に隷従する奴隷としてのユダヤ人、神の前における彼らの自己疎外的形態、精神的な理念性と現実性との乖離、要するに和解の欠如といったものへの厳しい批判は、その年度の講義では比較的背後に退いている。ところで私見ではあるが、こうしたユダヤ教評価における高低の揺らぎには、後期のヘーゲルにおいて、ギリシャ宗教に対するキリスト教の評価が相対的に高まっていた事情が関係しているように思われる。宗教哲学講義における、年度ごとの各宗教に対する評価の変遷を明らかにした研究として、邦語文献では山﨑純『神と国家――ヘーゲル宗教哲学』創文社、一九九五年を参照。
(115) NS, S. 128.
(116) PS, S. 145. ここでガンスはユダヤ教における純粋な思惟を「光」として把握している。ところでヘーゲルの『精神現象学』における「光の宗教」が従来考えられてきたようにゾロアスター教ではなく、ユダヤ教であることが最近の研究により明らかにされている（山﨑純、前掲書、二八二―二九〇頁参照）が、これは丁度ガンスの講義におけるこの箇所によっても裏書きされよう。ヘーゲルに師事した同時代人である彼は、言うまでもなく後の『精神現象学』の研究者よりもヘーゲル哲学の理解に対して有利な立場にあったが、そうした一九世紀の人間の解釈が現代の研究成果と一致していることはやはり興味深く思われる。
(117) Erbrecht, Bd. 1, S. 146.
(118) Erbrecht, Bd. 1, S. 267.
(119) NS, SS. 128-129.
(120) NS, S. 129.
(121) Vgl., NS, S. 132.
(122) NS, S. 130.
(123) Vgl., NS, SS. 130-131.
(124) Erbrecht, Bd. 1, S. 270.
(125) Erbrecht, Bd. 1, S. 271.
(126) NS, S. 132.
(127) Erbrecht, Bd. 1, SS. 243-244.
(128)『法哲学』三五八節の表題は「ゲルマン的治世」。つまりオリエントではなく、（ヘーゲルの意味での）キリスト教ゲルマン社会に対してユダヤは歴史的価値を持ったということである。参考までに、ガンスが指示した対象と思われるヘーゲルの該当箇所を引用しておこう。「おのれの許へと押しやられた精神は、自分自身と自分の世界に対する、かかる喪失とそれによる無限の苦痛の為に、——こうした民としてイスラエルが既に考えられる——、おのれの絶対的否定という極点に立つ。これが即自且つ対自的に存在していく転回点となるのであって、かかる精神は自身の内における無限の肯定性、即ち神的本性と人間的本性との統一の原理、自己意識と主観性の内部に現われた客観的真理と自由の和解である。その完遂を託されたのが、ゲルマン的諸民族の北方的原理である」。ガンスのヘーゲル解釈を敷衍すれば、要するにユダヤ人は、キリスト教的ヨーロッパ社会の即自且つ対自的な精神に至る行程で、肯定的精神性への決定的な転回点（Wendepunkt）となる歴史的使命を担ったのである。

(129) NS, S. 132.

(130) NS, S. 128.

(131) 伝えられるところでは、晩期においてガンスは、ユダヤ人だからという「差別的」理由で大学の学生に奨学金を与えることに反対したという。Vgl., Braun, Lex Gans, a. a. O., S. 72.

(132) 木庭氏は、ハイネの改宗について、彼の心の中においてはそうした心理的事実は存在しなかった、より精確に言えば心の中から自分の改宗を強引に締め出したのだ、と指摘されているが（前掲書、一三九—一四一頁）、私見ではガンスの内面においても、同じような心理的操作が行なわれたのではと考えられる。つまりハイネと方向性こそ違えども、改宗以前以後の内面的一貫性をなかば強引に導き出そうと試みていたのではないだろうか。

(133) ガンスが最初の編纂者となったヘーゲルの全集版『歴史哲学講義』における該当箇所は、次の通り。「ユダヤ教においてはこのように〔人間的個人の姿を採った〕主体が無価値であるのに対して、家族は独立したものである。何故ならば、ヤハヴェの信仰は家族と結び付いており、家族は実体的なものだからである。しかし又、そのようにしてユダヤの原理にとって、国家はそぐわないものであり、モーゼ的な立法の本旨に背くのである」。前掲邦訳『歴史哲学』（上巻）、二七四頁。

(134) ガンスの人間類型に着目した研究として vgl., Johann Braun, Eduard Gans (1797-1839), Ein homo politicus zwischen Hegel und Savigny, in: *Deutsche Juristen jüdischer Herkunft*, hrsg. Heinrichs u. s. w., München, 1993, SS. 45-57. そこ

では、学者として厳格で純粋な認識を目指すよりも、たとえ誤謬の危険を冒しても、実践活動の為に知識を用いていこうとする政治的人間類型としてのガンスが明らかにされている。

(135) Gans, Die Gesetzgebung über die Juden in Rom, und die kirchlichen Würden derselben im Römischen Reich, in: VS 1, SS. 211-212. この論考で指摘されたことの一つとして、既にカエサル時代の古代ローマ国家において、民衆の反感や偏見にもかかわらず、少なくとも偉大な為政者達によってユダヤ人に対する法政策が実行されており、宗教的に寛容な政治社会が存在していたことである。寧ろラビ達のユダヤ教会側のほうが伝統の発展だけに固執して、閉鎖的になることで、その分立主義の弊害が問題視されている。こうした事態が現在まで依然として続いているのであり、それを脱却するためにも、ユダヤ性に関する現在の貧困な知識状況を改善する「ユダヤの学問」がガンスによって（協会の時代においては）要請されたのである。Vgl., Gesetzgebung, VS 1, S. 219. 無論その狙いは、後の時代ではヘーゲルの歴史哲学体系に他の宗教ともどもより広く包摂されることで強調点が移ったが。ところで、古代ユダヤ人の分立主義に対する反論を含むものとしては、同じ協会時代にガンスがものし、やはり同じくベルリン大学時代に広い層に公刊した論文「古代イギリスに移住したユダヤ人」がある。そこでも古代のイギリス社会に移住したユダヤ人の閉鎖性とは無縁な姿が、歴史的研究によって明らかにされている。Vgl., Ueber die Einwanderung der Juden in England, VS 2, SS. 81-100.

(136) Gans, Deutsche Staatsrecht, PS, SS. 180-181. 言うまでもなく、こうした考えは、前節でも見たように、既にフンボルトがドイツの国家原則として定式化していたものである。ただ以前と異なるのは、今ではガンスはキリスト教プロテスタントとして、フンボルトと同じ政府側の人間の立場で、これを提唱している点だけである。

(137) ガンスによるヘーゲルの『歴史哲学講義』の序言（Vorwort von Eduard Gans）。Gans, Philosophie der Geschichte, Vorwort, S. 3. ページ番号はドイツ語全集版のもの。

(138) NS, S. 145.

(139) Erbrecht, Bd. 1, SS. 238-9. しかしイスラムは狂信と破壊に陥るが故、ガンスにおいてその歴史的意義は限定的なものにとどまる。

(140) Erbrecht, Bd. 1, S. 171.

(141) Gans, Phiosophie der Geschichte, Vorwort, S. 2.

(142) Phiosophie der Geschichte, Vorwort, SS. 9-10.

(143) Phiosophie der Geschichte, Vorwort, S. 2.

(144) B, Bd. 3, S. 22.「さまざまな歴史観」『ハイネ散文作品集』第五巻、一五一頁。

(145) Gans, Phiosophie der Geschichte, Vorwort, S. 8.

(146) B, Bd. 3, S. 22.「さまざまな歴史観」『ハイネ散文作品集』第五巻、一五一頁。但し、この言葉は哲学学派とともに歴史法学派も含む歴史主義に対してでもある。

(147) B, Bd. 3, SS. 22-23. 同上書、一五一―一五二頁。

(148) B, Bd. 2, S. 253.「イデーエン　ル・グラン書」『ハイネ散文作品集』第二巻、五四頁。

(149) B, Bd. 3, S. 413.『ドイツ・ロマン派』八八頁。尚、この言葉はアウグスト・ヴィルヘルム・シュレーゲルを批判する際に、その依拠する立場を明らかにしたもの。

(150) B, Bd. 2, S. 406.「バーニ・ディ・ルッカ」『ハイネ散文作品集』第二巻、二三三頁。

(151) B, Bd. 2, SS. 405-406. 同上書。

(152) B, Bd. 3, S. 23.「さまざまな歴史観」『ハイネ散文作品集』第五巻、一五二頁。因みに、歴史に対する生のかような自己主張が、ニーチェの「生に対する歴史の弊害」へ影響を与えたに違いない、とボーラーは見ている。Vgl., K. H. Bohrer, Ästhetik und Historismus: Nietzsches Begriff des »Scheins«, in: *Plötzlichkeit*, Frankfurt am Main, 1981, S. 239, Anm. 103. 又、Utopie des »Augenblicks« und Fiktionalität, a. a. O., S. 251, Anm. 11.

(153) B, Bd. 5, S. 185.「ルートヴィヒ・マルクス回想記」『ハイネ散文作品集』第五巻、一八二頁。

(154) B, Bd. 3, S. 438.『ドイツ・ロマン派』一二三頁。

(155) Vgl., B, Bd. 5, S. 195f.「ドイツ書簡」『ハイネ散文作品集』第五巻、一九二頁以下。

(156) B, Bd. 4, S. 591.『冬物語―ドイツ―』五一頁。

(157) VS 1, S. IX.
(158) B, Bd. 2, S. 466. 「バーニ・ディ・ルッカ」『ハイネ散文作品集』第二巻、二八五頁。尚、この言葉は体制派の保守的詩人プラーテンを批判する文脈であることも断っておきたい。しかし、批判の際に依拠する思想が、まさしくハイネ自身が標榜するものであることは間違いないと言えよう。
(159) B, Bd. 2, S. 43. 「ルートヴィッヒ・ベルネ回想録」『ハイネ散文作品集』第三巻、四七頁。
(160) Ebenda. 同上書、四八頁。
(161) B, Bd. 3, S. 633. 『ドイツ古典哲学の本質』二三〇頁。傍点は引用者。
(162) B, Bd. 2, S. 479. Vgl., Die Stadt Lucca, *Sämmtliche Werke*, hrsg. Lachmann, Bd. 2, S. 342.
(163) B, Bd. 2, S. 466. 「バーニ・ディ・ルッカ」『ハイネ散文作品集』第二巻、二八五頁。
(164) B, Bd. 5, S. 184. 「ルートヴィッヒ・マルクス回想記」『ハイネ散文作品集』第五巻、一八一頁。傍点は引用者。
(165) B, Bd. 3, SS. 639-640. 『ドイツ古典哲学の本質』二四一―二四二頁。尚、ヘルダーリンの言葉に影響されて、ハイネがこうした革命のレトリックを用いたことについては、vgl., K. H. Bohrer, Ironie und Philosophie bei Heinrich Heine, in: *Sprachen der Ironie - Sprachen des Ernstes*, hrsg. Bohrer, SS. 253-282, insbes. S. 273.
(166) B, Bd. 4, S. 643. 『冬物語―ドイツ―』一八三頁。
(167) B, Bd. 4, S. 592. 『冬物語―ドイツ―』五二頁。
(168) 一八三七年八月二七（二六?）日付ファルンハーゲン宛書簡。Vgl., Braun, Doktor Eli und Monsieur Ane, a. a. O., SS. 214-215. この文献から引用。
(169) 以上、三つの類型化は次の文献等を参考にしながら、筆者によるものである。Vgl., Jost Hermand, *Judentum und deutsche Kultur Beispiele einer schmerzhaften Symbiose*, Köln, 1996. ところで、シオニズムに関係して、ガンス達の協会活動をその先駆的形態として捉える研究もある。それは、モルディナイ・ノアによる米国へのユダヤ人植民運動に対する、協会員達（例えば、キルシュバウム。結局、彼は協会をいち早く脱会するが）の共感、及びこれを支持する動きのことである。しかしながら、以上の検討から明らかになるのは、協会で提唱されたヨーロッパ的な普遍社会への関与に対して、こうしたユダヤ人による米国植民は、考え方からして相容れないことである。ヨーロッパからの脱出（これは、やはり古代ユダヤ人のエジプト脱出を意識したものであろう）とヨーロッパ文明への参加とは、正反対のベクトルを示している（この点に関しては、キルヒャー、前書、五〇―五一頁も参照）。実際、ガンスはかかる植民活動に関して距離を置いた冷静な考慮の必要を望んだし、米国への植民を「ガンス・タウン」と呼び、この考えに積極的な賛意と支持を行なったと考えられてきたハイネ（vgl., Reissner, a. a. O., S. 95f.）にしても、内心では、実はさほど真剣ではなかったと考える研究もある。Vgl., Edith Lutz, *Der »Verein für Cultur und Wissenschaft der Juden« und sein Mitglied H. Heine*, Stuttgart, 1997, SS. 155-168. しかしながら、少なくともガンスについては、後の時代でもアメリカへの漠然とした期待は存在し続けていたのかもしれない。というのは、（我々が既に見たように）ベルリン大学における講義では、例えば米国の大統領制度を彼独自に採り挙げて、それを肯定的なトーンで学生達に説明していたからである（この点に関しては、第一章参照）。だが、注意しなければならないことは、たとえガンスがアメリカ民主政治の可能性に期待し賞賛していたにしても、その目的は（彼を受け容れた）ドイツの国家社会の内部で、その長所を生かしていくことにあって、ドイツを始めとするヨーロッパの文明社会から脱出して、アメリカの荒野に植民することを望んだのでは、決してないことである。

(170) B, Bd. 6, S. 470.「告白」『ハイネ散文作品集』第三巻、一七八頁。

(171) B, Bd. 6, SS. 467-468. 同上書、一七五―一七六頁。

(172) B, Bd. 6, SS. 182-183.『ロマンツェロー』（下）あとがき、岩波書店、一九五一年、二二五頁。

(173) B, Bd. 6, S. 478.「告白」『ハイネ散文作品集』第三巻、一八五―一八六頁。因みに「蜘蛛の巣のような」という比喩は、ヘーゲル哲学に対してハイネが好んでよく用いるレトリックである。又、ルーゲはガンスをとりわけ高く評価したヘーゲル主義者であることも付言しておこう。

(174) ガンスがベルリン大学で行なっていた哲学的な近現代史の講義をからかった詩人の言葉を指している。それは、このようなものである。「ポツダムで、僕にあけすけな叫き声が聞こえた。／何なんだ　驚いて僕は叫んだ。／『ベルリン大学のガンスですよ、そこで彼は最新の世紀について読み上げているのですよ』。」一八三六年作の 'Der Tannhäuser

–Eine Legende–' より。B, Bd. 4, S. 355. 尚、この一節は、同時期に創作された 'Elementargeister' にも同じくだりが使われている。B, Bd. 3, S. 703.『流刑の神々・精霊物語』小沢俊夫訳、岩波書店、一九八〇年、一二〇頁。それより以前の時期ではあるが、ハイネは別の場所でも、次のように記している。「……グラスの中で、僕は古代と近代の様々な民衆史におけるすべてのことを見て取った。トルコとギリシャ、ヘーゲルとガンスのことを……」、云々。'Die Nordsee. Zweiter Zyklus'（一八二五―一八二六年作）B, Bd. 1, SS. 209-210.

(175) 一八三八年六月七日付ハイネ宛書簡。HSA, Bd. 25, 1974, S. 144. 又、次の文献も参照。Reissner, a. a. O., S. 152f.

結論に代えて

以上、三つの章において我々はエドゥアルト・ガンスを中心にした三月前期の様々な思想のアスペクトを見てきた。最初にもお断りしたように、勿論ここでの考察によって、この時代の思想潮流すべてを汲み尽くせるものではないが、少なくとも要となる主要な傾向の幾つかはおさえられたであろう。先ず始めに、第一章において我々はヘーゲルの哲学に内在していた立憲政治のモメントについて、晩年のヘーゲル本人に見られる保守的嗜好性に抵触する怖れがあったにもかかわらず(1)、ガンスが多少強調を加えることでそれを平易な姿にして当時の公衆に対して明らかにする試みを見た。これを通じて彼はリベラルな進歩的政治運動にヘーゲル哲学者の立場から寄与することを望んだのである。実際フランスの様々な思想に相対しても、例えば貧民の概念的読み替えからも窺い知られるように、そこからガンスは、自らが進歩的に解釈したヘーゲル哲学に、より手を加える為の道具を見出したのである。しかし又、反対にこうしたフランス思想と接触した際、ガンスが自らを守らせ且つ主張させたものとは、やはりヘーゲル哲学に他ならないことも確認した。とりわけヘーゲルの国家概念、これを堅持したことによって、成程ヘーゲル左派への流れに棹さし、その先駆として評価される側面があったにもかかわらず、これとは区別された中間的立場にとどまったのである。このことはあながち消極的に評価するだけで終えてしまえるものではない。というのは、それは国家を否定することが不可能であるような厳しい現実状況の中でも、あくまで革新的要素を推進していこうとするリアリスティックな態度でもあったからである(2)。又ここにも垣間見られるように、当時のヘーゲル哲学はそれぞれの姿で受けとめられて、様々な思想像を取り結んでいった。それは単純に革命的破壊のヘーゲル左派と保守的屈従のヘーゲル右派とに図式的に分かたれるものでなく、実際の思想的状況においては、言い尽くせない程多様なニュアンスと帰結が——そのヘーゲル中間派だけでなく極端な思想的立場においても——存在していたのである(3)。だからこそD・F・シュトラウスが試みたようなヘーゲル主義者の学派分け（最初は二分割、これではやはり不十分であった為に、後には三分割）も意味ある作業となったのであろう。ところで当時、体制派を標榜する人々の多くにとって、ヘーゲルの哲学が自分達には疎遠なものと映り、或いは寧ろ敵対する考えと見られていたことは確かであると言えよう。歴史法学派を扱った第二章で我々が検討したように、無論ヘーゲル哲学を標榜する人々の間で多様性が存在するにしても、既存の体制側に立つことで自らの政治的及び思想的基盤を確かなものにする民族精神の立場は、ヘーゲル主義の精神に必ずしも一致するとは考えられてはいなかった。というのは、かかる哲学に内在する絶対精神とその理性主義は（ヘーゲル学派だけでなく）彼ら既存体制擁護の保守派においても、決して見過ごされなかったからである。まして、かかる哲学の特徴を民族精神に対して明らかに上位においた解釈をして当時人気を博した進歩主義者ガンスが、どのように評価されたかは容易に窺い知ることが出来よう。彼こそ反体制的思惟としてのヘーゲル哲学を体現する人物に他ならなかった。しかも若かりし頃の彼は——第三章で見たように——キリスト教的ドイツに居住しながら改宗せずに、あくまでもユダヤ人のままで政治的ないし法的権利の主張をしていた経歴を持ち、その際の思想的道具としてヘーゲル哲学を役立てていた。このことが反ユダヤ的な当時の宮廷保守派にどう受けとめられたかは、推して知るべしである。しかしながら、改宗に追い込まれたガンスの後半生は、ユダヤ性もあくまでヘーゲルの宗教哲学体系の一分肢として位置付けることにとどまり、ユダヤの宗教的独自性を譲り渡せない権利ならびに価値として積極的に主張することは背後へと退いていく。つまり彼は自らのユダヤ性については——これも又、改宗ユダヤ人に屢々見受けられる特徴ではあろうが——可能な限り沈黙を守ろうとするのである。といっても、ユダヤ人をも含む被抑圧者全体の立場から国家体制に働きかけていく彼の姿勢は依然変わるものでない。そういう意味でも中間的で総体的な立場にいたのである。結局のところガンス自身は、最初の全集編纂を行なった他のヘーゲル主義者と同じく「老ヘーゲル学派」と呼ぶに相応しい立場にある。つまりその後の「青年ヘーゲル学派」に繋がるヘーゲル解釈の革新的要素を確かに内包しながらも、彼自身は旧き世代の人物として穏当な立場にとどまったのである。立憲国家の思想を堅持した点だけからしても少なくとも政治的特徴として、まことにヘーゲル学派の「中間派」と言わざるをえないであろう。

ところで、本書の三つの章で検討してきた、ガンスとその周辺が表現している様々な思潮——リベラルなヘーゲル主義、法学やヘーゲルの遺した文献研究における実証主義的姿勢ならびに歴史主義、立憲政治や急進的革命の政治思想、ユダヤ性——の間には、ガンスという単なる個人レベルを越えた連関へと結び付けるような、大きな時代的な繋がりは存在しなかったのだろうか。やはりそれらの考えは、別個でバラバラなものにとどまったのであろうか。それらの考え方は個別的で分立したものとしてガンスに受けとめられていたのだろうか。当然その答えは、否である。ガンスは、彼が批判した伝統的ユダヤ主義と歴史法学派との間に注目すべき共通性を見出している。即ち、哲学的法学派の名の下に敵対した歴史法学派の古代ローマ法研究と、伝統的なラビ主義を護持する律法学者の文献解釈とは、孰れも同じく学問における精確な厳密性を、誤った個別性に囚われている些末な詳細主義と理解しているのである。彼からすれば、それでは歴史を根底で動かし刷新していく全体的精神の躍動性と生命感が見失われ、故に硬直した死、即ちヘーゲル的な意味でのポジィティーフなものに陥らざるをえなくなっているのである。歴史法学派批判の文脈で、次のようにガンスは述べている。「既に長い間、私は内心ロマニステンとラビの律法学者とを繋ぐ、つまらなくもない類似性に気付いていた。……二つの学問分野で同じような慧眼があるとすれば、ローマ法研究では小綺麗な姿で、ラビの律法研究では恣意的な姿で定評あるものとはならう。そうして両者においては殆ど同じような硬直性（gleiche Starrheit）を述べることが出来るのである。何故ならば、発展と進展のないものは、すべて硬直していくからであり、あちらこちらで無限に自己満足するものだからである。漸くにして偶然にも、結局は何ももたらしていないことが気付かれるのである」[4]。ガンスにおいて、彼らは孰れもやはり同じ過ちの轍を踏むとの評価が下されたのである。そして、こうした批判を可能にさせたものは、言うまでもなく彼のヘーゲル主義であろう。そこで彼が見出し且つ標榜したのは、体系的な全体性、ならびに個別的なものに内在する力動性である。これら相異なる二つの特性が、いまだガンスにおいては素朴に不可分なものとして捉えられていた。「個々の時代の中に総体的な過去が脈打っていることは、とりもなおさず正しいのである。しかしながら、異なる契機へと推移していく過去性、〔歴史法学派においては〕かかる過去性を時代の直接的で瑞々しい生命によって自覚されることが許されてはいない。それがもたらす死を、その生が感じ取っていないのである」[5]。かくして彼における歴史法学派の批判と伝統的ラビ主義の批判は軌を一にして、同じく切り捨てられることになる。彼のヘーゲル主義から見れば、「それは、真実に無限なるものを有限なものへと、実在を本質のない仮象へと、神を空虚な外面性へとしてしまうことを意味する」[6]のである。

より広い時代の視野においては、以上のような考え方が、ガンスをユダヤの学問と法学の両研究分野で近代の肯定的側面を推進するヘーゲル学派の進歩主義者として、つまり法学では正しい普遍性に基づく比較法の実証的研究へと、或いはユダヤの学問では近（現）代に相応しいユダヤ人像の探求へと、一九世紀後半の学問的（ないし政治的）努力に道を開いたとも言えるのである。[7] 第三章で見たように、ガンスがヘーゲル主義を応用して獲得した新たな近代ユダヤ像とは、具体的普遍の共同性を顕現する国家とその市民としての人間像であった。一方、彼の法学研究における成果が、彼自身に折れ返って、この具体的普遍性が、活き活きとした各国民の個別的生命を内包し、これを発展させる体系的総体性を自覚させ、自らの確信にまで高めたのである。[8] 孰れにしても政治に対しては（現在の我々から見れば）穏健な立憲君主制の形式をとった彼のヘーゲル解釈が要である。そこで彼が看取した政治的刷新や歴史的個体の革新性ないし流動性といった特性が、弁証法的な連関性の契機として総体的体系を構成することが未だ可能であったのである。最初でも言及したように、他でもないこの点に矛盾と危惧を見出さなかったことが、後世の我々から見たガンスの理論的及び哲学的限界であり、より広く眺めれば、それが彼を時代の寵児にした三月前期のなおも牧歌的な思想的雰囲気であったのだろう。しかし、一九世紀の推移において次に到来する時代の思想は、このような問題性を孕んでおり、不十分な点が多々あるのだが、彼に表現された諸思潮の裡から端緒となるべきものを学び取っていったのである。序論で手厳しいガンス批判を紹介した青年ドイツ派のハインリッヒ・ラウベは、そのエセーの最後で次のような賛辞を述べている。「ガンスは幻惑した詩的特性から自らを脱したのであり、様々な民衆の生（活）の中で日々見出される数えられない程の不規則性を通して、弁証法的な緊縛から常にもまして解放されていた」(9)。それは、単に彼のような立憲主義者や革新的なヘーゲル主義者だけでなく、保守的とされたヘーゲル主義者の右派や中間派、学究肌のヘーゲル主義者にまで、もしくはそれ以外の立場の人々にまで広く浸透していった時代の空気とも呼べるものであった(10)。

ところで付言するならば、専らガンスに携わってきた本考察においては直接視野に入りづらい或る思想の特徴や傾向性をも、ハイネは明るみに出してくれる。そして、これも又歴史主義や実証主義を生み出した近代性の所産に他ならないものである。即ち詩人ハイネに看取される美的主観性への志向、もしくは一九世紀後半の非合理的、主意的な反知性主義への傾向である。あえて本書の関連に引き寄せれば、ガンスに表現されたヘーゲル的世界史の普遍的及び論理的体系性を嫌悪するハイネの態度に、それが見出される(11)。又、第三章で我々が見たように、ハイネが敵対するものに投げつけた辛辣なレトリックや反語、イロニーの中には、やはり後の時代に発見されていく大きな能力と魅力が潜んでいた。そして彼は詩人として、こうした性格の言葉を創作し、操作することによって政治と哲学の領域に切り込んでいく。それによって自分自身及び他者における「現在」と「瞬間」とを、その情感溢れる現実性でもって、歴史の只中で獲得するのである。無論すべての美的主観性が必ずしも歴史に着目する訳ではなく、しかも仮に歴史が目的論的秩序以外に考えられないとすれば、歴史は寧ろ否定されるべき対象に他ならず、斥けられねばならないものである。だが、ヘーゲル主義にも影響を受けたハイネにおいて事情は複雑である。彼にとって歴史の概念は完全に抹消されるべきものというよりも、詩人の美的主観性にも耐え得るものとならねばならない。つまり歴史も詩人ハイネにおける現在性に即して叙述されるべきなのである。これについて彼は次のように記している。「歴史は、詩人達によって歪曲されはしない。詩人達は歴史の意味〔或いは歴史の中での感覚（Sinn）〕を、自分が創出した人物像や状況を通してではあれ、まったく忠実に与えるのである。こうした詩作のやり方でのみ、自らの歴史を受け継いできた様々な民衆が存在するのである[12]」。又、直接歴史に言及したものではないが、彼はこのような歴史の考え方を可能にせしめる美的感興について、こう述べている。「僕にとっては、そう一瞬一瞬が無限であるのだから。……そうして、この生の中で、もう僕は十分な体験をすることが出来るし、もし翻って祖先達の生活（Leben）を生きるのならば、過去の王国の中で永遠を我がものにするだろう[13]」。「僕、その心が最も遠い過去の数千年と未来の中でますます深く根を下ろし、僕、僕自身が最も永遠なる人間達の一人であり、呼吸のひとつひとつが永遠の生、思考のひとつひとつが永久の星である……[14]」ような瞬間としての現在。言うまでもなく、こうした歴史の中で看取された詩的情感に溢れる「現在性」が、ヘーゲル歴史哲学の体系における「現実性」と、まったく異なることは明白であろう。ハイネにおいては、哲学的歴史には必須である目的論的秩序ないし普遍性への志向が、完全に欠落しているのである。「その精神の中に、支配する思考がまさしく存在しなくなったその時、悦ばしきすべてのもの、即ち気持ちが統治する暫定政権（das Interregnum des Gemüt）〔もしくは心情のみの大空位期間〕が立ち現れる[15]」。こうした特徴やそのモメントは、やはりヘーゲル哲学とは決して相容れない。しかもハイネ自身の思想内部――例えば弁証法的に――で止揚と総合が行なわれることもありえない。寧ろ、彼のその時々の気分や心情によって、異なる多様な性格がそれぞれに顔を出し、表面に姿を現わすのである。「……この滑らかで緩やかな改良が首尾良くあられるように。そのほうが、その破壊を欲する突然性（die zerstörungssüchtige Plötzlichkeit）よりも確実であるし、今はより役立ちもする。しかし、どんなに熱心に反対されようが、時として突然的なもの（Das Plötzliche）が良いのである[16]」。

こうしたハイネの詩的特徴が、やはり後に続く時代の思想に受け継がれていったのである。これは、一九世紀前半では未だ可能であったし、ガンスも棹さしていた思われる総体的な美の概念とは[17]、まったく正反対であるし、すぐれて現代でも評価され得るものでもあろう[18]。実はこうしたハイネの美的主観性は、既にガンス達ヘーゲル主義者と親しかった青年期から彼の裡に存在していた。それはここで引用したハイネの反目的論的歴史観を表現する様々な言葉が、すべてヘーゲルの影響が濃厚とされた青年期の作品におけるものであることからも窺い知られよう。かかる心情からすれば、ヘーゲル的な自由や意思は、確かに詩人の主観性に解放の力を与える点では評価出来るし、又その限りでのみ共感しえた。しかし、それにもまして、哲学的体系性や理念の専制支配に反対する詩人の反知性主義的な傾向も、やはり若い頃からずっと彼の気持ちの中にあったものである。それはガンス等々のヘーゲル主義者に見出したその哲学の或る傾向性に対する非難からも明らかとなっていく。友人に宛てた手紙において、彼は自分の見た夢を語りながら、心中を露わにしている。

「そして君〔モーザー〕は僕に、あんまり感情に導かれてはいけないと言った。というのも、僕はまさしく理念にすぎないからで、僕が理念のみであることを証明しようとして、あわただしく君はヘーゲルの論理学に手をのばす。そうしてヘーゲル論理学の混乱した箇所を指示するんだ。そうしたらガンス〔鵞鳥〕が窓を叩いてきた。――僕は驚愕のあまり跳び起きて、寝室のあちらこちらで、こう叫んだよ。僕は絶対に理念なんかじゃないし、理念については何も知らない。そして僕の生活すべてにわたって、どんな理念も持ってこなかった――とてもおぞましい悪夢だった。なおもガンス〔鵞鳥〕が大きく囀り、その肩にはちいちゃな〔ルートヴィヒ・〕マルクスが鎮座ましましていたのを僕は憶えている……」(19)。

こうしたハイネの非難の中に、例えばヘーゲルに対する現代の基礎づけ主義的批判とまではいかなくとも、少なくとも同一性の下にすべてを体系性の中に総合しようとするヘーゲル哲学の傾向に反対する議論と同じ基調を感じ取ることは、やはり誤りとは言えないであろう。

そして又、最後に触れておかねばならないのは、一九世紀が進行するにつれて、ここでハイネも表現するヘーゲル哲学批判や反知性主義、即ち非合理主義的な思潮の高まりと呼応するようにして、これとは区別されるべき或る傾向が嘗てなかった程に勢いづいてきたことである。それは、我々が今まで見てきた諸思想にも深い関わりを持っている相対主義の動きである。無論、それはここでの反哲学的・反体系的真理の傾向性のみに見出されるものではない。その兆候は、ガンスにおいても見受けられるのである。本書を通して明らかになってきたように、彼が例えばラビ的伝統主義の否定にとどまらずに、ユダヤ性をヘーゲルの歴史哲学体系の一分肢と考えたことからも、或いはゲルマン人等の民族精神をヘーゲル的絶対精神の下における一契機と看做したことからも、そして又、他でもないこうした精神の絶対性、つまりヘーゲル哲学体系それ自体を哲学史の一段階としたことからも、それらの中に絶対的なるものを相対化していく大きな時代の精神性が看取されるのである。やはり彼においても真理としての価値が、超越的な高みから無限に変転する歴史的事実性の真っ只中へと、しかも実証的精神に即したものへと、変容されていったと結論づけざるをえない。ヘーゲル主義を頑なに護持しようとする自らの企図を裏切る結果を招いたこと、つまり政治に関わる思想史で屢々見受けられる意図と成果との不一致を、ガンスも表現していたのである。

（1）こうしたヘーゲルに対する当時の進歩派の嘆きは、例えばローゼンクランツに宛てたカール・アウグスト・ファルンハーゲン・フォン・エンゼの一八四〇年四月二四日付の書簡にも見受けられる。Vgl., K. A. Varnhagen von Ense, *Schriften und Briefe*, Stuttgart, 1991, SS. 316-318. 又、そこでは外国支配に対するベルギー人の抵抗に眉をひそめる晩年のヘーゲルとは、政治的に反対の側にガンスは位置付けられている。

（2）Vgl., Hermann Lübbe, Einleitung, in: *Hegelsche Rechte*, Stuttgart, 1962, SS. 9-11.

（3）或る論者の議論に依れば、ヘーゲル政治哲学をキリスト教君主制度における神政政治の意味で解釈するむきも、確かに存在していたのである。Vgl., Walter Jaeschke, Urmenschheit und Monarchie. Eine politische Christologie der Hegelscen Rechten, in: *Hegel-Studien*, Band 14, Bonn, 1979, SS. 73-107.

（4）Grundlage, S. 338. 又、こうした両者の類似性については次の研究も参照。Vgl., Norbert Waszek, „Wissenschaft und Liebe zu den Seinen“ Eduard Gans und die hegelianischen Ursprünge der 'Wissenschaft des Judentum,' in: *Eduard Gans*（*1797-1839*）, hrsg. Blänker u. s. w., SS. 71-103. それを参考にすれば、最初の協会時代のラビ主義批判が、その後ガンスによって歴史法学派に対する批判に応用されたのである。Vgl., a. a. O., SS. 101-102.

（5）Erbrecht, Bd. 1, S. XXV.

(6) Erbrecht, Bd. 1, S. XXI.
(7) ガンスの普遍法史は、一九世紀実証法学においてゲルバーやラーバント達が確立した比較法学へと連なっていく。ところで次に挙げる研究ではアンセルム・フォイエルバッハからイェーリングまでの普遍法史の系譜を辿りながら、ガンスも含めた普遍法史の問題性、つまり世界史的普遍性を目指すことによって、法において観念性が主導的となり、個々の歴史的事実の特徴を十分明らかにすることに障害をきたすという難点が指摘されている。Vgl., Joachim Rückert, Thibaut-Savigny-Gans: Der Streit zwischen „historischer" und „philosophischer" Rechtsschule, in: *Eduard Gans (1797-1839)*, SS. 247-311, insbes. SS. 307-309. この比較法史研究のテーマについては、更に次も参照。Vgl., Heinz Mohnhaupt, Universalrechtsgeschichte und Vergleichung bei Eduard Gans, a. a. O., SS. 339-366.

一方、ユダヤ学の発展においては、ガンスの時代、つまり「同化」で表現された具体的普遍性の国家及び欧州へと止揚される近代ユダヤ人像は、後の一九世紀後半のユダヤ思想家達にとっては否定すべきもの、或いは非難の対象と見られるようになる。そして、その克服は——例えばヘーゲル主義者としても知られたモーゼス・ヘスのようにシオニズムの姿で——言葉のすぐれた意味における民族主義の主張でもって方向づけられていくのである。ところで、最初モーゼス・ヘスはガンスのユダヤ人像とよく似た考え方から出発した。つまり、彼の処女作である『人類の聖史』（一八三七年）では、いまだ我々が第三章二節で検討したような、世界市民的なヨーロッパと、その分肢であり具体的普遍性の全体を豊かにする具体的個としてのユダヤ人像が描かれていたのである。だが、一八六二年に出版された『ローマとエルサレム』では一変して、以前はユダヤ人の現国家内部における政治的立場の向上と一体であった「同化」の発想が消え去り、ユダヤ人は如何なる民族や国民とも同等であり、同じく「世界史的民族」或いは「国家国民」として権利を主張しなければならないと考えられていく。これこそ、世紀の変わり目あたりからヘスが革新派社会主義的シオニズムの先駆者としてその運動史に位置付けられている所以である。だが、本書の脈絡からより関心を引くのは、ユダヤ学史において『ローマとエルサレム』が、「同化」でも見受けられたユダヤ研究内部における実証主義ならびに歴史主義の潮流に属するとされていることである。つまり『ローマとエルサレム』は所謂「歴史主義的実証主義的ユダヤ教」の系譜に属するものとして理解されているのである。ガンスの時代では合理的な理性によってラビ的伝統に対する批判と進歩的近代ユダヤ人像の提唱が行なわれたのに対して、そこでも見られた歴史的な志向性と実証的関心が、後期ヘスにおいては、ユダヤ人の真実なる史的形成過程を明らかにする試みとして、継承されているのである。と同時に、その目指される方向がヨーロッパ共通の市民主義から一カ国の民族主義（シオニズム）に逆転している。そこには又、当時のユダヤ人における民族主義の昂揚と呼応して、古き離散ユダヤ人の歴史の中で果たされた積極的役割を明らかにするのが、ユダヤ学問の支配的関心になったことが反映されている。中世伝来のユダヤ人もユダヤ民族全体の歴史的存続にとっては（ガンス達のようには）否定されえない意義を持つ、と評価が変化したのである。そして、ユダヤ性に対する一九世紀末以降の実証的歴史性からの学問的貢献は、当然ながら嘗てガンス達が残した仕事を受け継ぐことからでなく、ヘス達といった同時代人のユダヤ主義者によって新たに行なわれるべき現代の課題と考えられたのである。本註の比較考察ならびにヘスの時代以降のユダヤ性に関しては、次の野村真理氏の解題や諸論考等に多くを負っている。「ユダヤ人問題」『ヘーゲル左派論叢　第三巻』良地力他編、御茶の水書房、一九八六年。二四三―二六六頁。「後期モーゼス・ヘスにおける民族的世界の復権」『ヘーゲル左派　思想・運動・歴史』石塚正英編、法政大学出版局、一九九二年、三三二―三四六頁。「ユダヤ人問題――西欧とユーデントゥームのはざま――」『ヘーゲル左派と独仏思想界』石塚正英編、御茶の水書房、一九九九年、一六七頁―二〇四頁。

（8）このような具体的普遍の共同性に基づいて、ガンスはエルザス（アルザス）のフランスからの政治的独立の問題について政治論文を執筆し、政策提言を行なっている。その論に依れば、エルザスはウエストファリア体制が成立して以降、一五〇年間フランスの統治下にあったが、元来その文化の基盤はドイツ性に依拠しており、このことは現在においても変わるものではない。こうしたドイツ的文化性を持つエルザスを政治的にもドイツに統合させようとする議論に対して、ガンスは次のように反論する。つまり当時（一八三〇年代前半）のエルザス人は無論自らの「ドイツ的文化」を尊重することに吝かでないが、同時に又、フランス大革命の自由に表現される自分達の統治制度や地域的・政治的特徴に「政治的誇り」を抱いており、これを捨て去ってドイツに吸収されることを望んではいない、と。スイスと同じくエルザスでも少数民族ないし小国民の文化は存続しているのだし、それによって、より大きな普遍的視野、つまりヨーロッパ全体規模の共同性において、民族と国民の多様性が実現されているのである（vgl., Gans,

Die Deutschheit des Elsasses, RB344-51)。「諸民族の多様性も又、もはや今では絶対的な障害ではない為に、あの民族、或いはこの民族に属することは無限に多様となってくるべきだろう。こんにちエルザスのドイツ性からは或る別種の利点がもたらされてきた。そのことは国の境界線あたりのドイツを豊かにするものとなろう。この地には、スイスにおけるように、二つの偉大な国民が融和して、お互いに行き交う可能性が存在しており、このことはヨーロッパ文明の観点から歓迎されるものである」（RB351）。次の研究でもこの点が示唆されている。Vgl., Reinhard Blänker, Berlin-Paris. Wissenschaft und intellektuelle Milieus des *l'homme politique* Eduard Gans（1797-1839）, in: *Eduard Gans*（*1797-1839*）, SS. 367-408, insbes. SS. 378-379.

（9）Karl F. Gutzkow, a. a. O., SS. 78-79.

（10）例えば、彼らとは異なる立場であるとされているニコライ・ハルトマンは、ディルタイと同じく、ヘーゲル哲学に具わる生のモメントを評価する人物でもある。「私は、ヘーゲル的体系性を復活させる系列にあるとは思わないが、そうした探求の活き活きとした発展は後ろ向きにではなく、必然的に前進していく」と考えている。Nicolai Hartmann, *Die Philosophie des deutschen Idealismus*, II. Teil. Hegel, Berlin u. Leipzig, 1929, S. VI.

（11）詩的生命の立場から歴史の普遍主義に反対したハイネと、彼のニーチェに対する影響については次の研究が示唆している。Vgl., K. H. Bohrer, Ästhetik und Historismus: Nietzsches Begriff des »Scheins«, in: *Plötzlichkeit*, SS. 111-138, insbes. S. 132. 又、本書第三章第二節も参照。

（12）B, Bd. 2, S. 330.「ミュンヘンからジェノバへの旅」『ハイネ散文作品集』第二巻、一三九頁。更に又、ライスナーはこの引用文も参照しながら、こうした歴史に対する詩人ハイネの特徴付けが、彼をしてヘーゲル哲学が優勢であったガンス達協会員における「思惟と会話のやり方（die Denk-und Sprechweise）」、即ち言葉の用い方を非難させることに繋がったことを指摘している。Vgl., Reissner, a. a. O., SS. 94-95.

（13）B, Bd. 2, S. 254.「イデーエン　ル・グラン書」『ハイネ散文作品集』第二巻、五五頁。

（14）B, Bd. 2, S. 503; Die Stadt Lucca, in: *Sämtliche Werke*, hrsg. Lachmann, Bd. 2, S. 362.

（15）B, Bd. 2, S. 83.「ポーランドについて」『ハイネ散文作品集』第二巻、二八頁。

(16) B, Bd. 2, S. 74.「ポーランドについて」『ハイネ散文作品集』第二巻、一八頁。

(17) ガンスは或る詩集についての書評の中で、次のように述べている。「……〔詩作においては〕機会の内容にすべてはかかっているのである。この機会が――これ自体は無意味であり、どうでもいいものだが――、詩的な精神（poetischen Geist）と連関性を持つことによってのみ、詩的に満足し得るものとなる」。Gans, Historische Erinnerungen in lyrischen Gedichten, von Friedrich August von Stägemann, in: VS 2, S. 255. ガンスにおいては、このように詩に関してもあくまで全体的な絶対精神と結び付き、かかる（ヘーゲル哲学の意味で体系的な）総体性を成立させることによって、漸く詩作における感興や美の契機が十全な意味を持つ芸術として考えられるのである。

(18) ボーラーはこうしたハイネの可能性を、現代にまで連なる思想の系譜の中で言及している。Vgl., Bohrer, Utopie des »Augenblicks« und Fiktionalität, a. a. O., SS. 180-218.「歴史哲学的に明らかであり、そして普遍主義に反対するハインリッヒ・ハイネの批判で露わとなった「現在」の言葉は、それ以降ベンヤミンの市民的歴史主義に反対する、或いは社会民主主義の空虚な進歩の概念に反対する所謂解釈学的な異議申し立てをもって、繋がりのある纏まりを成している。ベンヤミンのユートピア草稿に固有のアポリアが――即ち、それは殆どシュールレアリズムの方法論である――、《瞬間》の概念の下で具体化され、歴史的進歩の時代は《突然に開示される》の瞬間へと還元される」(a. a. O., S. 181)。ところで、ここで攻撃されている市民的な歴史概念の普遍性や進歩性が、まさしくガンスの普遍法史を特徴づけるものでもある、と考えることは十分に許されるのではないだろうか。

(19) 一八二三年五月二三日付ハイネのモーザー宛て書簡。HSA, Bd. 20, S. 86.

あとがき

本書は、二〇〇五年三月に京都大学大学院法学研究科に提出した博士論文「エドゥアルト・ガンスとドイツ政治思想――ヘーゲル主義の視点における三月前期――」に、全体の内容に影響を与えない若干の補筆と訂正を加えたものである。尚、第一章と第二章は、次の既発表論文を基にしている。

(一)「エドゥアルト・ガンスの国家像とフランス社会観――ヘーゲルの政治哲学との関連で――(一)、(二)・完」『法学論叢』第一四九巻六号（二〇〇一年九月）、第一五〇巻六号（二〇〇二年三月）。〔第一章〕

(二)「エドゥアルト・ガンスと歴史法学派の占有論争――一九世紀初頭のドイツ政治における思想史的文脈から――(一)、(二)・完」『法学論叢』第一五三巻四号（二〇〇三年七月）、第一五四巻一号（二〇〇三年一〇月）。〔第二章〕

このように二つの論文、孰れもが筆者が学生として在籍していた大学院法学研究科が発行している紀要に掲載した論文である。そもそも本書の内容は、博士後期課程一年の時に、何とはなしに考えていたことに由来している。それから随分長い時間が経ってしまったが、このような形で本になるとは、まさか思ってもいなかった。少なくとも、その時はそうだった。他にこれといって短期的な成果のあがる仕事に取りかかるのでもなく、じっくり自分で構想を立てていく精神と時間の余裕をもつことが出来たのは、ひとえに京都大学法学研究科の院生達が昔から受け継いできた、おおらかであり且つ妥協を許さない研究姿勢の影響に負うものであろう。現在の時代風潮に真っ向から反することであろうが、目先の利益に惑わされることなく、ものにならないかもしれぬ知識の追求に専心することを可能にする豊かな学問的環境が、これからも残されていくことを切に希望する。基本的であり、役に立たないようでも、あえて根本的に問い直すことで見えてくるものも、やはり存在するのである。歴史的な探求は、そうやってしか生み出しえないのではないだろうか。自分の研究がそれに値するとは、ゆめゆめ思わないが、到達すべき目標とそれを可能にする為の裾野はおおきく持ったほうが良い、と以前或る先生が仰っていた。それは自分だけでなく、他の若い研究者達に対しても、いまでも心に留めておくべきことと思うのである。

京都大学に来て以来、ずっと指導教官としてお世話になっている小野紀明先生には、博士論文の審査では主査をつとめていただいた。研究に関しては言うまでもなく、今回の出版についても彼の全面的な援助によるものである。意図的な怠慢をはかった訳ではなかったが、結局ひとりでは何も出来なかった自分の非力を痛感している次第である。残念なことに、これは他のすべてにも当てはまることなのだが。孰れにしても、先生の励ましと出来る限りのことはするとの姿勢に対して、最初にお礼を述べないわけにはいきません。

博士論文審査の副査は、木村雅昭先生と大嶽秀夫先生に引き受けていただいた。それにだけとどまらず、お二人の先生には、自分の大学院時代の節目ごとに大変お世話になりました。この場を借りて、篤くお礼を申し上げさせていただきます。そして占有の問題だけでなく、ローマ法全般に関して、林信夫先生の丁寧な御教示と適切な御指導を賜わることが出来たのはまことに幸いだった。ありがとうございました。大学院生時代の多くの友人についても感謝しなければならないが、ここでは博士論文を提出するにあたって手伝ってくれた、葛谷彩さん、東尚史君、佐橋謙一君の名前を挙げるにとどめる。彼らの助けと励ましがなければ、本来飽きっぽい上に疲労がたまっていた筆者が無事学位の取得までやり通せたかどうかは、かなり心許ないものであっただろう。

自分が政治思想史というものを知り興味を覚えたのは、同志社大学で脇圭平先生のお仕事に接して以来である。いまから思い起こせば、それがすべての始まりだった。最初文学部で扱われる研究分野に関心を持っていた筆者が、法学部の中で居心地の良い場所を漸く見つけたという気持ちになったものです。

それとは、全く違った政治思想史研究のあり方を示してくれたのは、いまでは故人となった早稲田大学の藤原保信先生である。自分には望むことも出来ないような政治思想研究の理想というものが存在し、ひたすらテキストを丁寧に読むことで開かれる可能性を知ることは、後進の者達にとって学ぶべき基本的な事柄といえよう。

そして、大阪市立大学の教授であられた故・小笠原弘親先生は、又これとは異なる思想史に対する向き合い方を表現されていた。歴史的空間の広がりと認識、それらに対する現実の政治的関心のあり方については、彼もそうだったように残された我々にとっても、これから考えていくべきテーマであることに変わりはない。それ以外でも、とりわけ自分の苦しい時に、先生の決してべとつかない人柄に相応しいやり方で助言と機会を与えてくれたその時の記憶は、たやすくは色褪せない思い出として心の中に残り続けていくでしょう。本当にありがとうございました。

本書は、京都大学大学院法学研究科による文部科学省21世紀COEプログラム「21世紀型法秩序形成プログラム」の成果の一部として出版される。又、出版については、紹介の便宜をはかってくれた大阪国際大学の古賀敬太先生、そして何よりも風行社の犬塚満社長には、経済的な見返りの決して期待できない、さながらボランティアのような本書の出版作業に対して、ひたすらお礼を申し上げさせていただきます。

そして、最後に一番感謝の念を示さねばならない人達、どちらも七〇歳を越えた両親に対しては、自分のやっている事については殆ど何も言わず、干渉されることを極端に嫌う筆者の生活空間をよくととのえてくれました。彼ら二人に本書を捧げることにしたい。

二〇〇七年三月

川崎修敬

あとがき

[索　　引]

＊本索引の項目名については、各頁そのままの表記ではなく、
同じ内容の語とまとめたものがある。

《ナ》

《ハ》

《マ》

《ヤ》

《ラ》

[著者略歴]

川 﨑 修 敬（かわさき　のぶゆき）

大阪府生まれ。2002 年京都大学大学院法学研究科博士後期課程政治学専攻研究指導認定退学。同年、京都大学大学院法学研究科助手を経て、2005 年課程博士号取得。京都大学博士（法学）。

現在、京都大学大学院法学研究科 21 世紀 COE プログラム研究員、京都女子大学及び神戸学院大学非常勤講師。専攻は西洋政治思想史。

エドゥアルト・ガンスとドイツ精神史

――ヘーゲルとハイネのはざまで

2007 年 6 月 1 日　初版第 1 刷発行

著　者　川 﨑 修 敬

発 行 者　犬 塚　満

発 行 所　株式会社 風　行　社

〒 102 - 0073　東京都千代田区九段北 1 - 8 - 2

電話／ Fax. 03 - 3262 - 1663

振替 00190 - 1 - 537252

印刷・製本　株式会社理想社

ISBN978-4-938662-98-1